PHILIBERT SIMON

MISSIONNAIRE EN MANDCHOURIE,

MORT LE 13 DÉCEMBRE 1874

SA VIE — SA CORRESPONDANCE — SES ŒUVRES

Par l'Abbé ÉMILE BRIAND

CURÉ DE SAINT-BENOIT-DE-QUINÇAY.

H. OUDIN FRÈRES, LIBRAIRES-ÉDITEURS

POITIERS | PARIS
4, RUE DE L'ÉPERON, 4. | 68, RUE BONAPARTE, 68.

1878

PHILIBERT SIMON

SA VIE — SA CORRESPONDANCE — SES ŒUVRES.

PHILIBERT SIMON

MISSIONNAIRE EN MANDCHOURIE,

Mort le 13 décembre 1874

SA VIE — SA CORRESPONDANCE — SES ŒUVRES

Par l'Abbé Émile BRIAND

CURÉ DE SAINT-BENOIT-DE-QUINÇAY.

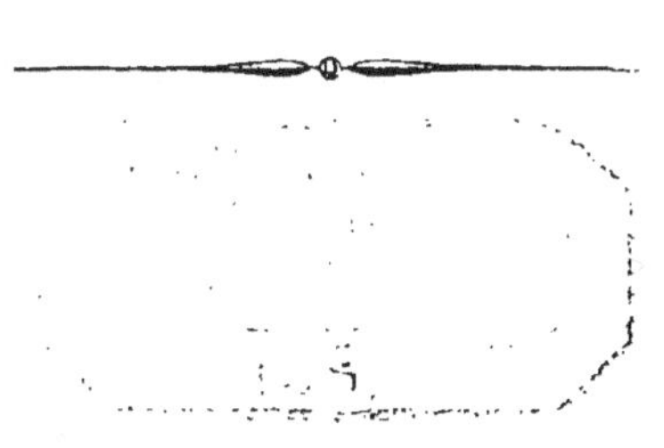

H. OUDIN FRÈRES, LIBRAIRES-ÉDITEURS

POITIERS
4, RUE DE L'ÉPERON, 4.

PARIS
68, RUE BONAPARTE, 68.

1878

A

SAINTE GERMAINE COUSIN

C'est à vous, ma Sainte de prédilection après la Vierge Marie, que je dédie ce livre, le premier essai de ma plume.

S'il avait quelque mérite, j'oserais presque dire que nous y avons travaillé de concert, tant votre souvenir m'était intime pendant ce travail, tant la pensée de vous l'offrir a aplani les aspérités de ces sentiers littéraires jusque-là inconnus pour moi.

Pour ce livre, je ne vous demande pas un chemin rapide et brillant dans le monde : vous étiez si ennemie du bruit et des applaudissements au temps de votre pèlerinage !

Obtenez seulement — et je serai trop payé — obte-

*nez que cette glorification d'un apôtre fasse naître
de généreux dévouements et avive dans les âmes
cette flamme du zèle qui n'est que « l'aiguillon de
la charité » !*

APPROBATION

DE

S. G. Mgr L'ÉVÊQUE DE POITIERS.

MONSIEUR LE CURÉ.

Votre plume facile vient de nous retracer *La Vie, la Correspondance et les Œuvres* de M. Philibert Simon, un des apôtres que notre diocèse a donnés à l'œuvre de l'évangélisation des pays infidèles, et qui, s'il n'a pu être martyr, comme plusieurs, par l'effusion réelle de son sang, l'a bien été avec les autres par l'excès de ses travaux et par les plus ardents désirs de son cœur. En payant une dette de cœur à celui qui fut votre ami, vous avez enrichi notre galerie poitevine d'une nouvelle figure digne assurément de paraître à côté de ses devanciers. Certaines pages où vous avez laissé votre héros se peindre lui-même, ne se peuvent pas lire sans une profonde émotion. Plusieurs peut-être apprendront-ils

dans votre livre comment Dieu sait prévenir, s'attirer, s'attacher les siens ; comment une âme fidèle répond
à la grâce et s'assouplit sous son action ; ce qu'est une
famille vraiment chrétienne où les sentiments les plus
tendres servent à préparer les sacrifices les plus généreux, enfin ce que l'âme d'un vrai prêtre renferme
d'amour pour Notre-Seigneur, d'oubli de soi et de
dévouement au prochain.

Agréez, monsieur le Curé, l'assurance de mon plus
affectueux dévouement.

Niort, 14 avril 1878.

† L.-E. *év. de Poitiers.*

PRÉFACE

Publiant les faits et gestes de saint Louis, le
bon sire de Joinville éprouvait le besoin d'excuser
son audace. Après avoir expliqué comment des
voix amies et autorisées l'avaient décidé à prendre
la plume, il exposait ainsi le plan et le but de
son livre : « Je vous conterai ce que je vis et ouïs
« de ses saintes paroles et de ses bons enseigne-
« ments, afin qu'on les trouve l'un après l'autre,
« pour édifier ceux qui les entendront. »

Ces quelques lignes du sénéchal de Champagne,
qui contiennent tout mon programme, me servi-
ront aussi de carte d'entrée chez mes lecteurs.
N'ignorant pas le rang que l'opinion publique, à
tort ou à raison, assigne à la modestie d'auteur
dans l'échelle des vertus, je m'abstiendrai soi-

gneusement de ces phrases d'humilité banale,
vieux clichés à l'usage des débutants.

Du reste, une raison plus sérieuse m'y détermine encore : mettant en lumière une belle et
sympathique figure qui s'est peinte elle-même
dans sa correspondance, je ne suis que l'ouvrier
chargé d'encadrer un tableau de maître, ou, si
cette comparaison n'est pas trop ambitieuse, je ne
remplis que l'office du joaillier qui enchâsse des
pierreries et monte des diamants de la plus belle
eau.

Dans ces conditions, la personnalité de l'auteur
s'efface, et l'intérêt du livre jaillit des entrailles
mêmes du sujet. Assurément elle a un attrait indé-
niable, la vie de ce jeune homme que Dieu enlève
à la garde de son troupeau et qu'il marque du
signe divin de l'apostolat. Oui, l'on s'incline d'instinct vers cette âme généreuse si admirablement
douée, qui se dépense sans jamais compter ; vers
cette bouillante nature que la foi assouplit, que la
charité mène par la main. C'est avec bonheur
qu'on suit le héros de ce livre dans les détails de

sa vie d'enfant et d'écolier ; on a plaisir à l'accompagner dans ces lointaines pérégrinations où il fait passer sous nos yeux, dans des tableaux d'une richesse de coloris, d'une variété de tons admirables, les peuples les plus divers , avec leurs habitudes étranges, leurs mœurs si différentes des nôtres, avec tous les souvenirs sacrés ou profanes qui se rattachent à leur passé. Le charme du lointain et de l'inconnu se double ici de la jouissance qu'on éprouve en compagnie d'un guide intelligent, conteur aimable et sans prétentions.

Les saillies de son esprit, ses francs éclats de rire provoquent la gaîté, comme aussi l'âme est attendrie et remuée jusque dans ses fibres les plus intimes, à l'heure où, debout sur les ruines de ses plus chères affections, il exhale sa douleur en des accents d'une éloquence saisissante.

N'est-ce pas un beau spectacle que de contempler le jeune missionnaire mettant tout en œuvre pour faire la lumière dans ces intelligences épaisses, pour réchauffer, au souffle de sa charité, ces cœurs plus froids que la terre de Mandchourie?

Mais l'émotion est au comble quand on le voit, victime de son zèle, tomber à trente-deux ans dans ces rudes sillons de la Chine, partagé entre le désir d'aller au ciel et le regret de n'avoir pas assez travaillé pour la gloire de Dieu et le salut des âmes.

Toutefois. en dépit de l'intérêt qui s'y attache, ce côté de la biographie n'est qu'accessoire. Le charme principal réside en ce qu'elle est *l'histoire d'une âme*. Ce qu'il y a en effet de plus intéressant dans l'homme, c'est l'homme lui-même, a dit Bossuet, et, suivant une remarque judicieuse, « l'homme se fait en dedans et non en dehors ». Et. si c'est toujours un plaisir de pénétrer à l'intime de l'être humain, de soulever le voile qui cache « cette habitation de soi-même avec soi- « même », que dire de la jouissance qu'on éprouve à ouvrir le sanctuaire d'un cœur dilaté par la charité, à suivre dans une âme transparente le développement graduel de la vie mystique de Jésus-Christ jusqu'à ce point de croissance parfaite qui s'appelle la sainteté ?

La sainteté ! n'est-ce pas la vision la plus séduisante qui puisse passer sous les yeux de l'homme ici-bas ? Si le visage humain captive parfois par l'expression de ses traits, par la régularité harmonieuse de ses contours, peut-on rester froid en face de cette beauté surnaturelle qui , suivant l'expression du Dante, « se fait une couronne des rayons éternels qu'elle réfléchit » ?

Or, le héros de ce livre se présente à nous avec les traits caractéristiques de la sainteté : cette affirmation, qui n'a pas la prétention d'être un jugement doctrinal, trouvera de l'écho chez tous ceux qui auront lu sa vie.

L'abbé Simon se rattache par les grandes lignes à la famille de saint François Xavier : on retrouve dans sa vie le zèle brûlant, l'incessante et féconde activité, la charité aimable de l'apôtre des Indes.

Mais chez lui la sainteté ne va pas seule ; elle se présente avec un magnifique cortége.

« Prêtre , apôtre et martyr », avait-il dit en entrant dans sa carrière , « voilà les degrés de l'échelle radieuse lacée devant moi. » Il lui fut accordé de gravir ces trois degrés.

Prêtre ! il n'eut pas seulement du sacerdoce le caractère auguste et les pouvoirs divins; mais i en posséda toutes les énergies, toutes les délicatesses. Il fut bien le prêtre tel qu'on l'a défini : « plus fort que le diamant, plus tendre qu'une « mère ».

Apôtre ! « Tout pour Jésus et pour les âmes. » Sa vie est résumée dans ces mots qui faisaient la devise de toutes ses lettres.

Martyr ! Au jugement des hommes, ce fleuron manque à sa couronne ; mais j'ai la douce confiance, et une confiance raisonnée, qu'il chante les louanges du Seigneur dans le chœur des martyrs.

Assurément je n'ignore pas que la mort violente subie pour l'affirmation de la foi est une condition essentielle du martyre, « *ad perfectam rationem martyrii* », comme parle l'Ecole. Mais, sans même m'arrêter à la distinction de saint Bernard « qu'il y a des martyrs par la volonté sans effusion de sang », j'apprends du Docteur Angélique que la charité est la vertu impérative du martyre, et que c'est d'elle seule qu'il tire tout son mérite. Je sais, par l'enseignement de l'Eglise, que le désir du baptème suffit dans certaines conditions pour conférer la grâce de la régénération surnaturelle. Je sais encore que « Dieu est fidèle dans ses promesses » ; et que s'il a fait aux Justes l'honneur de déclarer que leurs « désirs sont bons », il leur promet aussi que ces « désirs seront exaucés ».

Et alors, quand, écoutant à la porte de ce cœur dont la charité règle tous les battements, j'entends ces aspirations incessantes au suprème témoignage de l'amour, quand je vois que cette perspective du martyre a illuminé ses nuits, qu'elle a allégé la fatigue et le poids des jours de labeur, oui, je me persuade que Dieu lui a mis au front l'auréole par excellence. D'ailleurs l'Eglise autorise chez moi cette conviction quand elle dit à la louange de saint Martin que « pour avoir échappé au glaive de la persécution, il n'a pas perdu la palme du martyre ».

Ce que le spectacle d'une vie pareille peut donner d'élévation à l'intelligence, de ressort à la volonté, ce qu'elle peut provoquer de généreux dévouements, il suffit, pour s'en convaincre, de se replier sur soi-même et de constater l'influence de l'exemple, de l'exemple qui, au dire de saint Augustin, « est un fleuve qui nous emporte, un torrent qui nous entraîne ». Les suaves émanations de ces cimes de la sainteté n'ont pas pour l'âme une vertu moins fortifiante que l'air pur des montagnes pour la santé du corps.

Quelle leçon que la vie de ce jeune apôtre qui salue d'un cri d'allégresse chaque occasion de sacrifice ; qui ne compte ni les peines du cœur, ni la sueur de son front ; qui court, suivant le mot de saint Benoît, « avec l'inénarrable douceur de l'amour dans la voie des commandements et des conseils divins » !

Et quelle leçon nécessaire à l'heure où, sous le coup d'influences malsaines, tant d'intelligences s'abaissent, tant de consciences fléchissent ! à l'heure où cette grande loi du renoncement, base essentielle de toute vertu, n'apparaît plus à beaucoup que comme une belle légende léguée par le passé, tout au plus comme un conseil dont la masse des chrétiens n'a pas à se préoccuper ! à l'heure où l'on daigne consentir à aller au ciel, mais non par le chemin de l'Evangile !

La vie de l'abbé Simon est la démonstration pratique, et la démonstration très-aimable, de ce précepte divin du renoncement : on y apprend à l'envisager sainement, sans exagération comme sans faiblesse. On y voit qu'il en est du sacrifice, comme de la feuille de nos plantes qui, rugueuse et pleine d'aspérités du côté qui regarde la terre, est lisse et brillante du côté du ciel, par où elle reflète le soleil et communique à la tige une chaleur bienfaisante. Certes, au point de vue humain, il est rude à la nature et fait parfois saigner le cœur ; mais, considéré à la lumière de la foi, il se montre sous son vrai jour comme une épuration de l'âme, comme une expiation du péché, comme la réponse soumise et affectueuse à l'appel divin.

On m'objectera peut-être que le héros de ce livre est placé à une hauteur où beaucoup ne peuvent pas prétendre s'élever ; que si la vertu arrivée à ce degré dénote une énergie plus grande, elle implique aussi une abondance de grâces sur laquelle nous ne sommes pas autorisés à compter ; en un mot, que le modèle n'est pas à la portée de la foule par le fait des conditions exceptionnelles dans lesquelles il se trouve placé. Je répondrai d'abord avec Bossuet que « dans un si grand éclat de vertus, nous avons toujours la ressource de choisir celles qui nous sont les plus nécessaires selon les occurrences où nous nous trouvons ».

Puis, est-ce donc une cause d'infériorité pour l'artiste que de faire poser devant lui un modèle dont les lignes pures et harmonieuses réalisent un type de beauté physique ? Non assurément : la perfection du modèle ne peut être qu'un stimulant pour le génie du peintre.

Mais il est temps de terminer.

Le mot de la fin, je le trouve dans cette scène empruntée aux chroniques du moyen âge : c'est un dialogue entre une Sainte et un adolescent que l'amour entraînait dans la voie de la perfection : — « Jeune homme, où cours-tu si vite ? — « A la vie éternelle. — Que ne puis-je y arriver en même temps que toi! obtiens-moi du moins d'aller t'y rejoindre ! ».

Puisse chacun de mes lecteurs s'approprier les paroles de la Sainte et les adresser au héros de ce livre comme un hommage et une prière !

Saint-Benoît, 7 mars, fête de saint Thomas d'Aquin.

PHILIBERT SIMON

SA VIE — SA CORRESPONDANCE — SES ŒUVRES.

CHAPITRE 1.

Aspect du pays. — L'Instituteur de Messé. — Première éducation. — La prière à l'Enfant Jésus. — Indices de vocation sacerdotale. — L'école primaire. — Deux petits bergers. — Belle-Étoile. — Philibert à Rom.

Messé est une bourgade sans importance de l'arrondissement de Melle.

Une vingtaine de maisons groupées sans ordre à l'ombre d'un clocher gothique à la flèche élancée, composent le chef-lieu de cette commune ; quatre ou cinq villages complètent la population et en font une paroisse de cinq cents âmes.

C'est la plaine monotone, sans aucun de ces accidents de terrain qui varient le paysage et réjouissent la vue. Comme pour justifier l'étymologie de son nom, le sol de Messé est affecté presque exclusivement à la cul-

ture des céréales; mais sur ce fond uniforme se déta-
chent çà et là de rares arpents de vigne et quelques
prairies artificielles.

A l'époque où s'ouvre ce récit, on comptait encore
dans ce pays bon nombre de familles chez lesquelles la
foi et la pratique chrétiennes s'alliaient à une simplicité
de vie une droiture de caractère vraiment patriarcales.
Hélas! l'œil attristé du Seigneur y contemplait aussi
les ravages qu'avait faits l'hérésie en entraînant bien
des brebis hors du bercail catholique, en soufflant à
d'autres le venin pernicieux de l'indifférence.

Néanmoins Dieu, qui fait fleurir le lys au milieu des
épines, avait marqué ce coin de terre pour être le berceau d'un apôtre.

Le dimanche 28 août 1842, les cloches de Messé
envoyaient dans les airs leurs plus gais carillons pour
annoncer que Dieu et l'Église comptaient un enfant de
plus dans la personne de Louis-André-Joseph-Philibert
Simon.

Le premier éveil de la raison laissa entrevoir les dons
précieux dont la Providence avait gratifié le nouveau-
né : un esprit vif et pétillant se traduisant par d'heureuses reparties et surtout par ces interrogations multiples qui constituent à la fois le charme et le danger de
cet âge ; une volonté énergique, un cœur bon et affectueux, plein de tendresse et de délicates attentions à
l'égard de ses parents.

Mais la fleur n'est pas le fruit ; elle n'en est que la préparation. Pour réaliser les espérances, il faut qu'elle se développe dans des conditions normales, qu'elle soit entourée de soins intelligents et assidus. Ce qui est vrai de la fleur de nos jardins, s'applique à plus juste titre à cette plante délicate entre toutes qu'on appelle une âme d'enfant : ce que la nature a dessiné, l'éducation première le sculpte et lui imprime une forme que les orages et les défaillances de la jeunesse peuvent obscurcir, mais qui ne s'efface jamais entièrement.

Par une faveur inappréciable de la Providence, Philibert, dès ses premiers pas dans la vie, trouva dans ses parents des guides sûrs et expérimentés, capables de diriger son esprit et surtout de former son cœur à la vertu.

C'était une nature d'élite que celle de ce robuste paysan, à l'écorce rude, à l'air austère tempéré par une grande expression de bonté, et qui dirigeait l'école communale de Messé en même temps qu'il consacrait ses loisirs à la culture d'un petit domaine de famille appelé les Bordes. Moins lettré que ne le comportent les derniers programmes de l'Université, nullement taillé pour briller dans les concours officiels, M. Jean Simon avait en surabondance les qualités essentielles à cette noble et délicate mission d'instituteur : une foi inébranlable, un jugement sûr, un sens pratique parfait, une fidélité exemplaire aux devoirs de son état, et pour son petit troupeau d'enfants une bonté paternelle, servie par une main ferme et sévère au besoin.

Son ambition ne consistait pas à jeter dans l'esprit de ses élèves une foule de notions superficielles, bonnes tout au plus à faire le chaos dans leur intelligence et à loger la vanité dans leur tête ; mais, sans négliger de leur donner une solide instruction élémentaire, il visait surtout à éveiller et à développer dans ces jeunes âmes l'idée du devoir, à leur inculquer ces principes religieux qui sont à la fois le soutien et le charme de la vie.

Ayant conscience de la dignité de ses fonctions envisagées à ce point de vue qui est le seul vrai, il ne chercha jamais à surfaire sa personnalité. Bon et affable pour tous, il ne prenait ombrage d'aucune supériorité légitime, et jamais on ne le vit jalouser en haut, ni semer en bas la défiance et la haine.

A tous ces titres l'estime publique lui était acquise, et sa mémoire est restée en vénération à Messé.

Il avait trouvé dans Louise Chauvineau une épouse vraiment digne de lui. C'était une femme simple et bonne, d'une piété touchante, limitant ses horizons à la sphère domestique et relevant par une pensée de foi ces communes pratiques de la vie chrétienne que, suivant l'expression de Bossuet, « Jésus-Christ louera au dernier jour devant les Anges et devant son Père ». Profondément dévouée à son mari dont elle était fière, elle aimait ses enfants avec une tendresse passionnée dans laquelle il entrait peut-être un grain de faiblesse ; mais qui donc, songeant à sa propre mère, se sentirait le courage de l'en blâmer ?

Tels étaient les parents auxquels incombait le soin de l'éducation de Philibert : à des degrés divers, tous deux étaient dignes d'être « les associés de Dieu » dans cette tâche délicate.

Pour mener à bonne fin une œuvre de cette importance, il faut tout d'abord s'en former une idée juste et en comprendre la grandeur. Cette idée, M. et Mme Simon la puisaient dans les inspirations de leur foi. Sans avoir jamais lu les pages éloquentes de saint Augustin sur cette matière , ils sentaient comme lui que si la mission des parents se bornait à donner la vie à un petit être, à lui fournir la nourriture et le vêtement, voire même les moyens de subvenir aux besoins de sa vie, leur rôle ne surpasserait guère celui des êtres sans raison. Sous cette frêle enveloppe ils voyaient une âme à cultiver, une âme créée à l'image de Dieu et destinée à le glorifier ; dans cet enfant ils devinaient ce qu'un Père de l'Eglise a si gracieusement appelé « *un Dieu en fleur* ».

Dès lors la religion leur apparaissait comme le vrai, le principal moyen d'éducation pour redresser la nature, diriger la raison et former le caractère.

Les premiers noms que Philibert apprit à bégayer furent les noms sacrés de Jésus et de Marie.

Rien n'est touchant comme cette instruction religieuse faite sur les genoux de la mère ; rien n'est plus beau que ce langage du regard et du sourire maternels qui vont chercher l'intelligence dans les mystérieuses profondeurs où elle sommeille et qui la font s'éveiller aux grandes et saintes vérités !

A mesure que l'enfant croissait, on lui faisait entrevoir, par des explications à sa portée, les vérités fondamentales de la foi ; on piquait sa curiosité et on excitait son amour par les touchant récits de la naissance et de la passion de l'Homme-Dieu. Le paradis lui était montré avec ses magnificences et son bonheur comme la récompense de la vertu ; les horreurs de l'enfer, sanction du vice, faisaient une impression profonde sur sa jeune imagination.

« C'est aux premières leçons maternelles », disait plus tard le missionnaire, « que j'ai dû de conserver toujours une crainte très-vive de l'enfer. »

Enfin on lui inspirait le respect de l'autorité en lui montrant dans ceux qui la possèdent les représentants de Dieu ; on lui rendait aimable la pratique de l'obéissance en lui donnant le modèle de Jésus Enfant.

Il avait de plus tous les jours la démonstration pratique que le sceptre du commandement ne vacillait point entre les mains paternelle. Aux Bordes on était

bon et affectueux pour les enfants ; mais on ignorait le
système d'éducation à la mode du jour , système qui
fait de beaucoup de maisons de famille un délicieux
enfer en miniature. M. Simon appréciait peu cette
méthode grâce à laquelle des tyranneaux de sept et de
dix ans régentent père et mère, tapagent à discré-
tion et sont toujours sûrs d'obtenir par les cris et les
larmes ce qu'on refuse à leurs prières.

A défaut de l'ordre et du calme qui régnaient dans
la famille , la tendresse et les prévenances dont ses
enfants l'entouraient eussent peut-être suffi à l'instituteur de Messé pour le convaincre qu'il était dans la
bonne voie : par une ingratitude qui à un point de vue
n'est que justice, les enfants gâtés n'aiment point leurs
parents. Philibert aimait ses parents à plein cœur.
J'en trouve un témoignage ravissant dans ce petit dialogue qui montre comment, dès l'âge le plus tendre,
le cœur est savant dans l'art des gradations.

C'était un dimanche, après la messe ; toute la famille
revenait aux Bordes. — « M'aimes-tu bien ? » disait à
Philibert sa vieille grand'mère qui le tenait par la main.
— « Si je vous aime ! oui, *bonne maman : je vous aime
gros comme la maison.* — Et moi, dit le père, comment
m'aimes-tu ? — *Vous, papa, je vous aime gros comme
l'église de Messé !* »

Comme, pour former le cœur, « le chemin de la vertu
est toujours plus court par l'exemple que par la parole » ,

ces parents chrétiens avaient soin de se montrer les modèles de leur enfant. Leurs lèvres étaient ce livre dont parle l'Ecriture, et jamais livre ne fut plus chaste ni plus réservé.

Là, jamais de ces propos qui ébranlent la foi dans ces âmes si tendres ; jamais de ces paroles licencieuses ou légères qui déflorent l'innocence quand elles ne la tuent pas. La maison de famille était vraiment « cette « église domestique » que salue l'apôtre. D'ailleurs pour cette tâche délicate, M. et Mme Simon avaient un auxiliaire précieux dans cet instinct surnaturel qui se révèle dès la première enfance et qui n'est autre chose que l'efflorescence des vertus infuses au baptême.

Tout ce qui se rapportait à Dieu avait un attrait profond pour notre Philibert.

On ne tarda pas à voir combien la divine semence avait fructifié dans son âme. Il n'avait pas quatre ans que son père le surprenait agenouillé près d'un arbre du jardin des Bordes. « Que fais-tu là ? » lui dit M. Simon. — « Père, je prie le bon Dieu de nous donner beaucoup de bonnes poires », répond l'enfant avec une touchante naïveté.

Un autre jour, un de ses parents qui l'avait emmené à la promenade, s'amusait à taquiner son jeune compagnon par des plaisanteries plus ou moins spirituelles sur la religion. Le chrétien de sept ans traduisait ses impressions par une moue significative. Enfin n'y tenant plus : « Mon cousin, dit-il avec un grand sérieux, je ne vous aurais pas accompagné si j'avais su que vous me tiendriez ce langage ; mais soyez sûr que vous ne me rattraperez pas une autre fois. »

La première prière qu'il grava dans dans sa mémoire fut cette touchante invitation à l'Enfant Jésus : « Saint Enfant Jésus qui avez profité en âge et en sagesse devant Dieu et devant les hommes.... »

Un charmant souvenir se rattachait pour lui à cette prière ; il aimait à se rappeler que c'était en l'enseignant qu'il avait commencé son apostolat. Quand la mère ne pouvait pas présider au coucher de l'enfant, c'était la domestique qui remplissait cet office. La pauvre fille avait le plus grand désir d'apprendre la prière à l'Enfant Jésus ; mais sa mémoire très-ingrate se pliait difficilement à la tâche.

« Une fois que j'étais couché, racontait plus tard Philibert, elle se mettait à genoux près de mon lit, et je lui faisais répéter mot à mot sa prière. Il fallut bien des leçons, bien des répétitions ; mais enfin à la longue la bonne volonté du maître et de l'élève fut récompensée. »

Il entrait dans sa sixième année quand deux Pères Jésuites vinrent évangeliser la paroisse de Messé.

Dieu, qui ne procède pas ordinairement par secousses, et qui cache un grand arbre sous la graine la plus mince, profita de cette circonstance pour jeter

dans l'âme de l'enfant la première semence de la vocation qui devait le conduire au sacerdoce.

« On me conduisit à l'église, dit-il lui-même, et la vue
« des missionnaires , leurs chants, leurs prédications
« que je comprenais plus ou moins, firent sur mon
« âme une impression profonde. A dater de ce moment,
« quand les parents , les voisins, les amis me posaient
« la question traditionnelle : Philibert, que veux-tu
« faire? je répondais invariablement : Je veux être
« prêtre ! »

Les indices de cette vocation se montraient dans
l'empressement qu'il mettait à assister aux divins offices
et à prêter son concours d'enfant de chœur dans les
cérémonies de l'Eglise.

La fête dont son âme d'enfant gardait le meilleur
sonvenir était la Fête-Dieu.

« La première fois que je jetai des fleurs devant le
« Saint-Sacrement , je ressentis un vrai bonheur. Ma
« bonne mère m'avait acheté une petite aube, et j'étais
« muni d'une corbeille de fleurs.

« Nous marchions lentement sur le tapis vert d'une
« prairie par un soleil des plus brillants ; et nous
« nous retournions de temps en temps pour jeter
« à Notre-Seigneur une pluie de fleurs des plus
« variées. »

Ces aspirations plus ou moins raisonnées au sacerdoce, on pouvait les deviner encore dans ses distrac-

tions favorites : d'ingénieuses imitations des fonctions et des rites sacrés.

Il y avait, adossée au mur de la maison paternelle, une grande cuve, le plus souvent vide d'eau. C'était le théâtre ordinaire des cérémonies ; tantôt la cuve était érigée en autel, tantôt improvisée chaire à prêcher.

« A la saison des fleurs, dit Philibert, armés de fil et
« d'aiguilles, nous tressions, mon frère et moi, de lon-
« gues guirlandes, surtout des guirlandes de bluets.
« Tantôt nous les suspendions aux murs de la maison,
« en leur faisant décrire les plus capricieuses arabes-
« ques, tantôt nous en tapissions notre autel. On s'age-
« nouillait, on priait, on donnait la Bénédiction ; et
« c'était pour nous une bien douce jouissance. »

La prière avait sa place dans la distribution du temps ; mais l'étude n'était pas oubliée. Philibert fit ses premières armes dans l'alphabet à l'école dirigée par son père. Si peu attrayantes que soient les notions élementaires, l'enfant se mit au travail avec ardeur, et dans l'écolier de six ans commençait à poindre cette soif d'apprendre qui caractérisa le séminariste.

Si l'école est un tournoi pour les études, elle est aussi une arène pendant les récréations ; et les contestations n'y traînent pas en longueur grâce à la procédure en usage. Le futur missionnaire ne résista pas à la tentation, et, au contact des autres écoliers, il perdit un peu de cette humeur pacifique qui chez lui était plutôt le fruit de l'éducation que le résultat du tempérament. Il avoue qu'il en appelait souvent à la vigueur de ses poings pour asseoir sa primauté et qu'il lui arriva maintes fois de sortir de la lutte comme le coq de la fable.

On sait du reste qu'entre écoliers ces procédés un peu vifs, s'ils troublent momentanément l'harmonie, n'altèrent jamais l'amitié. D'ailleurs, souvent quand l'action était le mieux engagée, apparaissait la figure sévère de l'instituteur ; et alors, dans la répartition des punitions, Philibert avait généralement le gros lot.

Quand il eut neuf ans, on utilisa sa bonne volonté pour le service de la ferme ; et dans l'intervalle des classes il fut improvisé berger en chef avec son frère Pierre pour aide de camp.

Les deux frères étaient liés d'une cordiale affection qui ne fit que s'accroître avec les années. « Je n'ai jamais « lu », disait l'abbé Simon, « je n'ai jamais lu sans un « vif attendrissement les pages touchantes que l'amitié « fraternelle a inspirées à Louis Veuillot sur ses années « d'enfance ; j'y vois la peinture fidèle de mon attache- « ment pour mon Pierre chéri, attachement si bien « payé de retour. »

Nos deux jeunes bergers allaient matin et soir faire paître les agneaux.

« Nous les conduisions dans une prairie, et pendant « qu'ils broutaient l'herbette, nous nous amusions

« comme deux rois, si tant est que les rois s'amusent
« encore. Oh ! que les matinées d'été sont belles à la
« campagne ! Partout des fleurs, des senteurs embau-
« mées, de la rosée qui scintille aux premiers rayons
« du soleil, des oiseaux qui chantent dans les buis-
« sons. »

Aux agneaux étaient adjointes quelques chèvres, et
la garde de ces animaux n'était pas la page la plus
attrayante de la vie pastorale.

Toujours fidèles au portrait qu'en a tracé le fabu-
liste, les chèvres se laissaient emporter par leur humeur
vagabonde ; et alors, par crainte des reproches d'un
voisin mal endurant, il fallait interrompre les jeux,
descendre de l'arbre où l'on était grimpé, quitter la
balançoire improvisée aux branches d'un ormeau, et
se lancer à la recherche des réfractaires.

Parfois, les jeux bruyants étaient remplacés par la
lecture : on tirait du sac aux provisions les Annales
de la Sainte-Enfance, et, tant en sa qualité d'aîné
qu'en vertu de sa science, Philibert lisait ces pages
touchantes qui impressionnaient vivement ces âmes
neuves, plus accessibles qu'on ne croit aux idées
grandes et généreuses.

Il avouait plus tard qu'il avait dû à ces lectures la
première pensée de sa vocation de missionnaire. « Ce
« n'est point la biographie de M. Vénard, qui a fait
« éclore ma vocation : j'étais bien jeune quand Dieu

« m'en jeta le germe dans le cœur, à la lecture des
« annales de la Sainte - Enfance. Le martyre de
« M. Vénard contribua seulement à réveiller mon
« dessein un peu endormi par mes études littérai-
« res. » Coïncidence remarquable qui, pour l'origine
de la vocation, établit comme une parenté entre l'a-
pôtre de la Mandchourie et cette suave figure du martyr du Tonk-King !

Le principe de son appel à l'apostolat, Philibert
aimait encore à le rattacher à un souvenir de
famille dont le récit avait souvent défrayé les conversations de la veillée et qui remontait à la première
Révolution.

A l'heure où les prêtres restés fidèles étaient tra-
qués et mis à mort, le curé de la paroisse avait pu rester à Messé sans être inquiété, grâce à l'isolement du
pays, grâce aussi aux sympathies qu'il avait su se concilier. Par suite des spoliations légales le vieux pasteur était réduit au dénûment le plus complet.

Sa domestique était restée fidèle au malheur. C'était
une fille âgée, dotée d'une âme plus belle que son
visage, qui lui avait valu le surnom dérisoire de « Belle-
Etoile ». Elle allait mendier chaque jour le pain destiné à faire vivre son maître. Dans ses tournées de
charité, il était une maison où elle s'arrêtait toujours
avec confiance : c'était celle de Mme Simon, bisaïeule
de Philibert. Quoique peu fortunée elle-même, cette

femme ne manquait jamais, en mettant au four, de faire un pain spécial que Belle-Étoile emportait pour le vieux curé.

« C'est peut-être à cet acte de charité, disait l'abbé
« Simon, que ma famille a dû de conserver les senti-
« ments de piété peu à la mode en notre pays. En
« assistant un confesseur de la foi, cette vénérable
« aïeule a peut-être mérité de compter parmi ses des-
« cendants un missionnaire qui sera plus ou moins un
« confesseur de la foi. »

Cette conclusion ne paraît avoir rien d'excessif quand on pense que « le Dieu qui visite l'iniquité des
« pères sur les enfants » est aussi celui « qui se sou
« vient de l'aumône faite par les parents ».

L'intelligence précoce de Philibert, ses heureuses dispositions à la piété n'avaient pas échappé à M. l'abbé Biéron, qui administrait alors la paroisse de Messé, en même temps que celle de Rom. Il offrit à M. Simon de diriger les premières études classiques de son fils en attendant l'entrée au petit-séminaire. Ces offres répondaient trop bien aux désirs de tous pour n'être pas agréées : l'enfant fut donc confié au véné- rable pasteur dont Philibert garda toujours le souve- nir le plus affectueux et le plus reconnaissant.

Obligé de transporter sa résidence à Rom, M. l'abbé Biéron emmena son jeune élève, qui devint l'hôte du presbytère.

Cette époque de sa vie fut marquée par un acte bien important et bien doux : sa première communion.

Ce jour dont, même après bien des années , l'âme chrétienne aime à évoquer les suaves émotions, Philibert ne cessa de le compter parmi les plus heureux de son existence. La divine semence tombait sur une terre admirablement préparée ; cette âme naïve et pieuse se livra tout entière au Dieu qui chérit l'enfance. Ses compagnons de bonheur ont gardé le souvenir de la piété angélique avec laquelle il reçut pour la première fois Jésus eucharistique ; et chez lui ce beau jour eut un lendemain. comme nous le verrons dans la suite de ce récit.

A en croire l'abbé Simon. le jeune latiniste ne suivit pas avec toute l'ardeur désirable la route tracée par feu Lhomond.

« Le rudiment, dit-il, n'avait pour moi que de mé-
« diocres attraits. et il m'arriva plus d'une fois de le
« laisser dormir hors de propos sur la table de tra-
« vail. »

Ajoutons à sa décharge que, les occupations du ministère pastoral faisant une large brèche au temps du bon curé, le maître ne pouvait pas imprimer aux études cette marche régulière qui en est la base indispensable.

Réduit souvent à se surveiller lui-même , l'écolier

de onze ans se lançait dans toutes sortes de lectures.

« « Je pêchais, raconte-il, je pêchais souvent au
« fond d'un vieux coffre renfermant les anciens jour-
« naux, dont Madelon la cuisinière se servait pour allu-
« mer son feu avec une barbarie digne du calife
« Omar ; et je trouvais des histoires de douaniers
« et de flibustiers qui avaient le don de m'enchan-
« ter. »

« Dans ma chambre, poursuit Philibert, le bon
« curé avait placé une Vie des Saints en cinq ou six
« volumes ; je les lisais, comme tout le reste, avec avi-
« dité.—Quand ma tête était farcie d'histoires de flibus-
« tiers et de chercheurs d'or, je me serais volontiers
« embarqué et lancé dans toutes sortes d'aventures ;
« en lisant la Vie des Saints, mes impressions étaient
« toutes différentes.

« Un jour, après avoir lu la vie de saint Louis de
« Gonzague, il me vint en pensée de faire oraison à
« son exemple.

« Agenouillé devant un crucifix, je me mis la tête
« entre les mains, et je restai en contemplation pen-
« dant un temps qui me parut infini. A la fin je me levai,
« et courant à la pendule je regardai pendant combien
« d'heures j'avais fait concurrence au bon saint Louis.
« Hélas ! pas même une demi-heure ! La faction me
« parut si pénible que je n'eus plus la tentation de
« revenir à la charge. »

Quoi qu'il en soit, et malgré ces excursions en dehors du rudiment , les progrès de l'écolier étaient récls, et, après deux ans de ce noviciat, on le reconnut apte à entrer au petit-séminaire.

CHAPITRE II.

A la suite d'un concours, Philibert fut admis au petit-séminaire de Montmorillon dans la classe de sixième.

Comme à tout nouvel arrivant, encore sous l'impression des adieux maternels, les commencements lui .furent pénibles ; des larmes coulèrent et, suivant en cela une vieille tradition toujours en honneur, il « se mit à compter, dit-il lui-même, les jours qui « le séparaient des vacances ». Mais les chagrins de collége n'étant qu'un léger nuage au soleil d'été, les pleurs séchèrent vite, et l'écolier de Montmorillon retrouva sans grandes recherches l'humeur enjouée et l'entrain de l'enfant de Messé.

Ses heureux débuts devaient d'ailleurs contribuer à l'acclimater au nouveau régime. « Dans les deux « premières compositions », écrit-il à ses parents dans une lettre où perce la joie du triomphe, « j'ai été le « premier, et j'espère bien me maintenir. »

Et de fait , ayant ainsi marqué sa place, il eut le talent et la bonne fortune de ne pas décheoir des premiers rangs, durant ce long trajet qui va de la sixième à la Philosophie.

Son professeur , M. l'abbé Ourioul, frappé deux ans plus tard dans la fleur de la jeunesse et des espérances, ne tarda pas à deviner la riche nature qui lui était confiée, et il voua dès lors à Philibert une affection profonde.

Le nouvel élève de sixième n'avait pourtant rien d'attrayant au premier aspect : comme il le disait lui-même, « la nature ne l'avait pas traité en enfant gâté » ; mais un sourire si franc et si candide illuminait son visage, son regard respirait tant d'intelligence et d'énergie, on sentait tant de simplicité dans ses allures, de bonté dans sa physionomie, que la première impression s'effaçait vite pour faire place à la sympathie.

Avec une vivacité d'esprit remarquable, doublée d'une puissance de réflexion très-rare à cet âge, Philibert apportait une volonté de fer et une âme ardente, deux maîtresses qualités qui, suivant la direction donnée, mènent ordinairement loin sur la route du bien comme dans le chemin du mal. Ces facultés précieuses il les appliqua à cet objet unique : l'accomplissement du devoir , sous les formes multiples qu'il revêt dans la vie d'écolier.

A qui ne juge que sur les apparences il peut paraître puéril et légèrement fastidieux de s'embarquer dans le récit de ces sept années de collége, remplies par des compositions grecques, latines ou françaises , par des promenades et des récréations. Toutefois, s'il est vrai, suivant le mot de Leibnitz, que « le passé est toujours plus ou moins gros de l'avenir » ; quand ce temps des études classiques a été marqué au cachet de l'amour du travail, de la pratique de la piété , de la déférence envers ses maîtres et de la cordialité à l'égard de ses condisciples, on est en droit d'y voir la preuve d'une âme virile et des gages sérieux sur lesquels on peut asseoir de légitimes espérances.

Assurément la perfection d'un écolier est toujours courte par quelque endroit. « A 12 ou 13 ans », disait spirituellement Philibert, « on n'est pas un Caton, et « l'on n'est pas inaccessible à la tentation de sourire ou « de placer un mot hors de propos. » Quand les *pensum* pleuvaient , notre homme n'était pas toujours à l'abri. Mais il faut ajouter que ces légers écarts de la première jeunesse n'entamèrent jamais le respect de l'autorité ni l'esprit de subordination.

Une naïf biographe de saint François de Sales raconte « qu'il avait un désir excessif d'apprendre et que jamais il ne se fâcha des leçons ». Notre jeune séminariste mérita le même éloge. Il apporta à l'étude cette ténacité qui est un signe de race, un trait caractérisque du tempérament mellois. « C'est un piocheur », disait-on de lui, et l'image était juste en tous points. Il ne s'arrêtait pas à une teinture superficielle, à une connaissance telle quelle des matières enseignées ; mais, dans la mesure de ses forces et les limites du possible, il avait à cœur d'aller au fond des choses.

Les sentiers frayés, les buissons battus lui souriaient médiocrement ; son esprit éminemment original était en quête de routes nouvelles, et volontiers il eût dit avec le poëte :

Mon verre n'est pas grand, mais je bois dans mon verre.

Cette tendance de sa nature se révèle surtout à l'heure où il aborde les études littéraires. Ses compositions décèlent une séve abondante jusqu'à l'exubérance, et mettent en relief les deux aspects nettement tranchés de cette nature, parfois austère jusqu'à la rudesse, délicate et tendre jusqu'au raffinement. Les premiers essais de sa plume trahissent l'inexpérience de la main ; mais on y sent le germe d'un vrai talent : saillies fines et piquantes, images neuves, comparaisons gracieuses ; toutes les fleurs écloses au souffle d'une imagination de dix-sept ans.

« Quel beau temps c'était alors ! » disait l'humaniste devenu missionnaire. « Que de poëmes ! que de dra-

« mes on bâtissait dans sa tête ! C'était si beau, si
« divin ! Les anges descendaient du ciel comme dans
« le songe de Jacob, et la Vierge et les saints venaient
« nous visiter. »

Aux rêves de l'imagination, aux sentiments de la foi
et du cœur, la poésie prêtait souvent ses ailes, et le
jeune humaniste rencontrait parfois de charmantes
inspirations.

On en trouvera la preuve en parcourant deux
pièces de vers bien différentes de ton et d'allures.

La première a pour titre : « Les adieux du missionnaire. » C'est une scène empruntée aux annales
domestiques d'une famille privilégiée [1] » qui a donné
à l'Eglise deux carmélites et deux prêtres dont un
missionnaire. Philibert met en présence le frère et la
sœur, la dernière nuit qu'ils passent ensemble sous le
toit paternel ; et il essaie de traduire les sentiments
de ces âmes généreuses.

LE MISSIONNAIRE.

Ma sœur, voici la nuit suprême
Que nous devons passer ici.
Parlons de Jésus qui nous aime,
Et jurons de l'aimer aussi.
Jésus ne fut qu'un missionnaire,
Le plus grand, le plus saint de tous,
Il quitta le sein de son Père,
Se fit homme et mourut pour nous.

1. La famille Chicard.

Refrain.

Hélas ! laisser sa mère,
C'est deux fois tout quitter ;
Mais peut-on hésiter,
O Jésus, pour vous plaire ?

LA CARMÉLITE.

Mon âme est pleine d'allégresse
Malgré les troubles de la chair.
J'espère montrer sans faiblesse
A Jésus combien il m'est cher.
Je vais m'envoler dans la cage
Où chantent les oiseaux du ciel,
Afin de mêler mon ramage
A leur chant plus doux que le miel.

LE MISSIONNAIRE.

Ma sœur, quand on est Carmélite,
On est l'amante de Jésus :
C'est au Carmel qu'il met l'élite
Des vierges qu'il chérit le plus.
Qui trouverait la part mauvaise ?
Tu seras à Lui sans retour ;
Tu brûleras dans la fournaise,
Dans la fournaise de l'amour.

LA CARMÉLITE.

Au lieu de mon sexe débile
Si Dieu m'avait donné le tien,
J'irais annoncer l'Évangile,
Et propager le nom chrétien.

Pour prouver à Dieu que je l'aime,
J'aurais bravé tous les tyrans,
J'aurais bravé l'enfer lui-même,
Heureuse au milieu des tourments.

LE MISSIONNAIRE.

Lorsque l'hostie immaculée
Remplira ton cœur embrasé,
Que ton âme sera collée
A l'âme de ton Bien-Aimé,
Ma sœur, tu prieras pour ton frère
Qui marche avec les plus hardis
A la conquête meurtrière
Des âmes et du Paradis.

Citons encore quelque strophes inspirées par l'amour de la sainte Eucharistie : c'est assurément le triomphe du jeune Séminariste.

Voyez-vous sur l'autel cette feuille légère ?
Je frissonne d'amour quand je la considère :
    Amour ! Amour ! c'est mon Jésus.
Il me voit, il m'entend sans que mon œil le voie.
J'ouvre mon cœur, il vient, il vient : oh ! quelle joie !
    Que puis-je désirer de plus ?

Cette petite hostie est une douce chose :
Elle embaume mon cœur comme un parfum de rose,
    Et l'embrase comme le feu.
A peine sur ma lèvre est-elle déposée,
Qu'elle distille en moi le miel et la rosée,
    Le miel de la grâce de Dieu.

1**

Je sens dans tout mon être un bonheur indicible ;
Quelque chose de doux, de calme, de paisible
   Se répand au fond de mon cœur.
Quelle ivresse, ô mon Dieu, de penser en moi-même :
Il est là mon Jésus, le bon Jésus que j'aime ;
   Il est là mon divin Sauveur !

Toutefois, si séduisant et si vaste que soit le domaine de l'imagination, ses frontières extrêmes confinent à la bizarrerie. Philibert en fit souvent l'expérience à ses dépens, et ses audaces ne furent pas toujours heureuses. Il lui arriva plus d'une fois de prendre le clinquant pour l'or et le boursouflé pour le sublime ; ses préférences littéraires n'étaient pas toujours marquées au coin du jugement le plus sûr. C'est du reste une chose digne de remarque qu'à mesure que son âme s'élève dans cette échelle mystérieuse de la piété, son goût s'épure et son style se perfectionne. Ainsi se vérifiait pour lui-même, au point de vue humain, cette affirmation de saint Paul que « la piété est utile à tout ».

Quelle que fût sa prédilection pour la littérature, il aborda sans répugnance la philosophie, et bientôt il s'y trouva dans son élément. L'argumentation surtout avait pour lui un attrait irrésistible. Voici comment il appréciait plus tard cette année de sa vie d'écolier :

« .... Quant à mon année de philosophie, ce fut une
« année d'étude, de piété, de saint enthousiasme,
« comme je n'en compte pas une seconde dans ma vie.
« J'avais du travail par-dessus les épaules ; car, outre

« mes classes et la préparation au baccalauréat, je
« donnais chaque jour pendant la récréation des répé-
« titions de philosophie à un de mes condisciples. Le soir
« en me mettant au lit, j'avais la tête lourde et brûlante ;
« mais j'avais rempli mon devoir et j'étais content. »

Si ses maîtres étaient heureux d'encourager son ardeur pour l'étude et d'applaudir à ses succès, ils ne
rendaient pas moins justice à sa soumission et à sa
déférence à leur égard. Au lieu de cet esprit frondeur
et critique qui est aujourd'hui la plaie vive des maisons d'éducation, il avait le respect le plus absolu de
l'autorité. Et il eut en cela d'autant plus de mérite que
que rien dans sa nature ne l'y prédisposait. Hautain
par caractère, il répugnait d'instinct à plier, et son
esprit pointilleur avait une tendance à discuter les
ordres avant de les exécuter. La piété faisait taire les
répugnances de la nature, et la grâce rendait souple
cette volonté indocile au joug.

Assurément il préférait les conseils « confits au miel » ;
mais il les acceptait de bonne grâce « trempés au vinaigre ».

Une lettre à sa famille fournit une preuve de
cette déférence sans réserves envers ses maîtres. Une
note du bulletin trimestriel lui avait attiré quelques
observations de la part de ses parents. Cette note, qui
n'avait rien d'alarmant, était ainsi conçue : « Conduite
ordinairement régulière. »

Voici la réponse du jeune séminariste : « J'ai été
« grandement étonné, en lisant mon bulletin , de voir
« pour la conduite : « ordinairement régulière ». Je
« n'ai pas reçu cette année la moindre punition , le
« moindre reproche. Mais il faut bien croire qu'il y a
« quelques peccadilles ; car ces Messieurs n'ont pas pu
« sans motifs me donner cette note. Du reste je ne suis
« pas seul dans l'infortune ; car de très-bons élèves
« sont logés à la même enseigne. Néanmoins je me pro-
« pose de veiller avec plus de soin sur mes faits et
« gestes, afin que mon prochain bulletin ait cette men-
« tion : « Conduite toujours régulière. »

Si l'obéissance inspirée par la charité est le résumé
de toutes les vertus, elle est aussi le signe le moins
équivoque de la vraie dévotion. Le petit-séminaire est
sans doute une école pour initier les jeunes gens à la
connaissance des lettres et des science profanes ; mais
il est surtout, dans la pensée de l'Église , un noviciat
pour la piété.

Les dispositions pieuses de Philibert allèrent chaque
jour croissant sur ce sol béni de Montmorillon.

La piété chez lui avait bien les caractères que réclamait Fénelon : « une simplicité d'enfant , une fami-
liarité tendre, une confiance absolue ». Tout ce qui de
près ou de loin se rapportait à Dieu avait pour son
cœur un charme inexprimable ; mais il se plaisait surtout à entretenir un commerce intime avec le Dieu de

l'Eucharistie. Ecoutons-le lui-même épanchant le secret de son âme sur cette partie de sa vie, dans des confidences heureusement provoquées par l'amitié :

« Nous avions le Saint-Sacrement dans une vieille
« chapelle bâtie sur le modèle du Saint-Sépulcre , et
« qu'on appelle l'Octogone, à cause de sa forme. Cette
« chapelle a été la patrie de mon âme , et Dieu seul
« sait toutes les grâces qui m'y ont été données. J'étais
« fidèle à faire chaque jour une ou plusieurs visites au
« Saint-Sacrement. Je priais, je méditais et quelque-
« fois même je pleurais les yeux fixés sur le taber-
« nacle. »

La pensée de Dieu ne le quittait pas , même au milieu de son traivail. « Je m'appliquais, dit-il , à me
« tenir en la présence de Dieu, et j'avais mis un signe
« spécial sur plusieurs pages de mes dictionnaires,
« afin d'être rappelé au souvenir du Seigneur, quand
« je cherchais les mots de mes thèmes ou de mes ver-
« sions. »

Son culte pour Jésus eucharistique se manifestait par de touchantes et ingénieuses démonstrations. Il en a raconté un trait qu'on me saura gré de reproduire :

« En ma qualité de réglementaire , j'étais chargé de
« sonner la cloche. Souvent, après avoir sonné l'An-
« gelus du soir, je courais, pendant le défilé assez long

« des élèves, je courais à la petite chapelle de notre
« cour de récréation. La lampe y brûlait devant le
« Saint-Sacrement, et de loin les deux fenêtres éclairées
« brillant dans la nuit m'apparaissaient comme les
« yeux du Bien-Aimé. J'y volais, je me jetais à genoux
« au pied du mur extérieur, et je collais mes lèvres
« sur ces froides pierres en disant à Jésus que je l'ai-
« mais. »

Ces goûts et cette ferveur s'accentuèrent davantage
quand il eut reçu la tonsure et pris l'habit ecclésiastique.

« Ma chère soutane, disait-il, je ne l'ai jamais trouvée
« lourde sur mes épaules. Avant comme après mon
« engagement définitif dans les ordres sacrés, je me
« suis toujours senti dans ma voie, et je n'ai jamais été
« tenté de revenir sur le sacrifice que j'avais fait à
« Dieu. »

Tout en faisant l'éloge de notre cher séminariste, il
est juste d'ajouter que sa vertu n'était pas un accident
heureux, une exception honorable dans le groupe nombreux de ses condisciples. Non ; et sans nier les grâces de
choix dont son âme put être favorisée, nous ne devons
pas taire que, pour son avancement spirituel, il fut
grandement redevable à l'esprit de piété qui régnait
alors au petit-séminaire et qui en constituait la température normale.

La bouillante ardeur de sa nature, qu'il portait dans

la piété comme dans le reste de sa vie, l'entraînait parfois à des écarts de langage qui avaient leur excuse
dans l'inexpérience de la jeunesse. Il se jugeait et s'exé-
cutait lui-même sur ce point avec une modestie et une
bonne grâce charmantes.

« On avait lu au réfectoire la vie du curé d'Ars; elle me
« fit immensément de bien et un peu de mal. En même
« temps que cette lecture me donna le goût de la mor-
« tification et du détachement, elle me porta à censurer
« ceux qui ne suivent pas le régime du saint curé. J'aurais
« voulu mettre tout le monde au régime des pommes de
« terre ; et quand je tombais sur ce chapitre, c'était des
« déclamations furibondes qui enthousiasmaient quel-
« ques-uns de mes auditeurs et qui me faisaient passer
« pour une tête chaude aux yeux des autres. J'étais
« bien tel que sainte Thérèse dépeint les commençants,
« dans plusieurs de ses ouvrages. »

Ajoutons, pour compléter l'histoire, qu'il reçut de ses
condisciples en cette circonstance une leçon assez pi-
quante, assaisonnée d'un bon grain de malice.

On faisait, dans la grande salle des exercices, le tirage
de la loterie traditionnelle du mardi-gras ; un élève
désignait les lots au public, un autre proclamait les
noms des favoris du sort. Au milieu de la séance un superbe plat de pommes de terre fait son apparition, aux
applaudissements répétés de la gent écolière. « Désormais on ne mangera que des pommes de terre à la cro-

que au sel », annonce un des hérauts de la fête. « M. Philibert Simon », reprend aussitôt l'autre, feignant d'avoir tiré ce nom de l'urne. Rire homérique dans toute l'assemblée! Un peu déconcerté de prime abord, Philibert ne tarde pas à s'associer à la gaieté générale...

Philibert saluait avec joie l'arrivée des vacances qui, en lui faisant goûter un repos bien légitime, lui permettaient de rafraîchir ses souvenirs d'enfance, de se retremper dans cette atmosphère de la famille, tout embaumée de joie sereine, de pures et saintes affections.

« Ma petite vie de vacances était bien douce, raconte-
« t-il. Chaque matin je faisais une demi-lieue pour
« assister à la sainte messe. Le chemin que nous sui-
« vions était une jolie petite route, bordée de haies
« d'aubépine où les oiseaux gazouillaient. C'était char-
« mant, quoique au retour la chaleur fût très-forte. »

En dépit de la chaleur le jeune séminariste retournait l'après-midi à Messé pour faire sa visite au Saint-Sacrement.

« Son recueillement était si profond », raconte un témoin de ses pieuses excursions, « son regard plongeait sur le tabernacle avec tant d'amour, qu'en le contemplant on se sentait porté à aimer Dieu plus tendrement. »

Quand il fut engagé dans la cléricature, il préluda pendant ses vacances au ministère apostolique par des visites aux malades, spécialement dans des maisons protestantes. L'accent de sa parole, sa charité prévenante et aimable opérèrent parfois des merveilles de conversion, sur lesquelles nous nous étendrons plus longuement dans un autre chapitre.

Sa distraction favorite, après les épanchements de la famille, « c'était pendant le jour, suivant ses expres-
« sions, de chercher les plus beaux ombrages pour y
« lire les plus beaux livres, et le soir de s'étendre sur
« l'herbe pour regarder le ciel rempli d'étoiles. Il
« arriva plus d'une fois, ajoute-t-il, que mon frère
« Pierre et moi nous sautions par une fenêtre peu
« élevée, quand tout le monde dormait, et que de là
« nous allions nous promener dans la prairie, devi-
« sant joyeusement, et souriant aux étoiles. »

Les plus belles choses prennent fin, et, au dire des écoliers, les jours de vacances passent beaucoup plus vite que ceux de l'année scolaire.

Élève sérieux, notre séminariste reprenait sans tristesse le chemin de Montmorillon. « En quittant la maman, dit-il, on versait quelques larmes ; mais on
« riait de bon cœur en revoyant les camarades. »

Les récréations et les promenades n'étaient pas sans charmes pour notre Philibert. Les heures consacrées aux jeux, il les utilisait consciencieusement : jamais la balle, les billes, etc., ne connurent de praticien plus expert, de lutteur plus intrépide.

Parfois des distractions moins bruyantes variaient les plaisirs. Il me souvient d'une fête splendide dont le programme promettait monts et merveilles et qui hélas ! n'eut pas même « le destin des roses ».

C'était l'heure où l'élite de la jeunesse se serrait autour du Pontife-Roi menacé, et allait soutenir à Rome l'honneur de la foi chrétienne et du nom français. Le petit-séminaire de Montmorillon était représenté par cinq de ses enfants dans cette glorieuse phalange.

Ne pouvant les rejoindre comme il en avait eu le désir, l'abbé Simon résolut de perpétuer le souvenir de leur dévouement dans la mesure de ses forces. Avisant une pierre en forme de borne kilométrique, il consacra ses récréations de plusieurs mois à la tailler, et à y buriner le nom des zouaves pontificaux sortis de nos rangs.

La pierre préparée et enguirlandée, on lui donna le nom légèrement prétentieux de « Colonne Pie IX », et on en décréta l'érection solennelle sur un tertre planté de lauriers.

La fête prenait, sur le programme, des proportions colossales : la poésie, la musique, l'éloquence devaient en rehausser l'éclat. Une affiche plus ou moins enluminée annonçait la solennité pour une des récréations de midi. Mais hélas ! tandis que l'orateur était dans le feu de son discours, que le poëte retouchait son ode, le musicien sa chanson, la main de la Prudence enlevait la pancarte et informait le public que la fête était contremandée. En ce temps-là les murs avaient des oreilles, et même , dit-on, des voix infidèles, qui dénaturaient les actes et auraient pu, dans la circonstance, travestir une démonstration innocente en manifestation séditieuse.

Peindre le désespoir des organisateurs serait chose impossible. Philibert, en particulier, fut inconsolable. Il fallut néanmoins en prendre son parti et se résigner à hisser sans apparat la fameuse colonne sur l'emplacement qu'elle occupe encore aujourd'hui.

D'ailleurs on avait la ressource de conduire son chagrin à la promenade, et, en dépit du proverbe, la tristessse ne cheminait pas longtemps avec nos écoliers.

La Trute ! Concise ! qui donc pourrait oublier vos sites, non moins pittoresques que vos noms ? Et les bancs de gazon improvisés, et les réservoirs, et les cascades , sans omettre les collations prises sur l'herbe !

Entre les charmes de ces promenades, il faut compter la présence du vieux marchand de fruits et de gâteaux, Baron surnommé Cadet.

Pauvre cher homme ! Je vois encore sa bonne et naïve figure, encadrée de deux mèches de favoris grisonnants, son air gauche, sa démarche embarrassée, bien peu digne d'un soldat du premier Empire.

Pauca sed bona : telle eût pu être sa devise commerciale. Ses châtaignes, ses pommes, ses pains au lait jouissaient d'une réputation méritée ; mais la grande attraction de son magasin logé tout entier dans deux paniers antiques, c'étaient les cerises cuites réputées incomparables.

Certaines chroniques de ce temps-là insinuent méchamment que leur vogue tenait surtout à leur petit volume qui permettait de les savourer une à une pendant les études, sans crainte d'éveiller les défiances d'un surveillant ombrageux. Mais j'incline à croire que c'est une odieuse calomnie contre laquelle un historien sérieux doit protester !

J'ai succombé à la tentation de raconter un peu longuement ces détails de la vie d'écolier : pures bagatelles assurément, mais ces bagatelles éveillent dans l'âme de bien doux souvenirs en faisant revivre un passé qui n'était pas sans charmes !

Ah ! collégiens en activité de service, je vous vois sourire d'un air incrédule à ces derniers mots. Laissez couler les années, et vous direz à votre tour non sans mélancolie :

Mais où sont les neiges d'antan ?

CHAPITRE III.

Le Grand Séminaire. — M. l'abbé Creuzé. — Piété de l'abbé
Simon. — Amour des études théologiques. — Appel au sous-
diaconat. — Mauroc et Saint-Benoît. — Sentiments du jeune
sous-diacre après son ordination. — Il insiste pour aller aux
Missions-Etrangères. — Son départ est ajourné. — Il est envoyé à Rom.

Ses études littéraires terminées par de brillants
succès, Philibert Simon fut admis au grand séminaire. Depuis longtemps c'était l'objet de ses
vœux, et il s'y trouva tout de suite dans son
élément. Ce milieu d'étude et de recueillement avait
pour lui un attrait profond. Regardant le grand-
séminariste comme le prêtre en fleur, il se sentait
plus près de sa grande ambition : le sacerdoce ;
— puis il se plaisait à ce genre de vie qui cadrait
mieux avec les tendances de son esprit et donnait
une satisfaction plus large aux aspirations de son âme
pieuse.

D'ailleurs, la Providence lui réservait cette faveur
inappréciable de faire son noviciat ecclésiastique sous
la conduite de maîtres expérimentés, d'autant plus

aptes à diriger les âmes qu'ils savaient les gagner par une bonté vraiment paternelle.

Le sentiment des convenances à l'égard des vivants impose ici une réserve contre laquelle le cœur est tenté de protester ; mais grâce à la liberté que donne la mort, il nous sera permis de parler de M. l'abbé Creuzé, dont les leçons et les exemples n'ont point disparu du souvenir de ses anciens élèves.

C'était, comme on l'a dit, un saint et un docteur du moyen âge égaré dans notre siècle, ou, suivant le mot de Montaigne « c'était une belle âme frappée à l'antique marque ».

Il était épris pour la science sacrée d'un amour porté jusqu'à la passion, passion d'autant plus impérieuse qu'elle était greffée dans son âme sur la charité la plus forte et la plus tendre. Sa belle intelligence planait à l'aise sur les hauteurs où s'élève saint Thomas ; il avait besoin de ces vastes horizons de la théologie, de ces vues larges et profondes : sa pensée se sentait comme emprisonnée dans les cadres restreints des programmes modernes. Et quand il sortait de ces entretiens intimes avec l'Ange de l'École, sa parole jetait la lumière à flots ; il avait de ces élans qui subjuguaient et électrisaient ses jeunes auditeurs.

Frappé, à la fleur de l'âge, d'un mal sans remède et portant déjà la mort dans son sein, il n'interrompit point ses chères études : on pourrait l'appeler un martyr de la science si ce nom n'avait été trop souvent profané à notre époque.

En élevant son esprit, la science sacrée avait dilaté son cœur et donné des ailes à sa piété, tendre et expansive envers Dieu, tout imprégnée d'indulgence à l'égard de ses élèves, qu'il considérait comme ses enfants.

Il fut l'inventeur d'une arithmétique inusitée, que j'appellerais volontiers l'arithmétique du cœur si ces deux mots pouvaient s'accoupler.

Négociant d'un nouveau genre, il achetait des ouvrages théologiques, qu'il revendait à moitié prix aux séminaristes. Quand on lui disait que ses spéculations ne devaient pas être très-fructueuses, il affirmait gravement, sans pousser jusqu'à la démonstration, que ses bénéfices étaient réels. « Je perds sur le détail, disait-il ; mais je me rattrape sur la quantité » .

A cette école la piété de l'abbé Simon va s'épanouir ; sa foi recevra une trempe plus solide, et la charité de Jésus-Christ le pressera de plus en plus.

« Si toute la vie du chrétien, au dire de saint Augustin, doit être un désir d'avancer dans le chemin de la perfection », le séminariste doit avoir ce désir plus intime et plus ardent que les simples fidèles.

Soit qu'il mît en regard de sa faiblesse la perspective de cette dignité redoutable qui identifie le prêtre, dans une mesure, mais dans un sens très-réel, à Dieu lui-même, soit qu'il envisageât cette responsabilité qui le rend caution de ses frères et, suivant l'énergique expression de saint Grégoire, « lui donne autant d'âmes qu'il a de sujets à gouverner », notre ami sentait le besoin d'abriter sa faiblesse sous l'aile de Dieu, de s'unir par les liens les plus étroits à Celui qui est « force et lumière ».

Il s'y unissait par une prière incessante, qui faisait que de son âme pieuse « la flamme de l'amour montait sans cesse vers Dieu ».

« Mon cœur », écrivait-il dans ses résolutions de Retraite, « mon cœur est un sanctuaire où je dois « chanter sans cesse des cantiques d'amour et d'allé- « gresse ; mon cœur est une chaire où Jésus enseigne « à mon âme les paroles de la vie éternelle.

« Quelle belle destinée d'être toujours avec Jésus !...

« L'âme qui fait assidûment sa cour à Notre-Seigneur « se détache de la terre, s'enflamme à ce brûlant foyer « et, comme le ballon gonflé par le gaz, elle aspire à « s'élancer vers le Ciel. Que la mort vienne rompre « les derniers liens qui la retiennent, et aussitôt elle « s'élancera dans le sein de Dieu pour s'y reposer éter- « nellement ! »

Mais cette union, il était surtout heureux de la cimenter, de la resserrer dans le sacrement adorable où le Maître et l'Ami par excellence daigne résider pour justifier son nom d'Emmanuel.

Chaque jour il prenait place au banquet eucharistique, et cet aliment divin faisait dans son âme ce que la présence de Dieu opère sur les élus dans le Ciel : *semper pleni, semper avidi*

« O Jésus, divin aliment , s'écriait-il, affamez , affa-
« mez mon âme qui vous est si chère ! Rendez-lui
« triste et amer tout ce qui n'est pas vous. Oh !
« quand pourrai-je m'élancer sur votre cœur pour m'y
« reposer à jamais? quand pourrai-je vous enlacer dans
« mes bras pour ne jamais me séparer de vous ?....
« Qu'il est doux de s'asseoir aux pieds de Jésus,
« comme Marie-Madeleine ! Elle était assise aux
« pieds de Jésus, et écoutait les paroles du Maître.
« Je veux faire la même chose maintenant que Jésus
« est dans mon cœur. Je le regarde et Il me regarde,
» je Lui parle et Il me parle , je pense à Lui et Il
« pense à moi, Je suis à Lui et Il est à moi. »

Il allait à Jésus eucharistique avec cette confiance naïve, sœur et compagne de la simplicité.

Ses anciens condisciples ont gardé le souvenir de son attitude recueillie devant le Saint-Sacrement. Humblement agenouillé , il regardait le tabernacle ; ses lèvres s'ouvraient peu, mais son cœur bondissait, et la joie qui remplissait son âme rayonnait sur son visage.

Le Seigneur avait avec cet humble séminariste des entretiens qui le ravissaient : sous le charme de cette parole intime que Jésus seul sait parler et que comprend l'âme fidèle , son cœur s'agrandissait, se dilatait comme la nappe d'eau qui va se déroulant : *Sicut aqua effusus sum.*

A ceux qui se seraient étonnés de la fréquence de ses communions il aurait pu répondre comme saint François de Sales encore adolescent : « C'est par la « même raison qui me fait parler souvent à mon « régent et à mon précepteur. Notre-Seigneur est mon « maître dans la science des saints : je vais souvent à « Lui afin qu'il me l'apprenne. »

A l'école du grand Instituteur il apprenait le secret de toutes les vertus qui rendent l'âme chère à Dieu.

Il y apprenait une humilité qui lui faisait désirer l'abaissement avec la même ardeur que d'autres ambitionnent la gloire. « Certains de mes condisciples, « écrivait-il sur son cahier de notes intimes, sont des « rameaux chargés de fruits ; et moi je n'en porte « point, ô mon Dieu, je suis une branche inutile. L'é- « mondeur m'aurait sans doute déjà retranché , si les « rameaux voisins n'avaient caché ma nudité. »

Il y apprenait l'abnégation parfaite de lui-même résumée dans ces mots qui étaient sa devise favorite : « Faire en toutes choses ce qui sera le plus agréable à Dieu ».

Il s'y instruisait dans l'amour de la Vierge Marie et l'amour de l'Église, deux affections qui naissent de la charité comme la fleur de sa tige.

Quelle filiale confiance, quel naïf abandon envers la

Mère de Dieu ! Comme il était heureux de s'agréger à ses confréries, de s'associer à toutes les démonstrations pieuses en son honneur !

« Si fêter Marie sur la terre est chose si douce au « cœur, écrivait-il, que sera-ce de la fêter dans le Ciel. « Elle et son Jésus auquel reviennent tous les hon- « neurs qu'on rend à sa mère ! »

Non moins vif était son dévouement, non moins grande était sa tendresse envers l'Eglise personnifiée dans le Pontife suprême et dans les premiers Pasteurs. Il écoutait avec une docilité absolue tous les enseigne- ments de cette divine Épouse du Christ, dont les épreu- ves et les humiliations avaient chez lui un contre-coup douloureux.

Ce dévoûment affectueux, il le poussa dans ses désirs jusqu'à sa dernière puissance, suivant cette belle définition qu'il donnait lui-même de l'amour : « Aimer sur la terre, c'est souffrir pour ce qu'on aime. » J'en trouve une preuve dans cet acte d'obla- tion daté du 19 novembre 1860 : « Dans les grandes « calamités où se trouve l'Eglise, je m'offre, ô mon « Dieu, comme victime aux coups de votre colère afin « de payer à la place des coupables. Vous m'avez ins- « piré cette pensée ce matin quand j'ai eu le bonheur « de vous recevoir. Déjà plusieurs fois vous me l'aviez « inspirée, et je n'avais pas eu le courage d'y souscrire « Aujourd'hui j'accepte. et, avec le secours de votre

« grâce, j'espère ne pas faiblir quand viendra l'heure
« des tribulations. O Jésus ! envoyez-moi des peines
« en signe d'amitié, et acceptez mon sacrifice. »

Une âme capable de cet héroïsme ne marche pas
seulement à grands pas dans le chemin de la perfection ; « elle y court », suivant la parole du Prophète.

« La bouche parle de l'abondance du cœur », a dit
l'auteur. Le jeune lévite éprouvait le besoin impérieux
de répandre au dehors le feu sacré dont son âme était
remplie ; ses entretiens intimes et sa correspondance
reflétaient, comme un miroir fidèle, les tendances de
son esprit, les sentiments de son cœur.

« Sa langue », suivant la gracieuse expression de saint
François de Sales, « était tout emmiellée de son Dieu et
ne connaissait point de plus grande suavité que de
sentir couler entre ses lèvres les louanges et les bénédictions de son nom. »

Il convient d'ajouter que l'expansion de sa piété ne
connut jamais ces ardeurs indiscrètes qui font que, sans
mesure et sans tact, certains s'en vont semant les
paroles pieuses, les conseils de spiritualité, et réussissent
le plus souvent à compromettre et défigurer la religion dans l'esprit de ceux qui les entendent.

L'épouse des Cantiques déclare que le Bien-Aimé
« a réglé en elle la charité » : c'est en effet sous cette
forme que l'amour divin doit se révéler pour ne pas
laisser de doute sur sa présence dans les âmes.

Le séminariste n'est pas réduit, comme saint Ephrem, à demander une règle pour la gouverne de sa vie : toutes ses journés sont encadrées dans un règlement aux prescriptions multiples , fruit de la sagesse et de l'expérience. « C'est là, suivant le mot de saint Vincent de Paul, le chemin dans lequel on marche sûrement parce que le gros des sages y a passé. » Et dès lors l'observation ponctuelle de ce règlement est une pierre de touche pour la vertu des aspirants au sacerdoce. L'abbé Simon fut un modèle en ce genre; et ses supérieurs lui donnèrent un témoignage de leur confiance en l'investissant de la charge de Réglementaire , qui ne confère pas toujours la régularité , mais qui la suppose.

En affirmant que la charité est « la science surémi-« nente », l'Apôtre n'a nullement voulu déprécier l'étude de la théologie que saint François de Sales a si judicieusement appelée « le huitième sacrement de la hiérarchie ecclésiastique ». L'ardeur que Philibert avait apportée à l'acquisition des connaissances littéraires et scientifiques, il la retrouva plus vive encore en abordant la science sacrée, la reine et la maîtresse de toutes les sciences. .

« Comme Marie, écrivait-il dans les résolutions de sa « première retraite, je me tiendrai à vos pieds , Sei-« gneur, pour recueillir vos divines paroles; mais je « n'oublierai pas le rôle de Marthe. Il faut que pour

« l'amour de Jésus je me livre au travail avec fréné-
« sie. »

Assurément, pour une intelligence de cette portée,
pour un esprit vif et investigateur comme le sien, la
théologie devait avoir un attrait irrésistible ; il devait
naturellement être séduit par l'élévation des pensées,
l'étendue des horizons, la clarté et la certitude des conclusions, en un mot par ce regard sûr et perçant avec
lequel elle sonde sans vertige les abîmes de l'infini.

Un mobile plus haut le guidait néanmoins dans ses
études : il savait que « le Seigneur répudie pour son
« ministre celui qui dédaigne la science » ; il savait que,
cachée sous l'écorce des Écritures ou de la Tradition, la
vérité divine a besoin d'une seconde révélation dans
les âmes, révélation confiée aux lèvres du prêtre ; il
n'ignorait pas que, travestie par la haine, défigurée par
l'ignorance, la vraie doctrine a besoin de défenseurs
autorisés qui puissent la remettre en lumière, lui rendre son intégrité et revendiquer ses droits méconnus et
outragés. A l'exemple de saint Augustin c'était « Jésus
qu'il cherchait dans les livres » ; la science était pour
lui « ce levier qui élève l'édifice de la charité ».

Les heures affectées à l'étude par le règlement ne
suffisaient pas à son amour de la science sacrée ; la
majeure partie du temps des récréations était employée
à des joutes théologiques où les divers points de la doctrine étaient discutés, élucidés, étudiés sous leurs diffé-

rents aspects , parfois embrouillés, avec une ardeur qui rappelait assez bien certaines pages curieuses de l'histoire de la scolastique au moyen âge. La cour de récréation se transformait souvent en école de gymnastique intellectuelle, où chacun faisait assaut de syllogismes plus ou moins corrects , d'argumentation plus ou moins subtile. Batailleur intrépide, l'abbé Simon, armé de textes de saint Thomas, se lançait dans l'arène avec sa fougue : il mettait dans le développement de ses idées l'entrain et la verve d'un Méridional , et poussait ses arguments, qui tous ne portaient pas juste, avec une animation dont parfois ses adversaires s'égayaient. Je n'oserais pas affirmer que de ce chef il échappât toujours au ridicule : il y eut parfois un défaut de mesure, un travers d'esprit que lui-même condamnait plus tard avec trop de sévérité et pour lequel il a droit aux circonstances atténuantes. D'ailleurs mieux valait consacrer ses récréations à discuter avec acharnement un texte de saint Thomas que de passer en revue les torts réels ou supposés du prochain et de peser ses actions dans une balance qui n'est pas toujours celle de la justice.

L'étude de la science sacrée allait de pair chez notre jeune lévite avec une autre étude non moins importante, celle de la vocation, que saint Augustin appelle à si juste titre « le centre de tout notre mouvement ». Il n'ignorait pas assurément que « c'est au Père de famille de choisir ses ouvriers », et il remettait sa décision aux mains de ceux qui avaient grâce d'état pour prononcer en dernier ressort.

Mais il s'interrogeait aussi dans le sanctuaire de sa conscience ; et l'humble opinion qu'il avait de lui-même lui inspirait une véritable frayeur en face de la grandeur et des responsabilités du sacerdoce.. Puis, la charité reprenant le dessus, il se jetait avec un filial abandon dans les bras de la Providence. Ces sentiments divers, je les trouve formulés dans une lettre à sa famille, datée de Mauroc, et écrite peu avant son appel au sous-diaconat.

Mauroc !.... serait-il permis à un ancien élève du séminaire de prononcer ce nom sans saluer de quelques mots les délicieux souvenirs qui s'y rattachent ? Non ; et dussé-je froisser les règles de l'art d'écrire, je glisserai une digression pour parler de nos promenades d'été à la maison de campagne !

A cinq heures et demie du matin, quand arrive le printemps, le séminaire s'ébranle et traverse la ville endormie. Au sortir de Poitiers, le silence s'établit sur toute la ligne, et chacun se met en méditation. Ces premières heures du jour ont, à la campagne, un charme tout particulier pour converser avec Dieu ; sous la douce influence des senteurs embaumées du matin, l'esprit s'élève, le cœur se dilate, et la prière monte plus vive et plus fervente vers le Ciel.

Çà et là on croise les laitières vigilantes qui portent le breuvage cher aux Poitevins. Elles venaient encore, à cette époque, installées à califourchon sur le coursier aux longues oreilles, muni du bât classique et des deux paniers traditionnels. Le progrès moderne a gâté le coup d'œil et défraîchi le tableau : aujourd'hui l'enfant du Mirebalais est attelé à un léger véhicule : c'est plus commode, mais beaucoup moins poétique.

Aux portes de Saint-Benoît les conversations reprennent leur cours. On traverse ce bourg coquettement étagé sur les coteaux qui dominent la vallée du Miosson : Saint-Benoît un coin de la Suisse jeté sur la terre du Poitou ; Saint-Benoît aux sympathiques habitants, aux petits pois non moins renommés que ses fagots ! Saint Benoît, la nourrice de Poitiers qu'il abreuve chaque matin d'un lait sans mélange !...

Après avoir salué en passant l'église « aux cinq clochers et quatre sans cloches », les Séminaristes montent d'un pas allègre la côte de Mauroc.

Après la sainte Messe entendue à la chapelle, après un déjeuner sommaire, la bande joyeuse s'éparpille dans toutes les directions et, en groupe ou isolément, goûte le plaisir dont la pensée faisait soupirer Horace.

Le coup d'œil de Mauroc est alors des plus variés : ici dans une allée couverte un certain nombre de jeunes lévites récitent l'Office divin ; là un élève studieux converse avec ses auteurs de théologie ; plus loin on cultive la musique ; assis à l'ombre des grands arbres, d'autres devisent joyeusement, parlent de la veille de l'examen pittoresquement appelée la fête de « Sainte Sait-il ? », ou du jour même de l'épreuve baptisé du nom de « Sainte En-peine » ! Chacun aspire l'air à pleins poumons et jouit avec délices de cette liberté qui n'est jamais plus douce que quand on promène ses vingt ans, un esprit docile et un cœur pur.

Fermons cette parenthèse un peu longue... et *paulo majora canamus*.

Voici la lettre à laquelle nous avons fait allusion :
« ... Je suis assis tout seul à l'ombre des grands arbres
« de Mauroc ; mais mon esprit et mon cœur sont aux
« Bordes. Ah ! mes chers parents, j'ai grand besoin de
« me recommander à vos prières , car l'ordination
« approche. Serai-je appelé à en faire partie ? je l'i-
« gnore. Vous savez combien cette décision est grave.

« Je me remets complétement entre les mains du
« bon Dieu : s'Il veut m'accepter, je me donne à Lui
« avec toutes mes misères ; s'Il veut que j'attende, j'at-
« tendrai ; et si même Il me rejette comme une guenille
« indigne d'être cousue au vêtement d'honneur de son
« Eglise, mon devoir sera d'obéir sans murmure. Pour
« ce qui est de mes sentiments personnels, je désire de
« tout mon cœur mettre un abîme éternel entre le
« monde et moi. »

Il n'y avait pas à se méprendre sur la vocation de

notre jeuue lévite : aussi les directeurs du séminaire n'hésitèrent-ils pas à l'appeler au sous-diaconat. Il s'y prépara avec toute l'humilité de sa foi, toute l'ardeur de sa charité.

« O mon Dieu, écrivait-il dans ses notes de Retraite,
« bientôt je vais être sous-diacre. Chose profane, je
« vais devenir la chose de Dieu. Amour et plaisirs
« de la terre, je vous dirai un adieu éternel. Mon doux
« Jésus, je voudrais que ces plaisirs fussent cent fois
« plus séduisants et qu'ils eussent autant de douceurs
« qu'ils ont d'amertumes : je le voudrais afin de faire
« un plus grand sacrifice et de vous témoigner plus
« d'amour.

« Mais, à bien considérer les choses, peut-on dire
« qu'il y a sacrifice à échanger ces hochets de la terre
« pour les bijoux du Ciel ? O amour de mon Dieu,
« même ici-bas vous êtes mille fois, vous êtes infini-
« ment plus doux et plus attrayant que l'amour des
« créatures, votre compagnie plus aimable, votre
« conversation plus séduisante. Mieux vaut un seul jour
« passé près de vous que dix mille sous les pavillons
« de la terre. »

« Ce n'est pas moi qui descendrai dans la boue au
« moment où vous me tendez la main pour me faire
« asseoir sur un trône.

« Seigneur ami, toute misérable victime que je sois,
« acceptez-moi, car je m'offre de bon cœur.

« Oui, je viens dans la plénitude de ma jeunesse et de
« ma liberté vous faire le don de moi-même, vous
« consacrer tout ce que je suis, tout ce que je puis.
« O Maître, vous avez la vie dont je veux vivre, vous
« avez la gloire que j'ambitionne ; vous avez l'amour
« dont j'ai soif........ »·

Le grand jour arriva, et ce fut avec une indicible
allégressse qu'il offrit à Jésus le printemps de sa vie
et qu'il célébra ses noces spirituelles avec l'Epoux
qui « se plaît parmi les lis » et « qui marche dans
un chemin virginal ».

La joie qui déborde de son âme après son engagement solennel, il l'exhale en des accents brûlants
qu'on ne peut entendre sans être ému.

« C'est maintenant qu'il faut entonner l'hymne de la
« reconnaissance.

« O mon Dieu, vous vez fait une merveille ! Vous
« m'avez pris bien bas et vous m'avez élevé bien haut.

« Je suis désormais votre bien et votre propriété.

« Et moi je vous ai pris pour mon partage, et je ne
« vous lâcherai pas.

« Ni le ciel ni la terre ni l'enfer ne peuvent briser
« ma chaîne.

« Te voilà donc dompté, lionceau fougueux ! et tu
ne briseras pas ton lien.

« Votre cœur, ô Jésus, est le rocher où ma chaîne
« est fixée.

« Captif volontaire, je m'accouderai sur ce rocher.

« Si j'ai des pleurs à verser, c'est là que j'irai les
« répandre.

« De là aussi je regarderai couler à mes pieds les
« flots des choses humaines.

« Sans mépris pour les victimes du monde qui pas-
« seront devant moi, mais plein d'horreur pour leurs fo-
« lies, je leur montrerai le ciel et tâcherai de les sauver.

« Mon doux Jésus, mon ami, je ne suis plus une
« chose vulgaire; je suis une hostie vivante. *Ecce*
« *Agnus Dei.*

« O mon Dieu, que j'aille où il y a le plus d'âmes
« à sauver ! »

Ce dernier vœu n'était que l'expression des désirs de
la première enfance, désirs entretenus et cultivés avec
un soin jaloux, l'expression de ses aspirations à la vie
apostolique.

Assurément, pour être prêtre, représentant du Dieu
« qui aime les âmes », il est nécessaire d'avoir le sentiment de la beauté et du prix des âmes ; mais pour
être missionnaire, il faut avoir ce sentiment élevé à son
plus haut degré. Aux hommes privilégiés, seuls le
Seigneur fait entendre la parole qu'il adressait jadis à
Abraham : « Sors de ton pays et de ta parenté pour
« aller dans la terre que je te montrerai. »

Dans le sanctuaire intime où germe l'abnégation, où
s'épanouit l'héroïsme du sacrifice, l'abbé Simon avait

entendu cet appel ; et la réponse avait jailli, telle qu'on la pouvait attendre de cette âme généreuse.

Mais là encore l'illusion est possible : aussi l'Eglise, mère prudente et sage, juge-t-elle que pour marcher sûrement dans ce chemin, il faut y aller sous l'égide de l'obéissance.

Si elle est heureuse d'applaudir au noble dévouement de ces privilégiés de sa grande famille, elle met tout en œuvre pour prévenir des décisions funestes, fruit d'un entraînement irréfléchi.

« Je ne voudrais pas mettre seulement un grain de blé dans la balance pour vous faire Religieuse », disait saint François de Sales à une de ses filles spirituelles. Cette parole est la devise de tous les directeurs de conscience, à l'heure où ils sont appelés à émettre un jugement sur cette question délicate de la vocation.

Sans décourager le séminariste, son confesseur jugea prudent d'ajourner la réalisation de son dessein.

Il reconnaissait bien dans cette âme d'élite les signes de vocation que saint Vincent de Paul exige du missionnaire : « une foi vive, une grande confiance en Dieu, une grande indifférence à l'égard des emplois, des lieux, des personnes, une mortification à toute épreuve ; enfin une humilité et une douceur inaltérables » ; mais il lui semblait qu'une décision de cette gravité avait besoin de l'épreuve du temps.

Ardent comme il l'était, l'abbé Simon, tout en s'inclinant, ne négligea rien pour avoir une solution conforme à ses désirs. Dans des entretiens particuliers, dans un mémoire d'une éloquente énergie, il plaide sa cause devant son directeur; il met en jeu toutes les ressources de son esprit et de son cœur pour faire valoir les raisons qui, d'après lui, militent en faveur d'un départ immédiat.

On ne peut se défendre d'une sympathique admiration en face de ce jeune homme luttant de toutes ses forces pour avoir le droit de se dévouer, d'accomplir un sacrifice héroïque.

Quoi qu'il en soit, pour mûrir son projet, notre cher abbé fut envoyé comme professeur au petit collége de Rom.

Grâce à la proximité de Messé et des Bordes, il allait se retrouver au milieu des siens, dans ce pays que, suivant ses expressions, « il aimait passionnément ». Sous le toit même du collége il allait retrouver son frère, « ce Pierre chéri, cette âme de son âme », comme il l'appelait.

De précoces infirmités avaient contraint le jeune homme de renoncer à l'agriculture et l'avaient décidé à commencer ses études à un âge relativement avancé, dans le but d'embrasser une carrière libérale.

Non moins heureusement doué que son aîné sous le double rapport de l'intelligence et du cœur, Pierre entreprenait cette tâche épineuse avec une ardeur que rien n'effrayait. En peu de temps le succès répondit à ses efforts, et après deux ans d'un labeur opiniâtre, sous la direction de Philibert, ses études littéraires étaient achevées.

Toutefois l'amélioration survenue dans la santé du jeune étudiant le fit renoncer à ses projets d'avenir et le riva au sol natal, à ces pénibles mais chères occupations que les agriculteurs ne quitteraient jamais, si suivant le mot du poëte, « ils savaient apprécier leur bonheur ».

CHAPITRE IV.

Rom est une commune de dix-huit cents âmes, à
une petite distance de Messé. Le protestantisme y
compte de nombreux adeptes, et c'est un centre de
propagande calviniste très-active : aussi par un mauvais jeu de mots, justifié du reste, l'appelle-t-on dans
le pays « la Rome du Mellois ». Ajoutons que le drapeau de la saine doctrine y est tenu haut et ferme, et
que le zèle catholique s'y personnifie sous les traits
d'un pasteur aussi sympathique que vénéré.

Par une heureuse inspiration, l'autorité diocésaine
a fondé là une Ecole libre, qui n'était à l'origine qu'une
pépinière pour le recrutement des aspirants au sacerdoce. Grâce à la confiance inspirée par une direction
intelligente et paternelle, l'école est devenue un collége florissant où bon nombre de familles sont heureuses de faire donner à leurs enfants, en même temps

qu'une instruction solide, le bienfait d'une éducation chrétienne.

Au mois d'octobre 1864 l'abbé Simon entrait au collége Saint-Paulin, pour y faire ses débuts dans cette laborieuse carrière du professorat.

On a dit que, pour réussir dans cette tâche délicate, en dehors et au-dessus de la science compétente, il faut l'amour de Dieu et l'amour des enfants.

La vérité de cette parole s'impose d'elle-même à quiconque considère que l'intelligence et le cœur des jeunes gens réclament autre chose que des notions abstraites de langues anciennes ou de mathématiques.

Nous avons vu dans quelle large mesure le grand-séminariste avait la première vertu; l'expérience de chaque jour mit en relief tout ce que son âme renfermait de tendresse pour ses élèves. « Dans mon professorat, disait-il plus tard, j'ai été plus mère que père. » Il avait entendu et il réalisait le conseil de saint Grégoire, recommandant « de porter dans le sein de l'affection ceux qu'il nous incombe de corriger ».

« Il nous punissait, me racontait un de ses anciens élèves; mais on sentait bien que la punition faisait coup double et atteignait à la fois le maître et l'élève : aussi les plus récalcitrants eux-mêmes s'inclinaient-ils sans murmure devant la sentence qui les frappait. »

Chez lui la condescendence ne dégénéra jamais en

faiblesse ; mais l'autorité n'avait rien de dur ni d'emporté. Il savait que, pour se concilier la déférence des écoliers, il importe de les traiter avec un certain respect : c'est pourquoi il évitait avec le plus grand soin ces paroles acerbes, ces reproches injurieux, ces railleries déplacées qui blessent sans jamais corriger.

Son esprit original lui suggérait parfois des systèmes de punition qui témoignaient de son ascendant sur le petit peuple confié à ses soins. Un élève avait-il fait un accroc à la discipline, le professeur très-gravement lui liait les mains derrière le dos avec un brin de laine, et l'enfant docile gardait scrupuleusement ces menottes d'un nouveau genre, que je ne recommande pas à messieurs les gendarmes !

La grande idée de Dieu dominant tout chez notre jeune abbé, on devine avec quelle conscience il s'acquittait de ses devoirs professionnels. Rien ne lassait sa patience dans cet enseignement aride des notions rudimentaires ; et il s'occupait, avec un soin égal, des plus intelligents comme des moins favorisés sous le rapport de l'esprit.

Plein d'aménité et d'obligeance à l'égard de ses collègues dans le professorat, il était aussi d'un entrain et d'une verve inépuisables dans l'organisation de ces fêtes scolaires qui sont la vie d'un collége. Volontiers, dans ces circonstances, il improvisait une ballade, une chanson, qui respiraient la gaîté la plus franche et faisaient la joie des écoliers. Pour une de ces fêtes de famille sa muse s'était élevée jusqu'au drame. Ce drame, assurément un auteur en renom ne l'eût pas signé ; mais le jeune poëte a su trouver de nobles accents pour raconter une page de la lutte héroïque de la Vendée sous la Terreur ; il a dignement interprété les sentiments de ces héros que Bonaparte appelait des « géants » par le courage et qui étaient aussi des géants par la foi.

Les données de ce drame sont d'une simplicité antique : on dirait une pièce grecque animée d'un souffle chrétien.

Un vieux Vendéen aveugle, appuyé sur son bâton, a quitté sa demeure, et s'est mis en route sous la conduite de son petit-fils. Il a gravi la colline, et, vaincu par la douleur et la fatigue, il s'assied au pied de la croix qui domine la vallée où est situé son village. Sa première parole est un hommage au signe auguste de la Rédemption :

. . . .

> Nous venions à tes pieds nous asseoir autrefois,
> Croix bien-aimée. Hélas ! ma paupière tarie
> Ne peut plus contempler ton image chérie :
> Je veux encor m'asseoir sur tes degrés moussus.

Bientôt arrivent aux oreilles du vieillard les clameurs des « Bleus » semant partout la dévastation, l'incendie

et la mort. En voyant le feu au village, l'enfant exhorte
l'aveugle à fuir avec lui :

. . . .

Le village n'est plus qu'une fournaise immense,
Et le clocher devient une gerbe de feu.
Les soldats vont venir. Sauvez-nous, ô mon Dieu !
Et vous, grand-père, et vous, dans ce péril extrême,
Pour éviter la mort, faites un pas suprême.

Résolu à mourir, le vieillard engage son petit-fils à
se dérober à la fureur des soldats :

Non, je ne puis, mon fils ; mes pieds sont enchaînés.
D'ailleurs près du village où mes enfants sont nés,
Où mes pères sont morts et dorment dans la terre,
Où les Bleus ont sabré ton aïeule et ta mère,
De la main du bourreau je désire mourir.
Mais toi, si jeune encor, tu ne dois point périr.
Sauve-toi, mon enfant, cours à travers la plaine ;
Va rejoindre ton père et les guerriers qu'il mène.
Fuis bien vite, et dis-leur que le vieux Vendéen
Est tombé sous le fer comme un martyr chrétien.

Une lutte de générosité s'établit entre ces deux âges
si différents , mais rapprochés par la foi et par une
mutuelle affection :

LE VIEILLARD.

Mon fils, au nom du ciel, ne cherche pas la mort.

2**

L'ENFANT.

De grâce, laissez-moi partager votre sort.

LE VIEILLARD.

Non, non. Un tel désir à Dieu ne saurait plaire.

L'ENFANT.

Dieu veut-il qu'un enfant abandonne son père

LE VIEILLARD.

Va rejoindre le tien.

L'ENFANT.

                        Le mien ! Oubliez-vous
Ce qu'il me dit naguère en s'éloignant de nous ?
Enfant, dit-il, vois-tu le chef de la famille ?
Je crains qu'on ne le prenne et qu'on ne le fusille.
Ne l'abandonne pas, surtout dans le danger ;
Et si les ennemis viennent vous égorger,
Conduis-le par la main ; prête-lui ton épaule.
Reste et meurs avec lui, s'il faut : voilà ton rôle.

L'amour filial reste vainqueur : le vieillard et l'enfant se résignent à mourir ensemble. Bientôt arrive la troupe des Bleus. L'officier qui les commande essaie d'ébranler la foi dans l'âme du vieil aveugle ; il lui parle avec emphase de la Liberté, de l'Egalité, de la

Fraternité, au nom desquelles étaient décrétés les emprisonnements et les massacres. Il ne réussit qu'à s'attirer cette belle réponse du patriote vendéen :

. . . .
Ah ! c'est dans notre coin de terre vendéenne
Que fleurit seulement la liberté chrétienne.
Là le mérite seul s'attire du crédit ;
Le paysan commande et le noble obéit.
L'illustre gentilhomme et l'obscur garde-chasse
Combattent côte à côte avec la même audace.
Et c'est Cathelineau, paysan comme moi,
Qui, dans la grande armée, exerce au nom du Roi
Le suprême pouvoir dont il est le plus digne.

Furieux de voir leurs avances repoussées, les soldats, après avoir épuisé les menaces et les injures, décident de suspendre le vieillard à la croix où il sera une cible facile à leurs balles. Joignant le persiflage à la cruauté, l'officier lui demande s'il n'a pas quelque message à faire transmettre à celui de ses fils qui commande dans l'armée vendéenne :

Dis-lui que je pardonne à tous mes ennemis.

L'aveugle et son petit-fils attachés à la croix, la scène change de face par l'arrivée inopinée d'un Vendéen, qui, à la tête d'une bande nombreuse, cerne les

Bleus et les fait prisonniers. La colère du jeune chef ne connaît plus de bornes en voyant le traitement barbare infligé à son père et à son fils :

> Qu'as-tu fait, scélérat ? C'est une indignité !
> Un enfant en bas âge, un vieillard sans défense :
> Voilà quels ennemis frappe ton insolence !
> O mon père, ô mon fils, objets chers et sacrés,
> Un instant de retard : vous étiez massacrés.
>
> . . . .
> . . . .
> . . . .
> . . . .
>
> Mais que vois-je là-bas ? nos toits sont enflammés.
> Ah ! tigres de l'enfer, c'est encor votre ouvrage :
> Tuer, piller, brûler : voilà vos seuls exploits.
> Eh bien ! vous l'avez fait pour la dernière fois !

Le supplice des bourreaux s'apprête quand le vieillard, à peine détaché de la croix, se jette aux genoux de son fils et lui prêche le pardon. Repoussé, il revient à la charge et fait vibrer cette corde de la foi, si puissante sur un cœur vraiment chrétien :

> Mon fils, à ses bourreaux Jésus-Christ pardonna :
> C'est à nous d'imiter l'exemple qu'il donna.
>
> . . . .
> . . . .
>
> Plus les crimes sont grands, plus le pardon est beau.

Lorsqu'on voit un chrétien recevoir une offense
Et tenir dans ses mains la peine et la vengeance,
De la foi qu'il professe on peut alors juger,
S'il pardonne au coupable, au lieu de se venger.
Pardonne donc, mon fils. En faisant ta prière
Qu'as-tu dit ce matin ? N'as-tu pas dit : « O Père,
Oubliez les péchés que nous avons commis,
Comme nous oublions ceux de nos ennemis » ?
Tu l'as dit, et pourtant tu veux avec usure
Rendre meurtre pour meurtre, injure pour injure.
Mon fils, ne vengeons pas les maux qui nous sont faits ;
Laissons à Dieu le soin de punir leurs forfaits.
Voudrais-tu les jeter toi-même dans le gouffre ?
Dieu voit leurs cruautés, il les voit, il les souffre :
Souffrons-les comme lui. Que dirai-je de plus ?
Dieu les aime : il voudrait en faire des élus ;
Malgré leur résistance, il leur offre sans cesse
Un pardon plein d'amour, des bras pleins de tendresse ;
Il voudrait les sauver, car il est mort pour eux.

Ces accents de l'héroïsme chrétien fléchissent le
Vendéen :

Eh bien ! je vous pardonne à cause de ma foi.

Tant de générosité émeut l'âme de l'officier des
Bleus :

. . . .
Qu'est-ce donc que la foi ? Qu'est-ce donc qu'un chrétien ?
Je vous ai fait du mal ; vous me faites du bien !

2***

> Paysans, votre cause est grande et magnifique,
> Puisqu'en vous inspirant un courage héroïque,
> Elle vous met au cœur des sentiments divins.
>
> . . . .
>
> Adieu, bons Vendéens ! Quel que soit l'avenir,
> Mon cœur battra toujours à votre souvenir. »

La verve de l'abbé Simon s'exerçait parfois dans un autre genre, dans la composition française par excellence : la chanson. Une circonstance assez grave le détermina à se départir de sa réserve habituelle et à descendre un jour dans l'arène électorale, armé du fouet de la satire.

A Rom la bataille s'annonçait chaude pour le renouvellement du Conseil municipal. On serait tenté d'en sourire si l'on ne pensait au mot toujours vrai de César.

Tandis qu'on eût dû se tenir exclusivement sur le terrain des intérêts communaux, le champ s'était élargi, et, les passions politiques et religieuses aidant, on avait en perspective un résumé charmant de la comédie qui se joue en grand pour les élections législatives.

L'opposition était ardente. Il lui fallait un drapeau : elle afficha la haine à la religion catholique. Pour mot de ralliement elle adopta cette devise nullement démodée aujourd'hui : « Balayons les Sœurs et le Curé. » Avec des candidats qui se présentaient le balai à la main, la propreté ne pouvait manquer de trôner dans la commune !

L'abbé Simon s'empara de la devise, et empruntant le rhythme et l'air « de la Maison » de Béranger, il improvisa une chanson où, mettant en séance les principaux meneurs sous des désignations transparentes, il les flagella avec esprit et mit les rieurs du côté de la justice et du bon sens.

LES BALAYEURS.

Les électeurs d'un pas lent et tranquille
Allaient voter et parlaient de scrutin.
L'Homme des champs et l'*Homme de la ville*
Pour les mener se sont donné la main.
L'Homme des champs monté sur une borne
S'est écrié comme un homme inspiré :
Votez pour nous ; votre intérêts l'ordonne :
Nous balaierons les Sœurs et le curé. (bis)

Connaissez-vous les gens qui vous oppressent ?
Connaissez-vous les gouffres de l'impôt ?
Les gens d'église à vos dépens s'engraissent,
De votre argent ils grugent le dépôt.
Que la commune aujourd'hui se réveille :
Votez pour nous : c'est un devoir sacré.
Si nous passions, tout irait à merveille :
Nous balaierions les Sœurs et le curé. (bis)

L'Homme de ville, armé d'un parapluie,
En gasconnant, hurlait un peu plus loin :

Monsieur « un Tel » est celui que j'appuie :
C'est un savant dont nous avons besoin.
Tout votre argent s'engouffre au presbytère.
Par des coquins vous êtes dévorés.
Votez pour nous : nous balaierons le maire ;
Nous balaierons les Sœurs et les curés. (bis)

Bons paysans que la fraude importune,
N'en croyez point ces méchants ennemis.
Votre curé grugerait la commune,
Si comme *un autre* il gagnait cent louis ;
Mais il reçoit à peine cent pistoles,
Et parmi vous les répand en bienfaits.
Pour vos enfants, il fonde des écoles ;
Et sachez bien qu'il fait tout à ses frais. (bis)

Les bonnes Sœurs, dans toutes vos familles,
Sèment le bien pour l'amour du bon Dieu.
Leur vie entière appartient à vos filles,
Et pour leurs soins vous leur donnez bien peu.
Vous qui mourez sans espoir et sans aide,
Consolez-vous : voici la bonne Sœur.
Pour vous guérir, elle a mille remèdes ;
A vous soigner elle met son bonheur. (bis)

La chanson eut une vogue inouïe, et, répétée de bouche en bouche, colportée par les enfants, elle fit mieux que le livre le plus éloquent : les « Balayeurs » furent balayés !

Nous avons dit précédemment que notre abbé préludait au ministère apostolique par des courses de charité, des visites aux malades, bénies de Dieu et couronnées du succès le plus doux, la conversion des pécheurs.

Ce fut une de ses occupations les plus chères pendant son séjour à Rom , et il y consacrait volontiers le temps que ne réclamaient point ses devoirs de professeur. L'estime dont son père était entouré, les bons souvenirs personnels qu'il avait laissés parmi ses compatriotes lui donnaient ses entrées libres dans les demeures des plus récalcitrants ; et son aménité, sa charité douce et patiente triomphaient des résistances les plus opiniâtres.

Ce qu'il déployait de tactique ingénieuse, de ruses de bon aloi, pour pénétrer à l'intime de l'âme, est chose à peine croyable. Quand les cœurs ne s'ouvraient pas aux douces impressions de sa parole, il poursuivait de ses supplications, de ses larmes même « Celui qui des pierres peut faire des enfants d'Abraham ». Sachant bien que le discours le plus persuasif est un trait sans force si Dieu ne le dirige vers le but, il priait son Jésus, il plaidait auprès de lui la cause des âmes rebelles, avec cette insistance que le Sauveur recommande à ses disciples, avec cette liberté naïve dont tous les Saints ont usé.

Son zèle s'exerçait envers tous ; mais il avait une prédilection marquée envers les pauvres âmes que, par le malheur de leur naissance, l'hérésie prend au berceau et auxquelles elle inocule la haine de la véri é.

Un jour, arrivant aux Bordes pour passer en famille le congé du jeudi, il apprend qu'une de ses voisines, vieille protestante endurcie, est atteinte d'une maladie sans remède, aggravée par la misère. Le bon curé de la paroisse avait échoué dans ses tentatives pour ramener au bercail cette brebis égarée.

« — Vite, dit Philibert à sa mère, donnez-moi quelques aliments pour elle. » Et, muni d'une écuelle de soupe, il entre chez la pauvre vieille. — « Bonjour, « bonne mère: c'est votre ami qui vient vous visiter. — « Ah ! Monsieur Philibert, que le bon Dieu me fait « souffrir ! — Est-ce que vous ne le faites pas souffrir « de votre côté par votre obstination ? » Et le voilà qui manie cette âme de cette main douce et forte dont parle saint Augustin : au souffle de sa parole ardente, la vérité pénètre dans l'esprit et fond la glace de ce cœur ; la pauvresse demande avec larmes la grâce du baptême. Devenu son professeur de catéchisme, l'abbé Simon s'installe à maintes reprises à son chevet ; avec une patience que rien ne rebute, il entreprend et mène à bonne fin l'instruction religieuse de cette élève d'un nouveau genre.

Toutes choses réglées par le curé de Messé, notre cher abbé s'occupe des préparatifs du baptême et de la première communion. La gravité du mal interdisant le transport à l'église, il transforme en chapelle la chambre de sa protégée, dresse au pied de son lit un autel qu'il orne de flambeaux et de fleurs, et, l'âme rayonnante, assiste à la double cérémonie. Quelques jours après, l'heureuse convertie allait au ciel prier pour son bienfaiteur.

Une autre fois, la charité le conduit au chevet d'une jeune femme atteinte de la fièvre typhoïde. Baptisée dans la foi catholique, elle avait renié son baptême et contracté une de ces unions que la présence d'un maire en écharpe ne suffit pas à légitimer devant Dieu et devant la conscience. En arrivant chez elle, l'abbé Simon trouve sur la table la bible du ministre protestant. Quelques minutes d'entretien font comprendre au jeune apôtre que la place sera difficile à emporter. Il se tourne alors du côté du ciel et recourt à la Vierge Marie, l'avocate des causes désespérées.

« Permettez-moi, dit-il à la malade, d'aller en votre
« nom faire brûler un cierge à l'autel de la Sainte
« Vierge. »

Muni d'un consentement dicté par la pensée de se débarrasser de ses obsessions, il convoque quelques personnes pieuses, court à l'église et, à genoux sur le pavé, commence la récitation du Rosaire. Après deux heures de cette pieuse corvée, son entourage se retire ; et l'abbé Simon reste pendant quatre heures dans cette posture fatigante, priant avec larmes « la Mère de miséricorde ». Témoin d'une foi si vive, d'une charité si

ardente, un de ses compatriotes s'écriait tout ému :
« Si j'étais protestant, un pareil spectacle suffirait pour
me convertir. »

Le ciel ne devait pas rester insensible, et la main
maternelle de Marie jetait dans l'âme endurcie une de
ces grâces victorieuses qui triomphent des résistances
les plus obstinées.

A quelque temps de là, Philibert était venu aux
Bordes passer la soirée avec ses parents. La famille
allait se mettre à table quand arriva un jeune homme
qui venait faire ses adieux avant d'aller rejoindre son
régiment. — « Mère, dit aussitôt l'abbé Simon, ce
jeune conscrit va partager notre dîner. » Et, après une
cordiale poignée de main, il le fait asseoir à ses
côtés.

Pendant le repas, où il mit tout en œuvre pour faire
diversion au chagrin de son hôte, Philibert, qui ne lui
ménageait ni les bons morceaux ni les paroles de sympathie, glissait adroitement de sages conseils pour la
gouverne de sa vie de soldat. Il s'ingéniait à lui faire
comprendre cette vérité si simple et si méconnue, que
le service de la patrie ne doit préjudicier en rien au
service de Dieu ; il lui disait que si c'est une lâcheté de
renier son drapeau, c'en est une plus grande de rougir de
sa foi, quand le jeune homme lui avoua timidement
qu'il n'était pas catholique. — « Protestant ! Ah !
quel malheur ! » Cette exclamation jaillissait aussitôt des

lèvres et du cœur attristé de l'abbé. Le ton et le geste qui accompagnaient cette paroles remuèrent profondément le soldat, qui entrevit, comme à la lueur d'un éclair, le péril où se trouvait son âme. Il promit à son nouvel ami de ne pas négliger son avertissement et de se faire instruire dès son arrivée à Toulouse. Quand il partit des Bordes, le protestant emportait dans le cœur une de ces flèches qui ne permettent pas à l'âme de dormir tranquille sur l'oreiller de l'erreur.

Mais l'abbé Simon ne se contenta pas de l'accompagner des yeux du cœur et de la foi dans sa nouvelle carrière ; une correspondance fréquente vint dissiper les ténèbres et activer les bons désirs.

Les arguments, toujours à la portée de l'élève, sont tissés de main de maître quand il fait toucher du doigt l'inanité de ce protestantisme qu'on appelle à tort du nom de « Religion » :

« Dites-moi, s'il me plaisait de déclarer que ni le
« catholicisme ni le protestantisme ne sont la vraie
« religion, et s'il m'arrivait d'en fonder une nouvelle où
« j'admettrais tout ce qui m'agréerait et d'où je pros-
« crirais tout ce qui m'ennuierait, cette religion serait-
« elle bonne ? — Evidemment non, me répondrez-
« vous, puisqu'elle n'aurait pas été instituée par Notre-
« Seigneur Jésus-Christ, le Dieu fait homme. — Eh
« bien ! alors, quelle confiance peut vous inspirer une
« religion inaugurée par deux mauvais prêtres et par

« un polisson couronné, qui ne changeait de culte que
« pour changer de femmes ? »

Sa verve n'est pas moins originale quand, s'inspirant
de la théorie militaire, il montre dans les divisions et
les contradictions doctrinales de la Réforme la preuve
évidente de sa fausseté :

« Le protestantisme est une armée où tout le monde
« a le droit de commander et où personne ne doit
« obéir, puisque chacun forme sa foi à sa guise. Pen-
« dant que l'un fait « par file à droite », l'autre fait
« par file à gauche »; l'un, une conversion à droite,
« l'autre, une conversion à gauche. Et l'on dit qu'ils
« vont tous deux en Paradis !...

« C'est une mauvaise manœuvre. J'aime mieux les
« catholiques qui marchent comme un seul homme
« au commandement des généraux établis par Jésus-
« Christ. »

Par les soins d'un prêtre zélé, M. l'abbé Bousigues,
aumônier à l'hospice de la Grave de Toulouse, l'instruction religieuse du jeune grenadier fut promptement terminée; et bientôt il put annoncer son baptême
à M. Simon. Celui-ci en tressaillit de joie, et son
affection en devint plus vive pour l'heureux converti.

« O grenadier, que vous m'êtes cher, maintenant
« que vous êtes catholique ! » lui écrivait-il au lendemain de son abjuration.

Et il ajoutait :

« Mais dites-moi, ne désirez-vous pas faire partager
« votre bonheur aux autres protestants, et en particu-
« lier aux membres de votre famille ? Il faut prier pour
« eux : votre prière sera toute-puissante sur le cœur de
« Dieu. »

Et, de son côté, le cher abbé ne négligeait rien pour
compléter l'œuvre de la grâce dans la famille de son
protégé. Dans de fréquentes visites il allait s'asseoir au
foyer domestique, parler du fils absent, et s'enquérir de
ses nouvelles ; c'était lui qui remplissait l'office de secrétaire pour la correspondance avec le soldat ; c'était lui
encore qui donnait lecture des lettres de Toulouse.

Demandons-lui de nous raconter une touchante scène
de famille à la réception de la missive qui annonçait
le baptême et la première communion du grenadier.

« Votre lettre, écrit-il au jeune homme, m'a fait beau-
« coup de plaisir, et elle n'en a pas moins fait à vos
« parents, auxquels je l'ai lue jeudi dernier.

« Vraiment je compris bien alors ce que c'est qu'un
« cœur de mère. Pendant que votre père exprimait sa
« joie par des sourires et des paroles, votre mère pleu-
« rait en silence. Pauvres mères ! elles sont bien toutes
« les mêmes. Je ne connaissais pas votre mère ; mais en
« voyant couleur ses larmes silencieuses, je compris
« combien elle vous aime et quel bon cœur elle a.

« Puisse-t-elle aussi ouvrir les yeux à la lumière ! »

J'ai cité quelques traits entre beaucoup à l'actif du zèle apostolique de Philibert ; la mémoire des habitants de Messé en conserve fidèlement bien d'autres ; et ils se plaisent à les raconter à la louange de celui qu'on avait surnommé « le curé des Bordes ».

Témoin et admirateur des vertus de ce paroissien d'élite, M. le curé de Messé l'avait invité, bien qu'il ne fût que diacre, à prêcher pour la Rénovation des vœux du Baptême, le jour de la première communion. L'église était remplie comme aux plus grandes fêtes, et le clergé des paroisses environnantes était venu rehausser l'éclat de la solennité.

Le jeune diacre prit pour thème [de son instruction le « Sacrifice » envisagé dans sa nécessité et sa pratique.

On sentait, en l'entendant, qu'il était là dans son élément ; on se disait qu'avant de porter cette thèse dans la chaire chrétienne, il l'avait traduite dans sa vie de chaque jour.

« Les sacrifices que Dieu commande et ceux qu'il « impose, disait-il, ne suffisent pas à une âme géné- « reuse : elle en désire d'autres. Elle court aux priva- « tions comme les mondains aux voluptés ; elle a une « soif inextinguible d'humiliations, de souffrances et « de sacrifices. »

Les accents de sa parole où vibrait la foi produisi- rent une vive impression sur l'auditoire ; et bien des larmes silencieuses attestèrent au jeune diacre qu'il avait trouvé le chemin du cœur de ses compatriotes.

Plus grande eût été l'émotion si l'on eût su, ce qui était le secret de Philibert et d'un petit nombre d'amis, que, deux semaines plus tard, il allait donner à son Dieu la preuve d'un amour généreux en se sevrant des joies les plus douces, celles de la famille. Les deux années de professorat avaient été jugées une préparation suffisante, et, sûr désormais de l'appel divin, il se préparait au départ.

« *Italiam ! Italiam !* écrivait-il à l'un de ses amis : « c'était le langage des compagnons d'Enée, à la vue « des côtes de l'Italie. La Mission ! La Mission ! m'é- « crié-je aujourd'hui, car moi aussi je découvre de « loin les côtes de ma nouvelle patrie. »

Quelques jours à peine le séparaient de la date fixée pour son entrée au séminaire des Missions-Etrangères ; mais il lui fallait auparavant subir une épreuve du genre le plus pénible.

C'est sans doute une douleur cuisante de faire en soi-même le sacrifice de sa famille, à l'heure où, sous l'œil de Dieu, un jeune homme se détermine à franchir les mers pour aller prêcher l'Evangile : la foi en triomphe, mais la nature en frissonne. Néanmoins, souffrir seul serait une chose douce en comparaison de cette dure nécessité d'aller ouvrir la source des larmes dans les âmes qu'on aime le plus, de faire au cœur d'un

père et d'une mère une de ces blessures que la foi atté-
nue, que le temps adoucit, mais sans jamais les guérir.
Oui ; et, si avide d'affection que soit la créature
humaine, il est un jour où elle désirerait presque
n'être pas aimée : le jour où elle laisse de pareils
deuils derrière elle.

« Quand je pense aux derniers adieux, écrivait
« notre ami, je sens quelque chose qui m'oppresse, et
« je frémis des pieds à la tête. Chères âmes auxquelles
« la mienne est unie si intimement, faut-il donc nous
« séparer ? Oui, Dieu le veut, et je saurai lui montrer
« que je le préfère à tout ici-bas. »

Assurément le futur missionnaire comptait sur les
sentiments chrétiens de ses parents pour leur adoucir
l'amertume de la séparation ; mais il n'ignorait pas
qu'entre la foi et l'héroïsme surnaturel il y a une distance considérable ; il savait que si, comme le père de
l'apôtre du Chablais, « on l'eût donné volontiers à
l'Église pour en faire un confesseur, on serait atterré
à la pensée de l'offrir au martyre ».

Si douloureuse que fut l'épreuve, l'abbé Simon en
sortit victorieux.

Il a lui-même raconté cette page émouvante de
sa vie dans une relation qu'il nous est doux de
reproduire.

Avant d'arriver aux adieux de famille, disons
qu'aussitôt connue au collége Saint-Paulin, la nou-

velle de son prochain départ fut un deuil pour tous les enfants. Un d'entre eux se fit l'interprète de ses condisciples, et lui exprima les sentiments de reconnaissance et de tendresse qui étaient dans tous les cœurs.

« .... Nous pleurons, lui disait-il, parce que
« nous vous aimons; nous pleurons parce que nous
« vous sommes reconnaissants........

« Avant d'aller aux amphithéâtres, les martyrs
« embrassaient et bénissaient pour la dernière fois les
« chrétiens leurs frères. A vous qui allez bientôt des-
« cendre dans l'arène, nous venons demander un der-
« nier baiser, une dernière bénédiction. Cette béné-
« diction tombée de votre cœur d'apôtre nous
« affermira dans le bien et nous portera bonheur.
« Toujours nous nous souviendrons qu'en nous
« bénissant, vous nous avez donné rendez-vous
« au ciel. »

Et après une scène attendrissante, mêlée de sanglots et de paroles d'affection, après une scène qui rappelait les adieux de l'apôtre saint Paul aux chrétiens de Milet, l'abbé Simon prit le chemin des Bordes.

A peine arrivé au Séminaire des Missions-Étrangères, il consignait sur le papier les impressions et les souvenirs de ce jour d'adieux.

Le récit porte cette épigraphe :

« *Forsan et hæc olim meminisse juvabit.* »

Nous allons le reproduire intégralement :

« Il me semble que je me promène encore dans le
« jardin des Bordes. C'était un lundi. Je marchais len-
« tement dans une allée tortueuse, pleine d'herbe.

« Le temps était splendide, les deux pommiers
« étaient couverts de fleurs.

« Ma mère paraissait de temps en temps à la fenêtre,
« gaie et secouant, en chantant, les vêtements du
« dimanche. Et moi, j'avais envie de pleurer. Mon
« cœur était à l'agonie : je songeais à la nouvelle que
« je lui apprendrais le soir, je devinais sa douleur, ses
« larmes ; et sa joie présente me faisait mal.

« Enfin le soir vint. Quelle soirée ! On soupa pres-
« que sans mot dire : j'avais l'esprit trop préoccupé
« pour pouvoir entretenir la conversation.

« Après le souper mon père sortit et nous nous assî-
« mes en silence autour du foyer. Mon père rentra et
« se plaça entre Pierre et ma mère. C'était l'heure ; il
« fallait parler. — Mes chers parents, dis-je alors,
« j'ai une grande nouvelle à vous annoncer : j'ai bien-
« tôt vingt-cinq ans, et il faut que je prenne une déter-
« mination pour l'avenir. Je vais quitter Rom pour
« entrer à Paris dans une congrégation. — La congré-

« gation des Missions Étrangères ? — Oui, mon
« père.

« Tout était dit. Mes pauvres parents semblaient
« pétrifiés. Personne ne pleurait ; ma mère me regar-
« dait comme si elle était le jouet d'un rêve. Enfin rom-
« pant la première le silence et fondant en larmes :
« Ah ! mon cher enfant, dit-elle, ton départ me fera
« mourir.

« Et moi je lui répondis doucement : Mère, le bon
« Dieu t'aidera. Tu ne peux pas savoir combien il me
« coûte de te causer ce chagrin. »

« Mon père me fit alors quelques observations :
« Tu sais, dit-il, dans quel état le départ de Pierre a
« mis ta mère ; le tien l'achèvera. — Non, mon ami,
« répondit ma mère, n'ayez pas peur, je n'en mourrai
« pas.

« Douce mère, elle commençait déjà à faire son
« sacrifice !

« Après quelques paroles du même genre, mon père
« ajouta : Qu'il soit fait selon tes désirs ! Te faut-il
« mon consentement par écrit ? — Non, père, je n'en
« ai pas besoin.

« Nous rentrâmes, Pierre et moi, dans ma cham-
« brette.

« Ma mère nous y suivit bientôt. Elle s'agenouilla et
« s'accouda sur ma petite table, la tête entre ses mains.

« Son cœur débordait ; elle se prit à pleurer et à se

3*

« lamenter sans pourtant me faire aucun reproche. Je
« lui pris les mains et lui dis tout ce que mon cœur me
« suggéra pour la consoler, mais sans y réussir. Je
« la déterminai enfin à aller prendre un peu de repos.

« Elle sortit. Pierre et moi, restés seuls, nous nous
« mîmes à pleurer. Quelle soirée, ô mon Dieu ! Inscri-
« vez-la au ciel dans le livre de vie.

« Le lendemain matin , ma mère vint me réveiller ;
« elle s'assit à côté de moi et donna un libre cours à
« ses larmes. — Ne ferais-tu pas du bien ici ? me répé-
« tait-elle. Je l'ai caché devant ton père ; mais le
« chagrin me tuera..... Toutes ces paroles me
« navraient le cœur.

« Après différentes visites d'adieux, j'arrivai le soir
« dans la famille Gendreau, une famille de vrais amis.
« Ma mère vint m'y rejoindre, et on parla des Missions.
« Puis ma mère et moi, nous rentrâmes aux Bordes.
« Béni soit ce petit voyage !

« C'est le dernier que j'aurai fait avec ma pauvre
« mère !

« Ses paroles furent sublimes ; elle acceptait le
« sacrifice héroïquement. Je lui montrais ces pauvres
« âmes qui se perdent en foule et ces immenses pays
« où Dieu n'est pas connu. Elle me répondait : Mon
« cher enfant , je t'approuve ; j'admire ta résolution,
« tout en étant frappée au cœur par ton départ. Mais,
« dis-moi, ajouta-t-elle en fixant son regard sur le ciel

« étoilé, est-il bien vrai qu'on se reconnaîtra là-haut ?
« Est-il bien sûr que nous nous reverrons ? Mais nous
« sommes des esprits, et les esprits n'ont pas d'yeux ?
« Puis le ciel est-il un lieu ? — Mère chérie, repris-je,
« nous nous verrons, comme nous nous voyons main-
« tenant. Le ciel est un lieu : c'est presque certain ;
« Dieu le remplit et nous serons tous plongés en Lui.
« En Lui nous nous verrons, nous nous connaîtrons
« beaucoup mieux qu'ici-bas, parce que nous lirons
« dans le cœur les uns des autres. Et puis tu sais qu'à
« la résurrection nous reprendrons les corps que
« nous avions sur la terre.

« Que cette scène était touchante ! Nous étions là
« sous l'œil de Dieu ; ma mère faisait le sacrifice de
« son fils ; et je lui assurais qu'elle me verrait et me
« reconnaîtrait au ciel.

« Je me souviens encore de ces paroles : Il faut
« bien qu'il y ait une autre vie : autrement je ne serais
« pas capable de faire un pareil sacrifice. Oui, sans
« l'amour de Dieu j'en mourrais.

« Et le lendemain elle ajoutait : Je ne puis pas
« t'empêcher de partir ; mais si je le pouvais, je ne
« voudrais pas le faire.

« Mon père me dit la même chose. O mon Dieu,
« n'oubliez point ces belles paroles !

« Mes adieux faits à la Martinière, je sentis la néces-
« sité de brusquer le dénouement ; car, pour tous, la

« situation devenait trop pénible. Quand ma tournée
« de visites fut achevée, je revins à la maison et nous
« nous mîmes à table. Le repas achevé, ma mère, qui
« n'avait pas voulu savoir au juste quel jour je partais, ma
« mère remarqua que j'avais fait mes paquets et pensa
« que j'allais lui dire un adieu éternel. Elle nous aida
« à transporter mes bagages dans le char-à-bancs qui
« devait m'emmener, et rentra à la maison. L'enten-
« dant sangloter, je revins vers elle en toute hâte.
« Elle était à genoux, la tête appuyée sur une chaise.
« Au bruit de mes pas elle se leva et tourna vers moi
« son visage inondé de larmes. Sans répondre, je me
« mis à genoux à côté d'elle. Je la serrai dans mes
« bras ; elle me serra dans les siens, et nos pleurs se
« mêlèrent. Joue sur joue, cœur sur cœur, je com-
« mençai d'une voix brisée de larmes : Notre Père
« qui êtes aux cieux..... et elle le récita avec moi.
« Arrivés à ces mots : *que votre volonté soit faite,*
« nous les répétâmes trois fois. L'étreignant avec force,
« je l'embrassai une dernière fois, et je m'élançai dans
« la voiture, qui partit aussitôt. »

CHAPITRE V.

A l'extrémité de la rue du Bac s'élève le Séminaire
des Missions-Étrangères.

Rien dans ce vieil édifice ne fixe l'attention au point
de vue architectural ; mais les regards de Dieu et des
anges se reposent avec amour sur cette maison où
s'ébauchent les plus généreux dévoûments, sur ce berceau de l'héroïsme apostolique.

Il fut fondé au dix-septième siècle et affecté à la destination qu'il a encore aujourd'hui. Un vieux Missionnaire de l'ordre des Carmes , le **Père Dom Bernard** de
Sainte-Thérèse, évêque de Babylone, avait été contraint,
par les infirmités, de renoncer aux missions et de chercher un refuge à Paris. La charité chrétienne lui offrit
un asile dans cette maison. Il l'accepta, et transmit
ses droits à la Congrégation des nouveaux Missionnaires, alors en voie de formation, sous la condition
expresse que cette demeure deviendrait un noviciat

pour les prêtres qui se destineraient aux Missions françaises de l'Orient.

L'installation des directeurs se fit avec une grande pompe, et la parole éloquente de Bossuet vint rehausser l'éclat de la fête.

Ce fut le 12 mai 1867 que l'abbé Simon y arriva, et dès les premiers jours son âme respira à l'aise dans ce milieu d'abnégation et de piété.

« Je suis bien heureux ici, écrivait-il quelques jours
« après son installation, car je suis dans le pays de
« mes rêves et de mes espérances.

« Ce séjour m'est d'autant plus doux que j'ai plus
« longtemps soupiré pour l'atteindre.

« Oh ! que je suis bien dans ma petite cellule ! Elle
« n'est pas grande ; mais Dieu la remplit, et c'est assez
« pour que je la trouve pleine de charmes. D'ailleurs,
« il règne dans toute cette maison une charité, une
« gaîté, une amabilité extraordinaires : c'est un Para-
« dis habité par des Anges. »

Demandons-lui de nous introduire dans la chambrette qui lui a été assignée :

« Ma cellule a dix pieds de long sur cinq de large.
« La fenêtre donne sur l'Orient, ma future patrie. Un
« petit lit, une table, un vieux fauteuil délabré, com-
« posent tout le mobilier.

« Mais ce qui lui donne une grande valeur à mes
« yeux, c'est qu'il a servi à des Missionnaires et à des

« martyrs. J'ai pour m'abriter pendant la nuit une
« vieille couverture toute trouée ; elle les a sans doute
« couverts les uns ou les autres ; jugez si je dors bien
« dessous ! »

Au moment où le jeune Poitevin débarquait à Paris,
la capitale de l'Empire français était tout entière aux
fêtes de l'Exposition. Une multitude innombrable
accourait de tous les pays pour admirer les productions
de la nature , les chefs d'œuvre de l'art et de l'industrie centralisés dans un immense bazar décoré du
nom de Palais.

Les simples mortels y coudoyaient les empereurs et
les rois ; et ce n'était pas pour l'œil une des moindres
attractions que cette variété de types, cette bigarrure
de costumes, cette réunion des races les plus dis-
parates.

L'abbé Simon ne manqua pas de visiter l'Exposition.
« Ce qui m'y intéresse surtout, disait-il , ce sont les
« machines et les tableaux ; mais, pour m'occuper
« sérieusement des premières, il faudrait y consacrer
« un temps réclamé par des devoirs sacrés ; et quant
« aux tableaux, la pudeur y a trop à rougir pour que
« je me permette une excursion dans ce domaine. »

Dans le même temps une occasion se présenta pour
lui d'assister à un spectacle imposant entre toutes les
pompes humaines : une revue militaire. Les troupes,
réunies en grand nombre, devaient manœuvrer dans

l'immense plaine de Longchamps, et défiler ensuite devant l'Empereur et les hôtes couronnés que Paris possédait alors.

Aussitôt rentré au Séminaire , Philibert envoie à l'un de ses amis le récit détaillé de la fête où son esprit fin et caustique se donne libre carrière.

« Il y avait grande , grande revue à Longchamps :
« deux empereurs , deux rois et quatre-vingt mille
« hommes sur le champ de manœuvres !

« Imaginez-vous que par une singulière coïncidence,
« on nous a nommé un Supérieur ce jour-là, et qu'en
« l'honneur du nouvel élu, on nous a donné la clef
« des champs. Profitant de ma liberté, j'ai voulu voir
« une bonne fois, dans toute leur pompe, les vanités
« de ce monde. Et me voilà parti avec un confrère.
« Quelle foule ! les rues étaient encombrées.

« Parisiens, provinciaux, bourgeois, manants, gran-
« des et petites dames : tout roulait , se poussait, se
« croisait dans un incroyable pêle-mêle. On eût dit
« que c'était le jugement dernier, et que nous cou-
« rions tous à la vallée de Josaphat !

« Quand nous arrivâmes au milieu de cet Océan
« humain qui s'agitait autour de la plaine de Long-
« champs, le défilé des troupes était commencé, mais
« il nous en restait suffisamment à voir. En fait de
« manœuvres, ce qui m'a le plus frappé, c'est une sorte
« d'attaque générale de la cavalerie.

« Les potentats étaient dans les tribunes, et la
« cavalerie campait en face, à l'autre bout de la
« plaine. A un signal donné, toutes ces troupes s'élan-
« cent comme un tourbillon dans la direction des tri-
« bunes. Vive la France ! criait-on de tous côtés.

« Cela fait, les empereurs et les rois défilent avec leur
« suite. Nous nous trouvons au premier rang pour
« voir ces pompeuses Majestés.

« Les guides ouvrent la marche. Quels hommes !
« quels chevaux ! Quels costumes !

« Une voiture découverte s'avance, portant l'empe-
« reur de Russie et celui des Français. Donnons-leur
« à chacun un coup d'œil. Napoléon paraît très-
« fatigué.

« Un moment après, débouche, un casque sur la tête
« et un fagot de favoris de chaque côté de la gorge,
« Sa Majesté Guillaume, roi de Prusse.

« Viennent ensuite des princes arabes qui produisent
« un effet magique avec leur costumes orientaux et
« leurs superbes coursiers, etc... etc...

« Et c'est alors que les pauvres empereurs ont failli
« passer du Capitole à la roche Tarpéienne.

« Un Polonais, qui a déshonoré une belle cause, les
« attendait au passage, non loin de la cascade. En
« les voyant arriver, il tire un pistolet, s'avance un peu
« et ajuste l'empereur de Russie. O empereur, où
« sont tes millions de soldats ?

« Ce que les millions de soldats ne pouvaient faire, la
« Providence le fit par l'intermédiaire d'une simple
« paysanne. En se penchant pour voir le monar-
« que, cette femme touche le canon du pistolet et le
« fait dévier. Le coup part , brûle les cheveux de la
« paysanne et traverse le chapeau de Napoléon. Ça n'a
« pas empêché Leurs Majestés d'aller danser le soir à
« l'ambassade russe...... pour remercier le bon Dieu !

« Du reste ce pauvre Alexandre attrape encore plus
« de coups de langue que de coups de pistolet ; dès le
« lendemain de son arrivée, partout sur son passage il
« entendait crier : « Vive la Pologne ! » O vanité des
« vanités ! La gloire humaine est une folie; elle éblouit
« de loin ; de près ce n'est qu'un songe trompeur qui
« ne donne point la félicité. »

. . . .

Ce moment donné à la curiosité , Philibert rentra
dans sa chère solitude de la rue du Bac pour se préparer
aux sublimes destinées que la Providence lui réservait.

« Prêtre, apôtre et martyr, disait-il : voilà les degrés
de l'échelle radieuse placée devant moi. »

Et c'est aussi la grande ambition des directeurs du
Séminaire de voir éclore dans les jeunes aspirants la
sainteté sacerdotale , de leur infuser, avec le zèle apostolique, un courage que rien n'ébranle et qui, la grâce
de Dieu aidant, affronte le martyre.

Aux Missions-Etraugères l'étude n'est pas mise en oubli, la science sacrée a sa place marquée dans la distribution du temps ; et on y recherche cette connaissance qui, au dire de Bossuet « est une source d'amour : cette connaissance tendre et affectueuse qui porte à aimer, parce qu'elle fait entendre et sentir combien est aimable Celui qu'on connaît ». Mais l'oraison et les exercices de piété marchent en première ligne.

« Ici, écrivait le jeune séminariste, nous avons sept « ou huit heures consacrées à la piété, et ce n'est « pas trop. » C'était à peine assez pour son âme dévorée de l'amour de Dieu , affamée de perfection et de sainteté.

« Pour parvenir au faîte de la charité, il faut auparavant, dit saint Chrysostôme, creuser dans son âme le fondement de l'humilité. » En effet, si « l'orgueil est le principe de tout péché », l'humilité est la base nécessaire de la vertu, et saint Augustin n'a rien dit d'excessif en affirmant qu'elle est « toute la religion du chrétien ».

C'était bien le sentiment intime du jeune homme, qui formulait ainsi ses premières résolutions : « Il faut que « j'éprouve un vrai désir d'être mis à la dernière place « et d'aimer les mépris ; je veux prendre pour emblème « ces petites herbes qui croissent sur les chemins et « que tout le monde foule aux pieds. »

Ce n'est pas que, comme tous les enfants d'Adam, il

ne sentît monter à la tête les fumées de l'orgueil, et que
la nature ne lui livrât parfois de rudes assauts sur ce
terrain : « O Seigneur, il y a en moi une voix insatia-
« ble qui réclame des distinctions et des priviléges, et
« qui fait qu'après avoir renoncé aux grandes vanités
« du monde, je m'attache encore à des niaiseries. Qu'elle
« soit maudite, cette voix funeste ! Mon rôle est de
« désirer la dernière place, et de la prendre partout,
« autant que faire se pourra. »

Ayant appris par expérience que les considérations
générales et les résolutions vagues ne sont que des
feuilles de chêne et qu'autant en emporte le vent
de l'inconstance ; connaissant la tactique adoptée
par les saints pour dompter l'orgueil, il entreprit
de lui faire la guerre d'escarmouches, la guerre
de détail sans trêve ni merci, sur le terrain de la vie
ordinaire.

Assurément, aux yeux de la nature ces préoccupations peuvent sembler minutieuses à l'excès ; mais la
plus belle mosaïque se compose souvent de pièces
d'une mince valeur prises isolément ; et la foi nous
apprend « que la main de la charité divinise tout ce
qu'elle touche ».

Voici des extraits de son règlement particulier pour la
gouverne de sa vie dans les rapports avec ses confrères :
« Quand on sera un de trop au jeu, ou que je verrai
« arriver un confrère désireux de se distraire, je céde-

« rai aussitôt ma place,de la meilleure grâce du monde.

« Si une bande est trop nombreuse et que les mouve-
« ments des promeneurs soient gênés, ce sera à moi
« de me retirer. J'éviterai de faire montre du peu d'es-
« prit que j'ai ; mais tout cela très-simplement et sans
« la moindre ostentation. Pour mater mon orgueil , je
« demanderai à balayer les corridors.

« Je ferai tout cela en m'humiliant intérieurement,
« et avec cette conviction qu'étant le dernier et le
« moins vertueux de tous , il est juste que je sois placé
« au-dessous des autres. »

L'abbé Simon savait qu'il n'y a pas de poison plus
subtil que l'orgueil ; il savait que c'est un ver d'autant
plus pernicieux qu'il s'attaque aux plus beaux fruits :
aussi, à l'exemple des saints, redoutait-il de le voir se
glisser dans ses meilleures actions. La haute estime en
laquelle on tenait sa vertu et ses talents , lui inspirait
frayeur ; et il s'ingéniait à se rabaisser dans l'opinion
de ses amis avec plus d'ardeur que d'autres n'en mettent à s'élever.

Je trouve une preuve charmante de cette disposition
de son esprit dans une réponse à une lettre où l'on
parlait de l'efficacité de ses prières pour la guérison
d'un malade :

..... « Le saint curé d'Ars mettait sur le compte de
« sainte Philomène tous les miracles qu'il obtenait lui-
« même de Dieu. Vous me faites jouer le rôle de cette

« Sainte dans les faveurs que le ciel vous accorde : ce
« dont je suis fort honoré, sans nier toutefois que la
« vérité et la justice n'y trouvent pas leur compte.

« De grâce, ne me donnez pas d'orgueil en me trai-
« tant comme un homme enflammé de l'amour de
« Dieu. Vous savez pourtant bien que je suis à
« l'*a, b, c* de la perfection, et que mes défauts sont
« nombreux. »

« Vers qui tournerai-je mes regards, disait le Sei-
« gneur, si ce n'est vers le pauvre et vers celui qui a la
« crainte de mes paroles ? »

Le pauvre dont il est ici question, c'est l'humble
de cœur, comme l'expliquent les commentateurs du
texte sacré.

Dieu abaissait avec complaisance son regard sur
notre jeune séminariste ; et entre eux s'établissait cette
douce intimité qui comble les distances.

« Nous faisons ensemble un délicieux ménage, disait
« l'abbé Simon. Je ne sais comment remercier Jésus
« des faveurs dont il me comble.. .. Je sens que j'ai
« besoin aujourd'hui de l'aimer plus que de coutume,
« de l'aimer jusqu'à en mourir.

« Jusqu'à présent je l'aime bien, par-dessus tout, si
« je ne me trompe, mais pas de cet amour brûlant qui
« poursuit et dévore sans trêve ni merci ; il me
« serait doux d'y mettre de la fureur, de l'enivre-
« ment.

« Jésus est si bon, si aimable ! qu'on est heureux
« quand on sent qu'on l'aime !

« **Je** sais qu'il faut faire bon marché du sensible ;
« mais cependant quand le bon Dieu veut qu'on ait un
« peu la fièvre de son amour, n'est-il pas permis d'ac-
« cueillir avec joie et reconnaissance cette délicieuse
« maladie ? »

Si vive que fût sa joie en recevant les consolations
sensibles, il ne céda jamais à la tentation périlleuse de
faire consister en cela la vraie dévotion. Non, à ses
yeux comme à ceux de l'Eglise, c'étaient des amorces,
des faveurs divines ne constituant point un mérite à l'actif de l'âme chrétienne ; et, suivant l'expression de saint François de Sales, « il cherchait avant
« tout son haleine et soulagement dans la gracieuse
« charge des préceptes de son Dieu ».

« Pour opérer, disait-il, une réforme sérieuse dans
« ma vie et pour être à Dieu complétement, point
« n'est besoin de recourir à des moyens extraordi-
« naires ; il suffit de bien faire mon devoir. Dieu ne
« demande point qu'on aille chercher midi à quatorze
« heures : « Si vous m'aimez, gardez les comman-
« dements. » — Je dois donc prendre toutes les actions
« de ma journée les unes après les autres, les confron-
« ter avec la règle du Maître et juger en connaissance
« de cause. »

Pendant qu'il gravissait si hardiment la montagne

sainte, une douleur bien poignante vint le frapper dans ses affections les plus intimes, une de ces douleurs envoyées par Dieu, dit Bossüet, « non comme les coups d'une main irritée, mais comme l'épreuve d'un père ».

De vagues rumeurs parvenues au Séminaire lui avaient fait concevoir des inquiétudes sur la santé de son père. Il écrivit sur-le-champ une lettre aussi pressante qu'affectueuse, sollicitant une réponse immédiate. Soit qu'il se fît illusion sur l'étendue du mal, soit qu'il voulût ménager la sensibilité de son fils, le chef vénéré de la famille répondit lui-même et dans des termes propres à dissiper toutes les alarmes.

Sur cette rassurante nouvelle, le jeune diacre se livra sans appréhensions aux exercices de la retraite ordinaire qui fait suite aux vacances. Or le règlement de tous les séminaires dispose que, pour faire trêve aux bruits du dehors et assurer à l'âme la libre possession d'elle-même, toute réception, tout envoi de lettres sont rigoureusement interdits pendant la durée de ces pieux exercices. Il va de soi que des raisons sérieuses peuvent motiver une dérogation à cette règle.

Tranquille du côté des Bordes, l'abbé Simon ne croyait avoir aucun motif de demander une exception en sa faveur.

La retraite était à peine commencée que deux lettres de son frère arrivaient à un jour d'intervalle. La première annonçait une aggravation dans l'état de M. Simon ; l'autre disait que les médecins ne conservaient plus d'espoir. Une dépêche télégraphique les suivit de près : le vieil instituteur avait rendu sa belle âme à Dieu.

Peindre la douleur de Philibert sous le coup de cette foudroyante nouvelle serait chose impossible.

Son âme aimante fut déchirée ; et, seul avec Dieu, dans le silence de sa cellule, il donna un libre cours à ses larmes.

Son affliction se doublait de toute celle qu'il pressentait dans l'âme de sa mère, et il était navré à la pensée du vide douloureux que cette mort allait produire dans la vie d'une femme déjà ébranlée dans sa santé et frappée au cœur par le départ de son fils aîné.

Les supérieurs n'ayant pas jugé à propos de l'envoyer à Messé en cette circonstance, l'abbé Simon prend la plume et, mêlant ses larmes à celles de la veuve affligée, avec le tact exquis de la piété filiale il met sur cette plaie saignante le seul baume qui la puisse cicatriser : le baume de la foi et de l'espérance chrétiennes.

« Que ne suis-je auprès de toi, mère bien-aimée,
« pour mêler mes larmes aux tiennes ? Pleurons, oui,
« pleurons ensemble : Notre-Seigneur ne nous le
« défend pas, et les larmes font du bien.

« Pauvre mère, que tu as souffert ! Quel martyre

3**

« pour toi que le spectacle de cette maladie et de cette
« mort ! Que n'étais-je là aussi pour te soutenir et te
« consoler ! Le bon Dieu ne l'a pas permis, et je ne
« murmure pas contre Lui. Mon arrivée dans cette cir-
« constance t'aurait fait peut-être plus de mal que de
« bien ; et la Providence, qui proportionne toujours
« l'épreuve à nos forces, a tout arrangé pour le mieux
« en ne permettant pas que les lettres de Pierre me
« parvinssent à temps.

« Imagine-toi quel coup de poignard m'a donné
« cette navrante dépêche.

« J'ai assisté d'esprit et de cœur à cette doulou-
« reuse veille et à la dernière et triste cérémonie. Je
« vous ai suivis dans ce chemin de croix qui a com-
« mencé aux Bordes et fini au cimetière. La sainte
« Vierge a mouillé le calvaire de ses larmes : nous
« pouvons bien pleurer comme elle.

« Mais ensuite les pensées de la foi ont pris le dessus
« dans mon âme. La confiance ou, pour mieux dire,
« l'assurance que mon père est sauvé, m'a donné une
« grande consolation.

« Chère mère, il est avec le bon Dieu, ce bon cher
« ami, et nous pleurons son bonheur. Pendant qu'il
« entre dans la joie, nous voudrions le ramener dans
« la souffrance et dans la misère du monde. Il est élu,
« il aime son Dieu encore plus que sur la terre,
« il ne commettra plus le péché, il prie pour

« nous ! Ces pensées m'ont fortifié en face de la mort.

« Que nous sommes heureux, chère mère, d'avoir la
« foi !

« Que nous sommes heureux de croire à la bonté de
« Dieu et de bénir en toutes choses sa douce main et
« son divin amour !

« Toi-même, le bon Dieu veut que tu le serves sans
« partage et sans réserve. Il ne veut plus que ton cœur
« soit sur la terre ; il veut que tous tes regards et tes
« désirs soient tournés vers le ciel.

« Nous sommes tous des captifs, des galériens en ce
« misérable monde. Notre patrie, notre demeure, c'est
« le Paradis. Ne nous laissons pas aller à la désolation
« en voyant partir ceux qui étaient avec nous : ils sont
« délivrés, et ils nous attendent dans la maison du bon
« Dieu. »

Quelques jours après, il revient encore sur ce doux
et triste sujet ; et en même temps qu'il rappelle à
ses parents le seul adoucissement que Dieu ait laissé
pour de pareilles afflictions, il insiste aussi sur la
façon pratique dont un chrétien doit marquer ses
regrets, témoigner son amour à ceux qui ne sont
plus.

« J'ai versé beaucoup de larmes pendant ces der-
« niers jours, et je me sens encore le cœur bien gros.
« Mais c'est à ces moments d'angoisse qu'il faut élever
« son cœur en haut.

« Non, ce n'est pas lui qui est dans la tombe : c'est le
« vêtement, la prison de son âme. Lui, il est délivré, il
« est au ciel. Il pense toujours à nous plus encore que
« sur cette terre ; il nous aime davantage, il prie
« davantage pour nous.

« Prier pour lui : voilà la grande marque d'amour
« qu'il faut lui donner maintenant. S'il est en Purga-
« toire, nos prières le soulageront et hâteront sa déli-
« vrance.

« Je gagne pour lui le plus d'Indulgences qu'il m'est
« possible ; et comme dans toutes nos bonnes œuvres
« il y a un mérite expiatoire que nous pouvons consa-
« crer aux défunts, j'offre toutes mes actions au bon
« Dieu pour son soulagement.

« Faites-en autant, mes chers amis : multipliez
« vos bonnes œuvres ; offrez pour lui vos larmes, vos
« tristesses, les actions les plus ordinaires de votre vie.
« Dieu lui en appliquera le fruit. Faites dire à son
« intention quatre ou cinq messes par semaine, jusqu'à
« ce que je sois prêtre ; et alors ce sera pour moi
« une bien douce obligation. Faisons tout ce que
« nous pourrons pour lui qui a tant fait pour
« nous....

« Vous m'écrirez longuement, très-longuement tous
« les détails de sa maladie.

« Il me semble que sa mort a été bien douce et bien
« tranquille. Il nous regrettait sans doute ; mais il

« était bien soumis à la volonté de Dieu et avait pleine
« confiance en lui.

« O bon Jésus, que ceux qui jouissent de votre
« amour et qui ont été purifiés par vos sacrements,
« sont heureux à l'heure de la mort ! Ils s'endorment
« dans vos bras comme dans ceux d'une mère. Ainsi
« s'est endormi notre bien-aimé. Qu'il devait se réjouir
« alors de m'avoir donné de bon cœur au Seigneur et
« d'avoir dit cette belle parole : « Je ne suis qu'un
« pauvre homme, et je ne veux pas me poser en rival
« de Dieu » !

« Il a bien travaillé pour m'instruire ; et quand mes
« études ont été terminées, il a donné à Dieu tout le
« fruit de ses sueurs. Il m'a béni en me disant adieu :
« qu'il soit béni lui-même pendant toute l'éternité ! »

Je ne crois pas céder à une illusion de l'amitié en
affirmant que de pareils accents produisent une impression profonde autant que salutaire, en même temps
qu'ils font aimer la main qui a tracé ces lignes. On est
heureux de sentir battre un cœur sensible et affectueux dans cette âme virile ; on a la démonstration
pratique de cette vérité que la foi ne détruit
point la nature, mais qu'elle l'élève et la perfectionne :
que, loin de dessécher et de comprimer, la grâce dilate
et qu'elle imprime à toutes nos affections légitimes une
énergie et une vivacité singulières, en même temps
qu'elle en consacre la perpétuité.

3***

En dépit des chagrins le temps avait marché, et quelques jours seulement séparaient Philibert de l'ordination
de Noël. Assurément toute sa vie de séminariste n'avait
été qu'une préparation très-fervente au sacerdoce ; et
on pouvait bien lui appliquer la parole de saint Grégoire
sur saint Basile : « Il était prêtre avant même d'être
prêtre » ; mais plus une âme est près de Dieu par la
vertu, mieux elle comprend l'excellence de ses dons.
L'abbé Simon entra en retraite avec le désir et la volonté de se livrer tout entier à la grâce.

« O mon Dieu chéri, disait-il le premier jour de ces
« pieux exercices préparatoires, je veux tout ce que
« vous voulez. Emparez-vous de mon intelligence, de
« mon imagination, de mes sens et surtout de ma vo-
« lonté : tout en vous et par vous. Rien en moi ne
« vous résistera, ne fera obstacle à vos desseins d'a-
« mour sur mon âme. »

Ce fut dans les sentiments de l'humilité la plus
profonde qu'il repassa dans l'amertume de son âme les
faiblesses de sa vie. Il s'encourageait à pleurer ses
péchés, il s'encourageait à la confiance en Dieu par le
souvenir de Marie Madeleine, la grande pénitente, pour
laquelle il garda toujours un culte de prédilection.
« Le souvenir de ma bien-aimée Marie-Madeleine, de
« sa conversion, de ses larmes, de ses baisers aux pieds
« de Jésus et de son ardent amour, m'a été et m'est
« encore en ce moment une grande consolation, un

« grand motif de confiance. Elle aussi fut une grande
« pécheresse, et pourtant Jésus lui pardonna et il
« l'aima.

« Mon Jésus, donnez-moi un cœur de Madeleine,
« donnez-moi des sanglots, des larmes, du sang, oui,
« du sang, car je serai trop heureux le jour où je pour-
« rai vous offrir mon sang.

« L'âme purifiée de Madeleine vous a été un taber-
« nacle de délices : vous l'avez possédée. Oh ! voici la
« mienne, purifiez-la et possédez-la tout entière. »

Mais la purification par le sacrement de Pénitence
n'est que le fondement de la perfection : notre ami visait plus haut. Ce qu'il mettait en première ligne dans
ses désirs, c'était l'harmonie ou plutôt l'identification
de sa volonté avec celle de Dieu :

« Nous ne savons pas toujours ce qui est le meilleur
« et le plus parfait ; nous nous faisons mille illusions.
« Dieu au contraire est infiniment sage, et sait ce qu'il
« nous faut. Ainsi la simple raison nous prouve que
« nous devons renoncer à notre volonté pour embrasser
« celle de Dieu.

« Ce qui est vrai pour les simples fidèles, l'est sur-
« tout pour le prêtre : il ne doit pas avoir d'autres
« pensées, d'autres désirs, d'autres aspirations, d'autres
« penchants volontaires que les désirs, les aspirations,
« les bons plaisirs de Dieu. »

« Oui, mon Jésus, samedi ma volonté se mariera

« avec la vôtre pour ne plus en faire qu'une. Vos com-
« mandements, votre loi, vos conseils ne me suffiront
« pas : pour un sourire de vous, sur un simple désir
« je volerai à la mort s'il le faut.

« Votre volonté sera désormais mon unique passion,
« je l'aime, je l'accepte, je l'adore quelle qu'elle soit. »

Une fois identifié à Jésus par la volonté, il aspirait
commè Lui à s'immoler pour la gloire de Dieu et le
salut des âmes :

« L'imposition des mains faite par l'évêque me ré-
« duira véritablement à l'état de victime. Dans l'an-
« cienne loi, le grand-prêtre posait aussi la main sur
« la victime qu'il devait immoler et la dévouait au sa-
« crifice. Oh ! comme je m'offrirai en ce moment !

« Du jour où un homme est ordonné prêtre, du jour
« où il monte à l'autel, on peut dire qu'il doit demeurer
« dans un état constant de sacrifice et d'immolation. »

Ces grandes pensées, ces généreux sentiments le
conduisirent comme par la main aux pieds du Pontife.
L'abbé Simon reçut l'onction sacerdotale des mains d'un
évêque Missionnaire, Monseigneur Petitjean, Vicaire
apostolique du Japon.

CHAPITRE VI.

L'abbé Simon était prêtre : et l'ordination sacerdotale avait comblé un de ses désirs les plus chers, réalisé
un de ses vœux les plus ardents.

« Oui, c'en est fait, écrivait-il à sa famille, je suis
« prêtre ! J'ai déjà gravi la sainte montagne pour parler
« à Dieu face à face et offrir le divin Sacrifice. Il n'y a
« qu'une heure, la main qui vous trace ces lignes
« touchait la sainte Hostie et soulevait le calice du
« sang de Jésus-Christ. O mes amis, que de prodiges !
« Me voilà, pour l'éternité, identifié à Notre-Seigneur.
« Je tiens sa place sur la terre ; j'ouvre la bouche, et c'est
« Lui qui parle ; je lève la main, et c'est Lui qui bénit.
« Je dis : « Ceci est mon corps ; Ceci est mon sang »,
« et aussitôt Il est présent sur l'autel.

« Mon Dieu ! mon Dieu ! que pourrions-nous dire

« ou faire en face de si merveilleuses bontés , sinon
« de nous abîmer dans notre néant ?

« Doux Jésus, quelle destinée est la mienne ! Je n'ap-
« partiens plus à la terre, je n'appartiens qu'à vous.
« Nous nous sommes donnés l'un à l'autre pour tou-
« jours, et nous ne serons jamais séparés.

« J'ai tout quitté pour vous ; mais je vous possède et
« vous me suffisez.

« En quelque endroit que j'aille, je vous emporterai
« toujours avec moi. Sans doute j'aurai bien des peines,
« des fatigues, des ennuis, autrement je ne serais
« pas missionnaire ; mais je souffrirai tout cela pour
« l'amour de vous, et mes souffrances seront mes
« délices. »

Si grandes que fussent les consolations surnaturelles,
si hardi que fût chez lui ce que sainte Thérèse appelle
si bien « le vol de l'âme », il lui fallait parfois descendre de ces hauteurs. Lui aussi connut ces peines inté-
rieures, ces sécheresses , ces assauts violents par lesquels il plaît au Seigneur de faire passer les âmes, pour
prévenir de dangereuses illusions, pour accroître leurs
mérites en les détachant d'elles-mêmes.

Les aiguillons de la chair qui arrachaient des plaintes
à saint Paul, n'épargnèrent pas le futur apôtre ; et
bien souvent il gémissait de la dissipation de son esprit
dans la prière, de ces inévitables distractions qu'un
saint Père a nommées à bon droit « les mouches de

l'oraison ». Toutes ces luttes composaient l'exercice de son âme au point de vue surnaturel ; et en même temps qu'il se perfectionnait dans la patience et dans l'humilité, il apprenait que le pain de la vertu se mange à la sueur du cœur et de l'esprit, plus amère que celle du front.

« La grâce m'assiége , m'enveloppe de toutes parts,
« disait-il ; une force que je ne connaissais pas , me
« pousse sans relâche. Et pourtant la vieille nature est
« encore tout entière en moi, elle lutte contre la grâce,
« elle relève la tête à chaque instant, et je trouve dans
« mon âme les tendances les plus humiliantes. Je suis
« comme Rebecca : je porte deux jumeaux qui se
« choquent dans mon sein. A un moment donné, je
« suis tout à Jésus, je ne pense qu'à Lui ; et l'instant
« d'après, je me retrouve à cent lieues de sa pensée,
« n'ayant pour nourrir mon esprit que les plus vaines
« imaginations à la place du divin aliment. »

Et il poursuit ainsi , indiquant par son exemple le vrai remède pour ces infirmités spirituelles : « Mais il
« ne faut pas s'en tourmenter. Mieux vaut s'élancer
« résolûment en avant , sans se préoccuper outre
« mesure si de temps en temps on pose le pied de tra-
« vers. Quand je reviens à moi , après de semblables
« oublis , je pousse intérieurement le cri de « Vive
« Jésus ! » et je me rattache à Lui, autant que je le
« peux. »

Un des grands stimulants du jeune prêtre pour avancer dans la sainteté, c'était la pensée que toutes ses actions concouraient d'ores et déjà au salut des âmes qui lui étaient destinées dans les conseils divins.

En déclarant que « pour la charge d'apôtre, la piété des actions est plus efficace que l'éloquence du langage », saint Augustin n'a fait que formuler une vérité élémentaire. La parole humaine peut porter la conviction, la persuasion même dans l'esprit ; mais c'est Dieu seul qui change le cœur, qui donne le branle à la volonté et lui communique une impulsion décisive. Le plus grand prédicateur, l'apôtre le plus éloquent est, en résumé, celui qui sait le mieux plaider auprès de Dieu la cause des âmes : aussi l'Eglise s'inspire-t-elle de cette pensée, en décernant à Marie le titre de « Reine des apôtres ».

C'était une des pensées familières à notre cher abbé ; et il faisait écho de toute son âme aux belles paroles que le digne Supérieur leur adressait un jour sur ce sujet :
« Vous êtes dès ce moment tout entiers aux Missions.
« Sachez que pendant votre séminaire vous travaillez
« au salut ou à la ruine des infidèles. Il y a des âmes
« que Dieu vous a destinées de toute éternité : leur
« salut est entre vos mains. A chacune des actions de
« votre journée est peut-être attachée une conversion.
« Si vous vous sanctifiez, telle âme se sauvera ; si vous
« vous négligez, son salut sera compromis.

« Ces considérations », ajoutait l'abbé Simon, sont
« bien propres à donner force et courage. » Si le zèle,
au dire de saint Bernard, « n'est que l'aiguillon de la
charité », on devine aisément avec quelle intensité le feu
sacré de l'apostolat se développait chez le jeune prêtre.
Dans la sainte maison qu'il habitait, tout se réunissait
pour affermir dans son âme la vocation de missionnaire.

Le séminaire des Missions-Etrangères, c'est le Saint-
Cyr de cette vaillante milice armée pour les combats
du Seigneur. Et comme, à l'Ecole militaire, les jeunes
gens se forment à la discipline et à la science des
armes sous la conduite de chefs expérimentés qui ont
fait leurs preuves sur les champs de bataille ; de même
les séminaristes recueillent les leçons d'abnégation et
de zèle de la bouche de Directeurs qui sont des vétérans
de l'apostolat. Plusieurs d'entre eux ont confessé la foi
dans les prisons ; quelques-uns ont gardé de glorieuses
cicatrices, et n'ont dû qu'à une intervention providentielle d'échapper au martyre, à leur grand regret. Si
un jeune homme avait cédé à une surexcitation passa-
gère, à un entraînement irréfléchi, plutôt qu'obéi à
l'appel divin, l'illusion s'évanouirait vite au contact
de pareils maîtres. Là, en effet, comme on vogue en
plein surnaturel, on ne dissimule rien des dangers, des
souffrances de toutes sortes qui attendent la nature.
Tertullien appelait les premiers chrétiens « des candidats au martyre ». Les Directeurs donnent équivalem-

ment ce nom à leurs élèves, quand ils leur font le tableau de l'apostolat dans .les pays infidèles. « Je sais « bien.que des chaînes, des tribulations m'attendent à « Jérusalem. » disait l'Apôtre. Si les aspirants missionnaires pouvaient oublier que tel est leur sort en perspective, ils seraient rappelés à la réalité par la vue de tout ce qui les entoure. Suivant une belle expression, qui à mon regret n'est pas française, cette maison tout entière *embaume* le martyre ; mais ce parfum ne s'accuse nulle part aussi odorant que dans la chambre appelée la *Salle des martyrs*.

Vous y trouvez enfermées dans des reliquaïres les dépouilles des confesseurs de la foi ; vous y vénérez leurs ossements et des objets à leur usage, que l'amour a pu soustraire à la rage des persécuteurs. Les instruments de torture y sont étalés avec un luxe qui fait frémir : des cangues, des chaînes, des cordes, des rotins, la plupart teints du sang de ces généreux athlètes.

Après avoir énuméré les souffrances de divers genres qui lui étaient réservées, saint Paul ajoutait : « Mais je « ne crains rien de tout cela. » C'est aussi la fière devise des candidats aux Missions-Étrangères. La vue de ces glorieuses reliques, loin de faire fléchir leur courage, le double dans ces âmes dévouées ; elle y fait germer et croître le désir de donner à Dieu le suprême témoignage de l'amour. La mort violente subie pour l'affirmation de la foi, c'est le thème favori des conversations. On raconte que saint Philippe de Néri et saint Félix de Cantalice s'abordaient un jour en se souhaitant mutuellement de se voir brûlés sur un bûcher; assommés à coups de pierres, etc. etc. Ces souhaits, dictés par une amitié très-surnaturelle, entrent certainement dans les vœux que s'adressent réciproquement les Missionnaires. Ils parlent de tortures, de cages, de chaînes, avec un entrain et une gaîté incroyables.

« Dieu vous aime assez, écrivait l'abbé Simon à une
« personne amie, Dieu vous aime assez pour faire de
« moi, à votre requête, un saint et un martyr. Je l'es-
« père malgré mon indignité. Quelle belle surprise si un
« jour, ouvrant une caisse arrivée des pays infidèles,
« vous y trouviez ma tête ! Mélanie, la sœur du martyr
« Vénard, a eu ce bonheur. Elle est venue ici vénérer
« les restes de son frère ; et comme hommage, elle a
« déposé sur sa châsse un lys et deux couronnes de
« roses. Si l'histoire de notre amitié se terminait de la
« même façon, que de *Te Deum* vous chanteriez avant
« de venir me rejoindre au Paradis ! »

Ces dernières confidences étaient adressées à une âme d'élite bien digne de marcher de pair avec lui pour l'élévation des pensées et la générosité des sentiments, à une de ces âmes que Dieu avait placées sur sa route pour lui faire savourer ce fruit si doux de l'amitié.

On n'a pas dit trop sur l'amitié quand, s'inspirant de la parole divine, on l'a représentée comme le charme

de la vie, comme une de ces fleurs embaumées de la
Patrie semées sur le chemin de l'exil, une fleur qui
germe dans le dévouement, qui vit joyeusement de sacrifices, qui s'épanouit dans la joie, et s'enracine dans
l'adversité ; une des nobles affections dont la vue ré-
concilie avec l'humanité égoïste. « Bienheureux, » a dit
l'Esprit-Saint, « celui qui a rencontré un ami fidèle : il
« a trouvé un trésor. » Je sais bien que de pareilles amitiés, exemptes d'intérêt personnel et de calculs égoïstes,
sont chose rare par excellence, et que le cœur humain
a souvent à redouter, sur ce terrain, les effets d'un mi-
rage trompeur. La rareté en double le prix, sans permettre d'en contester l'existence ou d'en nier la valeur.
Mais il y a plus : « un ami fidèle est une protection et
« une force. » Ces paroles de l'Esprit-Saint, éminemment
vraies au simple point de vue humain, ne le sont pas
moins en regard des intérêts spirituels, du progrès de
l'âme dans la perfection.

Si l'on ouvre ce livre complexe du cœur de l'homme
même dilaté par la charité, on trouve qu'il répugne
instinctivement à marcher seul, qu'il a un besoin impérieux de se sentir accompagné, soutenu. Il en est de
lui comme d'un voyageur qui, s'il a un compagnon de
route, chemine plus allégrement, plus vite et avec
moins de fatigues. Dieu tient compte de ces tendances
natives ; et l'amitié chrétienne est certainement, dans
la pensée divine, un des moyens de faciliter la marche

ascensionnelle de l'âme dans l'échelle de la vertu.

Oui, quand deux âmes se sont rencontrées sur les hauteurs sereines de la foi et de la charité, qu'une mutuelle sympathie les a rapprochées et que Dieu est devenu le trait d'union de leur amitié, il y a là, non point seulement une satisfaction légitime accordée à ce besoin d'épanchement que ressent la nature, mais un préservatif puissant contre bien des misères morales. Que de fois à l'heure où, sous les assauts répétés de la passion, la foi vacillait et la conscience allait capituler, le souvenir d'un ami cher autant que vertueux, se présentant dans ces ténèbres, a fait renaître le courage !

Que de fois un conseil, un reproche, passant par les lèvres de l'amitié, ont rencontré une volonté souple et docile, là où la tendresse maternelle était allée se briser contre des résistances opiniâtres ! Saint Grégoire a résumé admirablement ces pensées en affirmant qu'un ami vertueux est « le gardien de l'âme ».

Et qui dira l'élan que reçoit la piété quand ces deux âmes, également affamées de perfection, marchent sous l'œil de Dieu et l'égide de l'amitié, et qu'elles deviennent « ces deux consciences ouvertes l'une sur l'autre » pour s'avertir, se redresser et s'encourager par une noble émulation ? Ce que vaut une telle amitié, l'histoire des Saints le démontre surabondamment. Assurément là aussi l'illusion est possible, et l'illusion peut avoir des conséquences lamentables ; assurément il faut marcher sous la garde de la prudence dans ce sentier des affections humaines, même les plus pures ; mais les abus n'autorisent jamais à proscrire l'usage légitime d'une chose, toutes précautions prises au préalable.

L'abbé Simon croyait à l'amitié parce qu'il croyait au dévoûment et à la générosité ; et, en dépit de l'adage, il avait bon nombre d'amis dont l'affection ne connut point de défaillances, qui le fortifièrent de leurs prières, de leurs conseils, et qui surent jusqu'à la fin s'associer à ses joies, encourager ses espérances et s'attrister de ses douleurs.

Ces amitiés furent le principe d'une correspondance active, incessante, où il se révèle dans tout son jour, tel que la nature et la grâce l'avaient fait. Sa plume vole légère comme l'oiseau, traitant avec une facilité merveilleuse les sujets les plus divers, laissant tomber les considérations de la plus haute portée, les épanchements de la plus cordiale sympathie, les aperçus neufs et piquants, les saillies originales. Comme il n'a rien à cacher, il s'ouvre à deux battants ; et quelques excentricités jetées çà et là ne produisent pas mauvaise impression dans l'ensemble du tableau.

Qu'il se livre aux effusions de la plus tendre cordialité, qu'il mêle ses larmes à celles d'une famille en deuil ou fasse écho aux rires de la joie ; qu'il s'installe sans façon au foyer de l'amitié, caressant les enfants et le chat du logis ; qu'il donne des félicitations ou fasse entendre des gronderies aimables, quelquefois des reproches sévères, toujours il sait trouver la note juste, la note de l'esprit comme celle du cœur.

Sans s'interdire de nouvelles liaisons, l'abbé Simon avait le culte des amitiés de vieille date; il savait qu'un ami éprouvé par le temps mérite d'être conservé avec le soin jaloux d'un avare pour son trésor.

Entre ses condisciples du séminaire dont le souvenir lui fut toujours cher, il en était un pour lequel il garda des sentiments de prédilection marquée. Le mérite intellectuel de cet ami l'avait assurement attiré : mais ce qu'il appréciait surtout, c'était un ensemble de sympathiques qualités rehaussées par la piété la plus simple et la plus franche.

L'abbé Simon aimait à rappeler les commencements de cette liaison : « Nous étions placés côte à côte « pendant nos classes du petit-séminaire, et nous n'a - « vions qu'un cœur et qu'une âme, à la fin même « qu'une seule bourse. C'était surtout le bien de mon « âme que j'avais en vue en m'attachant à lui. Il con- « naissait tous mes rêves d'avenir à mesure qu'ils nais- « saient dans mon cerveau. Ce fut une bonne et sainte « liaison qui ne laisse dans mon cœur que de doux « souvenirs, sans aucun mélange d'amertume. »

La séparation ne modifia en rien ces sentiments ; et

le temps ne fit que cimenter l'union et resserrer les liens. « Dans ma solitude de Mandchourie », lui écrivait le missionnaire, « où je vis seul avec Dieu, avec mes « souvenirs et mes rêves d'avenir, il m'arrive souvent « de penser à vous et d'y penser avec une tendresse « dont vous ne vous doutez pas. Ah ! oui, cher « Léon, je vous aime bien. Mon âme se sent tou- « jours la sœur de la vôtre et le jour où elle la retrou- « vera dans ce beau Paradis, sera un jour de grande « joie. En attendant, il faut servir Jésus, chacun de « notre côté. »

Chaque nouvelle distinction honorifique accordée à l'ami privilégié faisait tressaillir d'aise l'abbé Simon ; et il s'en montrait plus fier et plus heureux que s'il en eût été personnellement l'objet.

Je n'omettrai pas de dire que dans cette amitié on ne se bornait pas seulement à un échange de pensées et de sentiments ; la franchise la plus cordiale présidait aux relations ; on s'avertissait, on se reprenait à tour de rôle, sans engendrer de froissements, et pour le plus grand profit spirituel de l'un et de l'autre.

Ce n'était pas un sentiment moins vif qui l'unissait à un de ses compatriotes, jeune étudiant aussi favorisé de la nature que de la grâce.

« Il m'est impossible, lui disait-il, de vous expri- « mer toute l'amitié que j'ai pour vous. L'âme de Jona-

« thas s'attacha à celle de David de prime abord. Je
« me suis senti attiré vers vous de la même manière.
« Je vous ai vu, je vous ai entendu, je vous ai aimé...
« un peu à la façon de César.... Quelle jouissance pour
« moi si, dans le chemin de la vie, j'avais toujours
« votre épaule pour appuyer mon bras ! Ah ! du
« moins, si nous nous séparons ici-bas, que nos cœurs
« et nos esprits se retrouvent au Ciel ! »

Profitant de l'ascendant que lui donne le bénéfice de
l'âge, de celui surtout que lui confère son caractère
sacré, l'abbé Simon suit le jeune homme avec l'œil
inquiet et vigilant de la tendresse maternelle; car il
sait que, comme le printemps matériel, le printemps de
la vie est l'heure des grandes espérances et des grands
dangers.

C'est un modèle de tact et de délicatesse que sa correspondance avec lui. Possédant, par le droit de l'affection, la clef de l'esprit et du cœur, il entre dans ces
deux sanctuaires intimes, et il s'étudie à y mettre tout
en ordre sans brusquerie comme sans faiblesse.

Il s'intéresse à tout ce qui compose la vie de l'étudiant : on le voit tour à tour comptant ses succès et y
applaudissant, lui montrant dans le travail un moyen
d'honorer sa jeunesse et de la rendre utile, au lieu de
la gaspiller en frivolités banales sinon dangereuses ;
on le voit recevant ses confidences avec une bonhomie
paternelle, corrigeant un travers, redressant une idée

4*

fausse , provoquant ces épanchements intimes et sans réticences si nécessaires à cet âge.

Ce à quoi il s'étudie surtout , c'est à lui donner l'intelligence de la vie en lui faisant entrevoir le Ciel qui en est le couronnement.

Placé en face des rêves chimériques , des aspirations vagues, des désirs irréfléchis qui hantent le cerveau d'un jeune homme , il se garde bien de les contrecarrer directement, de les refouler sans ménagement ; mais il ouvre une carrière où cette fougue se dépensera d'une façon profitable , en représentant la vertu comme le suprême honneur, la plus grande jouissance d'ici-bas.

Sa voix a des accents d'une touchante éloquence quand il le prémunit contre les piéges semés sur le chemin de ses dix-huit ans ; quand il lui rappelle que, pour naviguer sûrement sur ces eaux orageuses de la jeunesse, il faut que la piété tienne le gouvernail.

Dieu lui ménagea cette consolation de voir son jeune ami traverser le front haut et le cœur pur ces années périlleuses. Sa joie fut complète quand il apprit que renonçant au monde , le jeune homme allait s'enrôler sous la bannière des enfants de saint Ignace. « J'attends « avec impatience, lui écrit-il, le moment où vous « serez appelé à vous préparer aux saints Ordres. Il me « semble que, quand vous serez prêtre , ma vie sacer-

« dotale sera comme doublée et que j'aurai deux fois
« plus de force pour travailler au service du bon
« Dieu ».

« Que je suis heureux en regardant du côté de
« l'occident de vous voir installé dans une cellule
« de Religieux ! Si je vous ai aimé avant que vous
« ne fussiez tout entier à Notre-Seigneur, quels senti-
« ments de sainte affection ne dois-je pas éprouver à
« votre égard maintenant que vous avez tout quitté
« pour Lui ! ».....

« Quand mon souvenir se reporte sur mon pays
« natal, disait l'abbé Simon, mes yeux se mouillent à
« la pensée de toutes les affections que j'y ai laissées. »

Nous pouvons ajouter que la mort du généreux
apôtre, si elle a creusé un vide et fait couler bien des
larmes à Messé et à Rom, n'a point amené l'oubli
ni détendu les liens de ces affections.

Entre beaucoup auxquels il faisait allusion, le missionnaire visait une famille que de solides et aimables qualités, des services de plus d'un genre ont placée au premier rang de l'estime publique dans le
Mellois ; une de ces familles solidement trempées dans
la foi et la pratique chrétiennes.

La mère a un écrin plus riche que celui de la ma-
trone romaine ; et le patriarche Jacob est distancé par
le chef vénéré de cette famille pour le nombre comme
pour la qualité des enfants.

En quittant Paris, l'abbé Simon n'avait pas manqué d'envoyer un souvenir bien sympathique à ces amis de vieille date. En cette circonstance il n'oublia pas qu'il était poëte, et l'affection lui inspira une des plus gracieuses compositions sorties de sa plume.

Cette bluette est adressée à une enfant de quatre ou cinq ans, le Benjamin de la famille.

C'est frais comme la rosée du matin , tendre comme l'amour maternel, parfumé comme la violette la plus odorante. Je craindrais de la déflorer en l'analysant : suivant le mot d'un critique, c'est une de ces fleurs délicates dont il vaut mieux respirer le parfum sur la plante.

A MARGUERITE.

En voyageant, j'ai vu de belles choses :
J'ai vu des fleurs qui délectent les yeux,
Des papillons qui volent sur les roses,
Et des oiseaux aux chants délicieux.
Les orangers, qu'un léger souffle agite,
Ont balancé leurs fruits d'or devant moi.
Mais cependant, gentille Marguerite,
Je n'ai rien vu de plus charmant que toi.

Des temps passés tu racontes l'histoire,
Et tes récits sont plus doux que le miel.
Le nom d'Abel est cher à ta mémoire,
Et tu connais tous les fils d'Israël.

L'Enfant-Jésus dans ta poitrine habite,
C'est ton ami, tu l'aimes comme un Roi.
En vérité, gentille Marguerite.
Je n'ai rien vu de plus charmant que toi.

L'amour de Dieu brûle ta petite âme.
Si quelques-uns veulent parler de jeu,
Tu leur réponds par cet aimable blâme :
Vous feriez mieux de parler du bon Dieu.
Bien plus : déjà ton cœur d'enfant médite
De convertir les pécheurs à la foi.
En vérité, gentille Marguerite,
Je n'ai rien vu de plus charmant que toi.

Astre naissant, douce petite étoile,
De jour en jour ton éclat va grandir.
A ton midi, sans nuage et sans voile,
Nos yeux verront ta vertu resplendir.
Femme pieuse, ornement de la terre,
La loi de Dieu sera toujours ta loi.
Ah ! puisses-tu ressembler à ta mère !
C'est le seul vœu que je forme pour toi.

Si ta ferveur continue à s'accroître,
Et si ton cœur est toujours enflammé,
Tu t'en iras peut-être, au fond d'un cloître,
Passer ta vie avec le Bien-Aimé.
Oui, oui, un jour tu seras Carmélite !
Tu ne vivras que d'amour et de foi ;
Et c'est alors, gentille Marguerite.
Qu'on ne verra rien de plus beau que toi.

> Moi qui t'ai vue au matin de l'enfance,
> Je vais bien loin pour faire aimer Jésus.
> De te revoir je n'ai pas l'espérance ;
> Je pars, enfant, et ne reviendrai plus.
> Ah ! ne perds pas mon souvenir trop vite :
> Quand tu prieras, songe à prier pour moi ;
> Et quelquefois, ma douce Marguerite,
> Chante ces vers moins aimables que toi.

Dieu qui avait refusé à l'abbé Simon des sœurs selon la nature, lui en accorda dans l'ordre de la grâce ; leur pieux et inaltérable dévoûment fut pour lui « cette protection et cette force » dont nous avons parlé plus haut.

C'est la mission providentielle de toutes les vierges consacrées à Dieu de soutenir le prêtre de leurs prières, de fléchir le ciel en faveur des âmes que la parole sacerdotale aborde de front ; c'est leur rôle de lever des mains suppliantes comme Aaron, tandis que Moïse combat dans la plaine.

Néanmoins, s'il faut s'en référer aux instructions de sainte Thérèse, les Carmélites ont à cet égard une vocation spéciale ; c'est leur « dévotion intime », suivant le mot d'une grande Sainte.

Tous les prêtres engagés dans le ministère ont, dans les oraisons et les sacrifices des Religieuses du Carmel, une part considérable dont appréciera la valeur quiconque sait ce que pèse devant Dieu la prière d'une âme chaste et généreuse.

Cette part devient naturellement plus large quand un prêtre adresse une requête personnelle aux Filles de sainte Thérèse. C'est une pieuse et touchante coutume en cette occurrence de tirer au sort le nom de la Religieuse à laquelle incombera le soin d'offrir ses prières, ses mortifications à cette intention particulière.

Plus d'une fois, n'étant encore que séminariste, l'abbé Simon avait recommandé au Seigneur ses désirs, ses espérances, ses projets d'avenir, par l'entremise des Carmélites. « Je sors du Carmel, écrivait-il un jour, et j'ai l'esprit et le cœur tout embaumés : cette charité ardente, cette paix laissent dans l'âme un délicieux souvenir. »

Au moment du départ pour la Mandchourie, ce pieux échange de prières devint un contrat synallagmatique défini et libellé d'une façon charmante par le missionnaire :

« Certaines personnes incapables de servir dans les
« troupes pontificales, paient un homme qui les y
« remplace. Eh bien ! vous, mes bonnes Carmélites,
« nous ne pouvez pas aller dans les Missions pour
« prêcher et donner Jésus-Christ. Je veux être votre
« remplaçant et travailler pour votre compte. La Mis-
« sion que j'aurai ne sera pas proprement la mienne,

« elle sera vôtre ; je ne serai que votre instrument et
« votre serviteur. Vous prêcherez par moi ; vous bap-
« tiserez par moi. Mais il reste entendu que vous vous
« occuperez jour et nuit, et sans réserve, de votre Mis-
« sion et de vos infidèles de Mandchourie. »

L'avenir nous réserve de touchantes révélations sur
les heureux fruits qu'en retira notre cher abbé, tant
pour son avancement spirituel que pour la sanctification des âmes confiées à sa garde.

La Mission de Mandchourie fut l'œuvre de prédilection et l'œuvre collective du Carmel de Poitiers ; mais
il est trois Filles de sainte Thérèse qui furent associées
à l'apostolat du Père Simon d'une façon plus intime et
toute personnelle. Et je ne résisterai pas à la tentation
qu'éprouve ma plume d'esquisser ces trois belles figu-
res de Saintes, que leurs lettres ont fait si souvent
passer devant mes yeux comme des visions du Paradis.

D'ailleurs la mort m'autorise à lever un coin de ce
voile qui abrita leurs vertus.

Comme auxiliaire du Père Simon, le sort avait désigné une converse, Sœur Véronique, une de ces âmes
simples avec lesquelles « le Seigneur se plaît à conver-
« ser » et qu'il favorise de ses communications les plus
intimes.

Toute jeune fille, elle avait été saisie par ce Dieu
« qui atteint de loin » ; il lui avait soufflé le dégoût du
monde et de ses vanités dans un bal public à Saint-

Benoît, à une de ces heures où la moindre bagatelle arrache des larmes à la coquetterie froissée.

Petite bergère, en vaquant à la garde de son troupeau, elle lisait dans ce grand livre de la nature, elle y lisait la grandeur et la bonté de Dieu.

Domestique à Poitiers, elle servait le Maître du ciel avec la même fidélité et le même dévouement que ses maîtres de la terre. La loi divine était déjà ancrée fortement dans son âme ; elle, si douce et si bonne envers tous, se montrait pour ses devoirs religieux d'une fermeté que rien ne pouvait faire fléchir. « Mangez vos gras, et laissez-moi manger mon pain sec, » répondait-elle un jour à ses maîtres qui, peu scrupuleux observateurs de l'abstinence, la pressaient de suivre leur exemple.

Simple d'esprit, sans culture et sans lettres, la Sœur Véronique était pleine d'entrain et de verve. Sa conversation abondait en expressions pittoresques, en saillies d'une naïveté charmante ; elle prenait avec tous ses coudées franches, elle allait avec rondeur, « à la franche gauloise », dans le service de Dieu comme dans les relations de la vie ordinaire.

« Que peux-tu dire au bon Dieu pendant un si long temps ? » lui demandait une de ses compagnes qui voyait la jeune domestique passer toutes ses heures libres du dimanche à la chapelle du Carmel. — « Ce que « je lui dis ?... mais je lui fais des compliments, au bon

« Dieu. Il y en a tant qui lui disent des injures que
« je tâche de le dédommager un peu ! »

Suivant le mot de l'Écriture « sa simplicité l'avait
dirigée ». Elle la dirigea d'abord vers le Carmel, où
elle fut un modèle d'édification pour ses compagnes.

Ce que la prière et les austérités de cette humble
fille ont eu d'heureuse influence , ont attiré de grâces
sur l'apostolat du Père Simon, Dieu seul le pourrait
révéler.

Ce que nous n'ignorons pas, c'est que, sur le seuil de
l'éternité, la Sœur Véronique disait à sa Prieure :

« On ne saura qu'au ciel tout ce que j'ai souffert
« pour la Mission de Mandchourie. »

Deux autres Religieuses prêtèrent au Père Simon le
concours le plus actif. Elles furent pour lui, non-seulement des auxiliaires par la prière, mais — le mot n'est
que juste — des directrices de conscience.

L'histoire de sainte Thérèse est là pour dire l'heureuse influence que peut avoir une pareille direction ,
dans certaines circonstances.

De ce commerce incessant de prières, de cet échange
de pensées et de sentiments , il résulta une de ces liaisons « faites de charité et de perfection chrétiennes »,
suivant le mot d'un Saint , une de ces amitiés spirituelles dont la plus belle expression, contenue dans les
lettres de saint François de Sales et de sainte Chantal,

arrachait un cri d'admiration et de respect au sceptique Sainte-Beuve lui-même.

La première en date fut la Mère Marie-Thérèse de Jésus, morte Prieure du Carmel de Coutances. Elle était sœur de ce vaillant général de Sonis dont l'héroïsme fut un allégement aux douleurs de la patrie, à l'heure des grands désastres et des grands deuils.

Elle avait apporté dans le cloître l'esprit de générosité qui semble, comme la foi, être un privilége de race dans cette famille ; et certes, sur ce terrain béni du Carmel, la fleur allait trouver un sol propice pour se développer et s'épanouir dans tout son éclat. La virilité dans le service de Dieu fut le trait distinctif de cette âme d'élite ; c'était bien la femme forte, pétrie d'énergie et de douceur, dévorée d'amour de Dieu, ardente au sacrifice et au dévouement Douée d'une nature fine et sympathique, d'une distinction remarquable d'esprit et de manières, elle était venue prendre place dans les rangs de ces élues que saint Cyprien appelle « la plus noble portion du troupeau de Jésus-Christ », et vraie Fille de sainte Thérèse, « son « désir était de voir le Seigneur ; sa crainte, de pouvoir « le perdre, sa douleur de ne pas le posséder ; et sa joie « se composait de tout ce qui pouvait la mener à « Lui. »

La parfaite correspondance d'idées et de sentiments, un égal amour de Dieu devaient établir une parenté spirituelle entre le Missionnaire et la Carmélite. Par le bénéfice de l'âge, comme par l'autorité de la vertu, elle avait le droit de prendre à son égard un rôle maternel; et ce rôle, elle l'exerça d'une main douce et ferme, pour le plus grand profit de l'abbé Simon.

C'est une vraie jouissance de suivre leurs relations épistolaires : au contact de ces deux âmes le cœur se délecte en même temps que l'esprit s'élève.

On voit cette humble Fille de sainte Thérèse exposant les vérités les plus profondes, maniant la langue de la plus haute spiritualité avec une aisance qui témoigne du degré où elle était arrivée dans l'intimité divine plus encore que de la culture de son esprit. Sans froisser la vérité l'abbé Simon pouvait se dire « son élève dans la science suréminente de la charité ».

C'est la Mère Marie-Thérèse qui attise le feu de la charité apostolique. « Laissez-vous manger par les âmes ! » écrit-elle à son ami dans un langage d'une sublime énergie. C'est la Mère Marie-Thérèse qui ranime le courage à l'heure des désillusions et des désenchantements; c'est elle qui, au moment du chagrin et du deuil, envoie de ces paroles de consolation dont le cœur des mères a le secret; c'est encore elle qui tempère les ardeurs d'un zèle excessif, et prêche la mesure et la prudence.

En quittant la France, le Missionnaire, douloureusement ému de la situation dans laquelle il laissait sa mère, avait confié à la Carmélite le soin de la consoler. Jamais tâche ne fut remplie avec plus de tact et d'abnégation. C'est la diplomatie de la charité en action.

Avec quels ménagements délicats elle touche cette plaie du cœur et s'insinue dans la confiance de la pauvre mère en lui parlant de son fils, dont elle exalte le dévoûment, en s'intéressant aux vulgaires détails de sa vie domestique ; et comme, une fois dans la place, elle use de son ascendant pour détacher sa protégée de la terre et la faire aspirer au ciel !

La Sœur Marie-Thérèse avait un amour de prédilection pour le Saint Enfant-Jésus, et son bonheur était d'en propager le culte. Cette dévotion, elle l'inspira brûlante au Missionnaire qui en retira des grâces innombrables. L'église qui a été élevée sur la terre de Mandchourie sous le vocable du Saint-Enfant-Jésus, fut le sujet d'une grande joie pour la Carmélite.

Après la mort de M. Simon, la Mère Marie-Thérèse recueillit et classa avec un soin pieux la correspondance du jeune apôtre avec le Carmel : elle jugeait qu'il y avait là un trésor dont un grand nombre d'âmes pourraient bénéficier.

Et ce travail n'était pas seulement à ses yeux une satisfaction du cœur : elle le considérait comme « l'acquittement d'une dette de conscience ».

Dieu lui réservait une joie plus grande que celle de voir le modeste monument élevé à cette mémoire bien chère : à la fin de 1871 elle allait partager le bonheur éternel de son ami.

Quel pinceau aux touches délicates il faudrait pour reproduire cette suave figure de Xavérine de Maistre, en religion Sœur Thérèse de Jésus, morte , en odeur de sainteté, Prieure du Carmel de Poitiers, au mois d'octobre 1871 !

Le Carmel, si fécond ·en fleurs de choix , n'en a peut-être pas produit une aux couleurs plus riches , aux senteurs plus exquises.

Petite-fille du grand écrivain , elle en avait hérité cette foi robuste, ces fermes convictions qui chez elle s'alliaient à une simplicité, à une humilité admi-rables.

« C'était une âme si douce et si pure qu'on s'y pouvait mirer ».

Bien jeune encore , elle avait préludé à la vie péni-tente de la Carmélite par des austérités et des mortifi-cations dont son âme d'enfant avait une sainte avidité.

Sa dévotion favorite, c'était de s'offrir à Notre-Seigneur comme une victime chargée d'expier les péchés du monde.

Elle priait souvent à cette intention, la chère petite sainte ; et ses larmes coulaient abondantes, mêlées à ses prières. Un jour, après une confession où la plus légère poussière apparaissait à peine sur son âme limpide comme le cristal, la Sœur Thérèse fondait en larmes aux pieds du confesseur. Celui-ci, voulant la consoler, lui disait que ses fautes personnelles n'autorisaient pas une si vive douleur. « Mais, répondait-« elle, ne suis-je pas solidaire de tous les outrages qui « sont adressés journellement à Notre-Seigneur ? »

Elle, la vierge timide, modeste comme la violette, savait, à l'endroit du bon Maître, les audaces naïves d'un enfant. Regardant le miracle comme une marque d'amour, elle le demandait avec cette liberté, cette assurance qui étaient familières à saint François d'Assise.

Elle savait que le Seigneur a promis « de faire la « volonté de ceux qui le craignent » et à plus forte raison de ceux qui l'aiment. D'ailleurs, s'il faut en croire ses compagnes, la confiance de la Sœur Thérèse était surabondamment justifiée par la condescendance inouïe avec laquelle le Sauveur acquiesçait aux désirs de sa fille de prédilection. Aussi ne suis-je pas étonné qu'elle ait pu répondre un jour à quelques-unes de ses compagnes qui émettaient un doute sur la possibilité d'obtenir une grâce très-importante : « Mais je viens de la demander à Notre-Seigneur ! »

« Elle était établie dans le Paradis, même durant ce pèlerinage, » par la direction constante de sa volonté et de ses aspirations à donner gloire à Dieu, mais non par les douceurs sensibles de la dévotion. Jésus-Christ se plut au contraire à récompenser la

pureté de son âme et l'ardeur de son amour en lui don--
nant une large part à sa Passion, surtout à sa Passion
intérieure, et jusqu'à son dernier soupir, qu'elle rendit
dans la paix du Seigneur, sa vie fut marquée du sceau
de la croix et du sacrifice.

Je devrais, pour être complet, mentionner ici un
autre dévouement non moins solide, non moins maternel ; mais en certains cas le silence vaut mieux que la
louange à l'égard des vivants.

Tels étaient les auxiliaires précieux que la Providence avait donnés à l'abbé Simon, sous les traits de
l'amitié, pour le soutenir durant son pèlerinage.

« Ces liaisons, déclarait-il lui-même, ont été pour
mon âme une rosée bienfaisante, et Dieu seul connaît
les grâces qui me sont venues par ce canal. »

CHAPITRE II.

DÉPART DE FRANCE ET VOYAGE EN MANDCHOURIE.

La Mandchourie lui est assignée. — Joie du missionnaire. — Les adieux. — Départ de Marseille. — Rome. — La Sicile. — Malte et Candie. — L'Egypte. — Alexandrie. — Le Caire. — Le désert. — Suez. — La mer Rouge. — Ceylan. — « Le poisson de l'impératrice. »

Le rêve de sa vie si longtemps caressé allait enfin recevoir un commencement d'exécution; la Providence devait bientôt lui assigner sa part du terrain à défricher dans le champ du Père de famille.

Du reste, si vif que fût son désir de se mettre à l'œuvre, il attendait la grande nouvelle sans impatience, avec cet abandon filial, avec cette pieuse indifférence qui est le fruit et la récompense de la vraie charité. « Parlons un peu denotre future Mission, » écrivait-il. « Laquelle faut-il demander à Dieu ? Evi- « demment celle qu'il nous destine, et pas d'autre. » S'il cède à la tentation d'exprimer un vœu, de formuler une préférence, c'est pour trouver une occasion de parfaire son dévouement, d'ajouter un degré à la générosité du sacrifice.

« Il m'est cependant venu une idée dont je veux
« vous faire part. Il y a une dévotion qui consiste à
« prier pour les plus malheureux sur la terre.

« Pourquoi ne demanderions-nous pas à Dieu la plus
« délaissée, la plus éprouvée, la moins aimée, en un mot
« la plus malheureuse des Missions et même le plus
« triste district de cette Mission ? »

Des souhaits dictés par une abnégation si parfaite
méritaient d'être exaucés.

Ecoutons le cri qui jaillit de son âme en apprenant
sa destination. Jamais conquérant parvenu à réaliser
ses visées ambitieuses ne sentit de joie plus vive, ne
trouva d'accents plus enthousiastes.

« Une grande nouvelle ! grande ! bien grande ! Jésus
« a parlé : je connais ma ou plutôt notre destination. Le
« cœur vous bat , n'est-ce pas ? Eh bien ! devinez ! —
« Le Japon ? — Vous aimez ce beau pays, cette chré-
« tienté qui sort de la tombe et qui donne de si belles
« espérances. Moi je l'aimais hier ; mais aujourd'hui
« il y a une autre Mission que j'aime plus : c'est la
« Mandchourie. Oui , la Mandchourie ! Dieu nous y a
« préparé de toute éternité un petit troupeau d'âmes ;
« elles sont à nous, nous les sauverons. Quel bonheur !
« Quel bonheur ! Pauvre Japon, adieu ! et vive la Mand-
« chourie ! C'est là-bas que Jésus m'appelle. Oh ! que
« nous y serons bien ensemble ! Et puis qui sait ?... Mon-
« seigneur Berneux a évangelisé dix ans la Mandchourie

« avant d'aller cueillir en Corée la palme du martyre :
« Jésus pourrait bien me réserver la même faveur ! »

La grande nouvelle, il l'annonce aussi à sa mère, mais en des termes bien différents. Sentant qu'il va retourner le fer dans une blessure douloureuse à la nature, il trouve dans son cœur les inspirations les plus délicates pour prévenir et dissiper les appréhensions maternelles ; sans blesser la vérité, il teinte légèment en rose la situation qui l'attend.

Assurément il ne se dissimulait pas l'étendue de son sacrifice et il ne se faisait aucune illusion sur la Mission qui lui était échue en partage. « De toutes les Missions « de notre Société, écrivait-il à un ami, la Mandchourie « a été jusqu'à ce jour la plus ingrate et la plus stérile. « Elle ne compte guère que six mille chrétiens ; et il « reste plusieurs millions de païens à convertir. Les « baptêmes d'adultes ne s'élèvent pas à plus d'une cen- « taine par an, et l'on n'a pas pu réussir à y former de « prêtres indigènes. »

Les préparatifs de voyage d'un missionnaire ne traînent pas en longueur ; bientôt arriva le jour des grandes émotions, le jour des adieux et des promesses aux pieds du Saint-Sacrement.

On a maintes fois décrit cette scène touchante où, debout sur le marchepied de l'autel, les Missionnaires partants voient tomber à leurs genoux tous les assistants, même leurs Supérieurs, qui viennent leur baiser les pieds tandis que le chœur chante : *Quam speciosi pedes......*

L'abbé Simon y trouva le sujet d'un acte d'humilité : « Quand je vis tout ce monde à mes pieds, je songeai « que je représentais Jésus et je lui renvoyai ces hom- « mages dont je me sentais indigne. »

Quelques heures après la cérémonie, il était installé en chemin de fer, en compagnie de trois confrères, destinés à diverses Missions.

Le train s'étant arrêté quelques instants à Dijon au milieu de la nuit, le cher voyageur descendit et baisa cette terre berceau de sainte Chantal.

A Mâcon il lui vint une idée où son cœur aimant se révèle dans tout son jour :

« Il me sembla, écrivait-il à sa famille, il me sembla « que je me trouvais à peu près en face du Poitou et des « Bordes, et alors je vous fis mes adieux à travers l'es- « pace, en priant Dieu de vous bénir et de vous ren- « dre moins amère la séparation que son amour nous « impose. »

Après deux jours passés à Marseille où ils étaient arrivés « moulus de fatigue et noirs comme des char- bonniers »; après un pèlerinage à Notre-Dame de la Garde, pour mettre sous la protection de Marie leur voyage et leurs espérances, nos quatre Missionnaires virent arriver le moment du départ.

« Vive Jésus ! » écrit l'apôtre de la Mandchourie, sur

le point de s'embarquer ; « dans quelques instants nous
« aurons tout quitté pour lui, et nous lui aurons sacri-
« fié nos plus chères affections d'ici-bas : la patrie, les
« amis et vous surtout, mes bien-aimés parents. Don-
« nons-nous, sacrifions-nous de bon cœur : dans sa vie
« et dans sa mort notre Dieu a fait pour nous de plus
« grands sacrifices que nous n'en pourrions jamais faire
« pour lui. Je vois par-delà les mers des âmes qui m'at-
« tendent, des âmes qui m'appellent : je vole les sau-
« ver. Souffrir pour ce qu'on aime sur la terre, voilà
« le bonheur ! »

En écoutant ces accents généreux, on méconnaîtrait
étrangement cette nature dans laquelle l'énergie de la
foi et de la volonté s'alliait à la tendresse de cœur la
plus vive, si l'on voyait dans sa détermination le fait
d'un enthousiasme passager ou l'indice de l'indifférence
à l'égard des affections les plus sacrées. Non ; et son
cœur saignait douloureusement à l'heure de la séparation ; mais la charité du Dieu « qui aime les âmes » le
pressait ; il savait qu'au dessus de la famille est « le
Père par excellence, *nemo tam pater* » ; la foi lui appre
nait qu'au Ciel on se reconnaît, qu'au Ciel on retrouve,
sans crainte de les perdre, ceux qu'on a aimés ici-bas.

Assurément tous ne sont pas appelés à ces hauteurs
du sacrifice ; mais à chacun il reste la ressource d'admirer et le devoir facile de ne pas incriminer par des
paroles banales, indignes d'une bouche chrétienne.

4***

« On voit tous les jours, disait saint Vincent de Paul,
« on voit des marchands qui, pour un gain médiocre,
« traversent les mers et s'exposent à une infinité de dan-
« gers. Les pierres précieuses qu'ils vont chercher
« valent-elles mieux que les âmes qui sont l'objet de
« nos sueurs, de nos travaux et de nos courses ? »

Le 19 avril 1868, le cher Missionnaire et ses compagnons s'embarquèrent le soir à bord du *Domaï*.

Grâce à une correspondance aussi nombreuse que
variée, nous aurons la facilité de faire à peu de frais,
en compagnie de l'abbé Simon, le voyage de Mandchourie Nous l'entendrons faisant part de ses impressions
avec un laisser-aller plein de charmes, rappelant les
souvenirs du passé, relatant les incidents gais ou tristes
de la traversée ; nous le verrons décrivant d'une plume
alerte les sites des pays qu'il côtoie, crayonnant les
silhouettes des différents peuples chez lesquels le navire
relâche.

« En quittant la terre de France, nous avons chanté
« l'*Ave maris Stella* et différentes invocations pour nous
« recommander à Marie, l'Étoile de la mer. Comme
« nous gagnions la haute mer, il se produisit un phé-
« nomène de l'ordre purement naturel, mais qui ne
« laissa pas de nous impressionner. Les côtes de la
« patrie étaient d'abord tout illuminées par les rayons
« du soleil couchant, et notre navire était enveloppé
« d'ombre parce qu'un nuage nous dérobait les derniers

« feux de l'astre du jour. Bientôt, le nuage s'étant
« déchiré, la lumière quitta la côte pour nous rejoindre
« et nous accompagner sur les flots N'était-ce pas le
« symbole de cette lumière éternelle que nous empor-
« tions de France pour en éclairer ceux qui sont
« assis dans les ténèbres et à l'ombre de la mort ?...

« Une pensée qui me charme, c'est le souvenir des
« amis de Dieu qui ont traversé ces mers. En quittant
« Marseille, je ne pouvais m'empêcher d'avoir sous les
« yeux cette petite barque de Judée sur laquelle, con-
« duits par la Providence, Lazare, Marthe et Marie-
« Madeleine se laissaient porter par les vagues jusqu'aux
« côtes de la Provence. Il me semblait voir Marie-Made-
« leine, assise à la poupe de la nacelle. insouciante des
« flots, le cœur et les yeux au ciel avec le « Rabboni » !
« Comme j'ai mis notre Mission sous son patronage !
« *Dilexit multum*..... « elle a aimé » ; et avec son cœur
« elle a fait plus que dix mille bras.

« En face de Rome j'ai invoqué saint Pierre et saint
« Paul, nos grands modèles, et appelé la protection de
« Dieu sur notre bien-aimé Pie IX.

« En Sicile nous saluons deux vierges qui me sont
« particulièrement chères, sainte Agathe et sainte
« Lucie.

« A Messine nous sommes assaillis par une nuée de
« barques qui se heurtent et se chamaillent dans l'ombre.
« Depuis lors nous sommes en pleine Méditerranée,

« sur ce grand chemin apostolique qu'ont parcouru
« dans tous les sens les messagers de l'Evangile. Leurs
« traces sont effacées sur les flots ; mais leurs œuvres
« demeurent, et eux-mêmes revivent en nous. Cette
« divine lumière qu'ils ont apportée en Occident, nous
« la recueillons des mains de leurs successeurs, et nous
« la portons à notre tour jusqu'aux limites extrêmes de
« l'Orient.

« Cela fait vraiment du bien d'évoquer tous ces sou-
« venirs et de penser à tous ces vaillants du Christ. Les
« solitudes de la mer se peuplent, et du fond de l'abîme
« des voix s'élèvent pour nous exhorter à marcher sur
« les traces de nos ancêtres.

« Malte et Candie, ces deux boulevards de la chré-
« tienté au moyen âge, nous apparaissent au passage ;
« mais hélas ! tout y est mort : Malte est protestante, et
« les Turcs et les Grecs schismatiques se disputent la
« Crète. Pauvre Seigneur Jésus ! il n'a pas plus d'asile
« stable depuis sa résurrection que pendant sa vie
« mortelle.

« Ce matin j'ai fait pour la seconde fois le tour du
« navire, et j'ai constaté la présence d'un troupeau
« d'Arabes. Ils sont couchés pêle-mêle sur l'entre-pont,
« enveloppés dans leurs guenilles. Ce sont des pèlerins
« venus d'Alger qui se dirigent vers la Mecque.

« Demain matin nous arriverons à Alexandrie. J'ignore

« si nous pourrons y célébrer la sainte Messe : cette
« faveur me serait pourtant bien précieuse. »

Notre cher voyageur traversa avec un vif intérêt ce
pays d'Egypte, unique en son genre, et dont l'histoire
se rattache aux événements les plus marquants de l'Histoire Sainte dans l'ancien et le nouveau Testament.

L'Eglise d'Egypte est une des plus anciennes du monde
chrétien. A la sortie du Cénacle, saint Pierre y envoya
saint Marc l'Evangéliste qui en fut le premier évêque.

Ses martyrs sont restés célèbres dans nos annales, et
la piété se ravive et se retrempe au souvenir des austères
anachorètes de la Thébaïde.

Longtemps la foi y poussa des rameaux vigoureux ;
mais vint le jour où la fourberie et les violences des
Grecs lui inoculèrent le poison du schisme et de l'hérésie. La colère divine y appela les Mahométans qui se
chargèrent de châtier les prévaricateurs, et leur joug
pèse encore lourdement sur cette malheureuse contrée.

Evangelisée par saint François d'Assise, par les Jésuites et par les Capucins qui y possèdent encore de
nombreux établissements, l'Egypte semble vouloir renaître de ses ruines religieuses. Depuis 1839 elle forme
un Vicariat apostolique dont le siége est au Caire.

La première ville de ce pays qui s'offrit aux regards
du Missionnaire fut Alexandrie. L'ancienne capitale
des Ptolémées, qui posséda neuf cent mille habitants,
qui compta saint Athanase et saint Cyrille parmi ses

évêques, est aujourd'hui bien déchue de son ancienne splendeur. Elle ne renferme guère que cent mille habitants, dont quinze mille catholiques.

L'abbé Simon y admira les œuvres de la charité catholique fondées par les Lazaristes : une église, un ouvroir, un hopital, un collége, des écoles gratuites de garçons tenues par les Frères de la Doctrine chrétienne ; des écoles de filles dirigées par les Sœurs de Saint-Vincent de Paul.

Nos voyageurs firent une courte halte au Caire, la capitale actuelle de l'Egypte ; et ce fut avec un regret profond qu'ils se virent privés de visiter le vieux Caire, où se trouve la grotte qui abrita la Sainte Famille fuyant la persécution d'Hérode.

En sortant du Caire , ils durent s'engager dans le Désert.

Si triste que fût l'aspect de cette immense plaine de sable , des souvenirs bien chers montaient à l'esprit et venaient rafraîchir le cœur. Moïse revivait devant eux, à la tête des Hébreux en route vers la terre de promission ; le Désert prenait une voix pour redire les Prodiges que la bonté divine avait semés sur la route du peuple privilégié et ingrat par excellence.

Ils se rappelaient la fuite en Egypte et les fatigues de la Sainte Famille.

Mais, pour mieux nous édifier, laissons la parole au futur Apôtre de la Mandchourie :

« Le 25, fête de saint Marc, nous étions dans le beau
« port d'Alexandrie et nous saluions cette terre évan-
« gélisée par le disciple de saint Pierre. Quelques heures
« après, le chemin de fer nous emportait à travers la
« vallée du Nil, jusqu'au Caire ; et la Basse-Egypte
« étalait à nos yeux toutes ses splendeurs, toutes ses
« misères.

« Que c'est beau ! mais aussi que c'est laid ! L'œuvre
« de Dieu est admirable ; ce que les hommes y ont fait
« est affreux. Les Mahométans déshonorent et ruinent
« tout ce qu'ils touchent. Le ciel est splendide ; c'est
« une voûte de lumière. La terre est grasse, noire et
« fertile, arrosée par mille canaux qui la parcourent
« en tous sens. Çà et là, de gracieux palmiers, des mû-
« riers et d'autres arbres verts embellissent le paysage,
« partout où la négligence arabe a laissé tomber une
« graine ou un plant. Si la culture répondait à la ri-
« chesse du sol, ce serait un véritable jardin ! Voilà
« le beau côté de l'Egypte ! voilà l'œuvre de Dieu !
« Mais voici un autre coup d'œil ! Qu'est-ce que cet
« amas informe de cases qui apparaissent sur ces pe-
« tites éminences ? C'est un village. Oh ! quelles huttes !
« Six pieds de haut, autant de large ; une porte
« basse, point de fenêtre ; ni aplomb, ni aligne-
« ment, le tout en boue noirâtre avec du fumier par-
« dessus.

« La plus triste étable du plus pauvre des villages de

« France ne donne pas l'idée de ces masures entassées
« pêle-mêle dans un espace très-resserré.

« Dans l'intérieur, aucun meuble; deux ou trois
« nattes seulement. Les habitants sont en harmonie
« avec la demeure : ils sont tout bonnement hideux.
« Les hommes sont farouches et stupides; beaucoup
« de femmes sont assises sur le seuil de leur taudis et
« voilées dans leurs guenilles, tandis que des enfants
« dégoûtants se roulent autour d'elles dans la poussière.
« On lit sur tous ces fronts l'absence du baptême et de
« la grâce de Dieu.

« Que les femmes chrétiennes d'Europe doivent
« s'estimer heureuses ! Il leur faudrait voir le spec-
« tacle que j'ai eu sous les les yeux pour compren-
« dre ce qu'elles doivent à la religion catholique.

« Les villes d'Egypte sont dignes des villages :
« il n'y a point de rues, mais de vrais chemins de tra-
« verse.

« Nous nous fîmes conduire dimanche matin par un
« guide à l'église des Capucins. Le coquin nous pro-
« mena par une foule de ruelles en zigzags afin que
« nous ne pussions pas revenir seuls à notre hôtel. Il
« nous fut facile de contempler la ville dans toute sa
« laideur ; la plume se refuse à décrire ces vilenies, et
« le cœur en est navré.

« Pour me reconduire après mon action de grâces, le
« Frère portier me donna pour guide un élève de leur

« pensionnat, un bon petit Maronite qui me fut comme
« une oasis dans ce désert.. Il parlait bien le français et
« ses réponses me plurént beaucoup. Si j'avais pu
« l'emmener en Mandchourie, quel bon petit apôtre
« j'en aurais fait !

« Il me parla de l'arbre de la Madone qui se trouve
« à trois heures du Caire; de la maison de la Sainte Fa-
« mille qui n'est pas très-éloignée. Ce m'eût été une satis-
« faction bien douce de faire un pèlerinage à l'un ou à
« l'autre de ces lieux bénis ; de retrouver les traces du
« saint Enfant dont je suis l'apôtre, de baiser cette terre
« que foulèrent ses pieds divins. Mais les exigences du
« voyage ne le permirent pas : il nous fallut en toute
« hâte prendre la route de Suez à travers le Désert.

« Je vous assure que le souvenir de la Sainte Famille
« m'a été bien doux et bien rafraîchissant au milieu de
« ce triste pays. Mais c'est surtout en traversant le Désert
« que j'ai pensé à elle. Je contemplais cet immense
« océan de sable où l'on n'aperçoit ni un arbre, ni
« une habitation, pas même un brin d'herbe. Quelques
« huttes seulement sur le bord du chemin de fer, mais
« ailleurs, rien, absolument rien ! Que cette route dut
« être pénible pour les trois bien-aimés voyageurs ! Un
« soleil brûlant, des sables qui fatiguent la vue, point
« d'eau le jour, point d'abri pour la nuit, çà et là des
« collines mouvantes, des ravins creusés par le vent
« et semblables aux lits des torrents desséchés.

« J'avais souvent médité sur la Fuite en Egypte ; mais
« je ne pouvais, comme maintenant, me faire idée des
« souffrances et des fatigues de ce voyage.

« Et maintenant nous voguons à pleines voiles et à
« toute vapeur sur cette mer Rouge qui a pour moi
« une signification toute particulière : elle est le chemin
« pour aller dans ma Terre promise. »

Le 10 mai, après treize jours de traversée, le *Domaï*
abordait dans l'île de Ceylan, l'ancienne Taprobane, autrefois colonie des Portugais et des Hollandais, défi-
nitivement acquise à l'Angletere , après le traité d'A-
miens.

Cette île, qui contient deux millions d'habitants, est
considérée comme le berceau du boudhisme.

La religion catholique y connut de beaux jours sous
le protectorat portugais. A deux reprises saint François
Xavier y avait fait entendre cette parole apostolique qui
ébranlait les âmes et les amenait en si grand nombre à
la foi.

Devenus maîtres de cette contrée par la trahison, les
Hollandais mirent tout en œuvre pour y anéantir ce
qu'ils appelaient « le papisme ». L'histoire de leur do-
mination y est écrite avec du sang : on compta
les martyrs par millions, et la haine rageuse des sec-
taires alla plus loin que la cruauté des sauvages.

Sous l'administration anglaise, le tronc catholique a
vu remonter la séve et pousser de nouvelles branches :

deux cent mille fidèles sont réunis sous la houlette du Vicaire apostolique. L'abbé Simon va maintenant nous faire la description de l'île. Jamais sa plume n'a été mieux inspirée.

La scène tout intime qui termine sa lettre, arrache à l'âme un cri spontané d'admiration :

« Quelques heures passées à terre, dans une île ver-
« doyante, après une longue navigation , mon Dieu !
« quelle douce chose !

« Les yeux et le cœur se reposent délicieusement en
« revoyant les arbres, les fleurs et les prairies. C'est la
« même impression de bonheur que lorsqu'on ren-
« contre une pieuse et sainte âme, au milieu des dou-
« leurs et des souillures du monde.

« Ceylan est vraiment un Éden. Les monticules de
« la côte sont couronnés de bois, et l'intérieur de l'île
« ressemble à un verger.

« La vue est charmée par les arbres variés qui
« en font l'ornement : cocotiers , bananiers, et un
« grand nombre d'autres dont le nom m'échappe.

« Ils sont toujours couverts de feuilles nouvelles et
« de fruits : c'est un mélange perpétuel du prin-
« temps , de l'été et de l'automne.

« Les habitants, demi nus, dont la peau est d'une
« belle couleur de bronze, empêchent seuls qu'on se
« fasse illusion et qu'on se croie dans le Paradis ter-
« restre.

« Nous sommes allés voir le P. Emiliani, l'apôtre de
« la contrée.

« Sa maison, ouverte à tous les vents, est délicieuse-
« ment placée sur une éminence qui domine la mer.
« Il nous a reçus cordialement, comme des frères, et
« nous a fait goûter les fruits du pays pour nous
« rafraîchir.

« Mais nous avons trouvé près de sa maison une
« demeure plus douce que la sienne, un hôte et un
« ami encore meilleur que lui : c'était l'église, c'était
« Jésus.

« L'église est pauvre et délabrée : le Père va la
« rebâtir.

« Le doux Maître était caché dans une misérable
« sacristie ; mais il ne m'en parut que plus aimable.
« Quelle joie de pouvoir se jeter à ses pieds lorsque
« depuis si longtemps on n'a pas eu le bonheur de voir
« un sanctuaire !

« Seul, à genoux devant Lui, je sentais les consola-
« tions surabonder dans mon âme. J'étais tourné vers
« le nord, et de l'extrémité du sud de l'Asie, je regar-
« dais tous les pays placés devant moi.

« A gauche, l'Europe, la France, le Poitou ; à droite,
« la Mandchourie ; et mon Dieu au milieu ! Alors j'é-
« tendais les bras et j'embrassais dans une seule
« étreinte ces trois amours de mon cœur qui n'en
« font qu'un ; j'embrassais le monde entier, de l'Occi-

« dent à l'Orient, et j'offrais tout au Père céleste
« comme un immense bouquet dont Jésus était le
« centre et le parfum ! Je me mis ensuite à méditer ces
« paroles que le Bien-Aimé semblait m'adresser :
« Simon, fils de Jean, m'aimes-tu ? Me sentant bien
« lâche depuis plusieurs jours, je n'osais pas répondre
« avec l'ardeur de saint Pierre : *Domine, tu scis quia*
« *amo te.*

« Cependant je regardai d'un côté ma France si belle
« et si chère, et de l'autre ma pauvre Mission où tout
« m'apparaît si triste, et je lui répondis : Maître
« chéri, voyez ce que je quitte, voyez ce que je
« prends : et dites-moi si je ne vous aime pas par-dessus
« tout ! »

De joyeux incidents venaient par intervalle distraire nos voyageurs et rompre la monotonie de la
traversée. Dans une lettre à son frère, l'abbé Simon
raconte une mystification assez plaisante, dont furent
victimes un officier du *Domaï* et le Père de Rotz, un de
ses compagnons de voyage.

« L'officier et le Père de Rotz s'étaient mis en tête
« de nous offrir un poisson. Mais pour l'offrir, il faut
« l'avoir pris ; et par malheur le navire filait si
« vite qu'il était impossible de pêcher sérieuse-
« ment.

« Voulant rire aux dépens de nos deux pêcheurs, le
« mécanicien du bord improvisa un superbe poisson

« de paille sur le dos duquel il mit cette inscription :

« Poisson d'Avril. Impératrice.

« (*Impératrice* est le nom du navire que nous
« venions de croiser). Pendant que le Père et l'officier
« dînaient, on accroche le poisson au bout de leur
« ligne tendue en permanence.

« Soudain l'alarme est donnée, tout le monde
« accourt, et les deux maîtres pêcheurs, la joie peinte
« sur le visage, se mettent en devoir de tirer la corde
« avec des précautions infinies et de hisser le poisson.
« Juge de leur désappointement ! juge des éclats de
« rire qui saluèrent l'apparition de ce monstre marin
« d'un nouveau genre !

« Le tour parut si plaisant qu'un de nos confrères le
« mit en chanson sur l'air de « la Marguerite ». La
« voici pour vous égayer :

> Un jour la mer était splendide ;
> Les poissons nageaient à fleur d'eau ;
> La dorade et le thon rapide
> Folâtraient autour du bateau ;
> Les passagers avec délice
> Contemplaient leurs brillants atours.
> Ah ! Pèr' d'Rotz, Pèr' d'Rotz, qu'il est beau
> Le poisson de l'Impératrice !
>
> L'officier sur la passerelle
> Au Pèr' d'Rotz cria tout à coup :
> Allez chercher de la ficelle,
> Nous allons faire un joli coup.

Et les matelots de service
Apportèrent un grand cordon,
Une clochette, un hameçon.
Ah ! Pèr' d'Rotz, Pèr' d'Rotz, qu'il est beau
Le poisson de l'Impératrice !

Aussitôt la ligne est jetée
Avec un appât séduisant ;
Et la clochette est ajustée
Pour sonner au moindre accident.
Les poissons, voyant l'artifice,
S'en moquaient tout bas :
Amusons-nous, ne mordons pas.
Ah ! Pèr' d'Rotz, Pèr' d'Rotz, qu'il est beau
Le poisson de l'Impératrice !

Au moindre bruit, au moindre signe,
L'officier criait : Hissez bien !
Les passagers hissaient la ligne,
Mais la ligne ne hissait rien !
Cependant Pèr' d'Rotz, le novice,
Ayant regardé l'hameçon
Crut y voir du sang de poisson.
Ah ! Pèr' d'Rotz, Pèr' d'Rotz, qu'il est beau
Le poisson de l'Impératrice !

Le mécanicien du navire
Voulut gober notre officier.
Le mécanicien, c'est tout dire :
Il machine, c'est son métier.
Il fit donc un poisson factice,
Et le soir, pendant qu'on dînait,

Il le mit au bout du crochet.
Ah ! Pèr' d'Rotz, Pèr' d'Rotz, qu'il est beau
Le poisson de l'Impératrice !

Le premier qui sortit de table
Fut l'intrépide Pèr' d'Rotz.
Il vit cet objet délectable,
Qui bondissait au loin sur l'eau.
Il donne l'éveil sans malice,
Et les passagers d'accourir :
Un poisson pris ! Ah ! quel plaisir !
Ah ! Pèr' d'Rotz, Pèr' d'Rotz, qu'il est beau
Le poisson de l'Impératrice !

La foule avec transport regarde :
Ah ! qu'il est beau ! qu'il est charmant !
Doucement, messieurs, prenez garde,
Tirez bien, tirez doucement !
On le hisse, enfin on le hisse...
Mais quoi !.... C'est un sac ruisselant,
Avec une queue en ferblanc !
Ah ! Pèr' d'Rotz, Pèr' d'Rotz, qu'il est beau
Le poisson de l'Impératrice !

Il ouvrait une gueule énorme,
Et ses yeux lançaient des éclairs.
Il ne manquait rien à la forme :
C'était vraiment le roi des mers !
Quelques-uns avaient le caprice
De croire à la réalité ;
Mais on riait de tout côté,
En voyant écrit sur le dos :
« Poisson d'avril. Impératrice. »

Ah ! Pèr' d'Rotz, Pèr' d'Rotz, qu'il est beau
Le poisson de l'Impératrice !

La morale de l'aventure,
Ecoutez, messieurs, la voici :
C'est que la vie n'est pas trop dure
Quand on est sur le *Domaï* :
La mer nous est toujours propice ,
Les commandants, les lieutenants,
Et les passagers sont charmants.
Ah ! Pèr' d'Rotz, Pèr' d'Rotz qu'il est beau
Le poisson de l'Impératrice !

« Voilà la chansonnette qui a fait fureur pendant la
« traversée ».

CHAPITRE VI.

VOYAGE EN MANDCHOURIE (SUITE ET FIN).

Boutades contre la mer. — Malacca. — Syngapour. — Saïgon.
— Carmel cochinchinois. — Hong-Kong. — Adieux au *Domaï*.
— Les Missionnaires à bord du *Dupleix*. — Chang-Haï. —
Mœurs et coutumes des Chinois. — Superstitions. — Nieou-
Tchouang. — La résidence épiscopale.

Le Père Simon n'avait ni le cœur ni le pied marins ;
et les inconvénients qu'il eut à essuyer pendant cette
longue traversée, furent loin de développer en lui la
passion des voyages sur mer. Nul doute qu'il n'eût
subi cette fascination étrange qu'exerce l'Océan, s'il
se fût promené sur la grève ou eût fait une excursion
de quelques heures ; mais les plus belles choses deviennent fastidieuses à la longue, et quand l'ennui se com-
plique de fatigues corporelles, on trouve difficilement
le ton de l'admiration.

Pour se dédommager il exerçait sa verve satirique
contre la mer qui n'en paraissait pas plus émue et ne
modifiait en rien ses habitudes. « La mer ! c'est splen-
« dide dans les livres, mais en réalité c'est triste à

« mourir. Cette vie de traversée est abrutissante, on
« peut à peine penser et prier. La chaleur, les secousses
« continuelles de l'hélice fatiguent énormément. On
« s'imagine qu'au milieu des flots, lorsqu'on ne voit
« que le ciel et la terre, il doit germer dans l'esprit une
« foule de belles pensées et que tout vous pousse à faire
« de sublimes méditations. Les vagues, l'immensité des
« eaux, une simple planche qui vous sépare de l'abîme,
« etc... etc... J'avais lu tout cela dans les descriptions
« des poëtes, et je m'attendais à de grandes impres-
« sions. En résumé, rien ! La mer rend stupide..... »

En dépit de ces boutades, le navire filait à toute vapeur. Après avoir franchi le golfe du Bengale et le
détroit de Malacca, il allait bientôt relâcher à Syngapour. Le *Domaï* entrait dans l'Indo-Chine britannique,
rattachée pour le spirituel au Vicariat apostolique de
la Malaisie, qui comprend, sous cette dénomination, les
États indépendants de la presqu'île, les possessions anglaises, les iles Nicobar et celles de l'Archipel.

Nos voyageurs saluèrent en passant Malacca, située à
l'extrémité sud de la Péninsule ; Malacca, le berceau
du christianisme dans ces contrées, autrefois siége d'un
évêché, sanctifiée par la présence de saint François
Xavier, qui à quatre reprises y vint prêcher l'Evangile [1].

---

1. La plus grande partie de ces détails sur l'histoire de ces
contrées, au point de vue religieux, sont empruntés au remarquable ouvrage de M. l'abbé Durand sur les Missions catholiques.

Les Jésuites y avaient établi un collége florissant et l'on y retrouverait la trace des pas des Missionnaires, Dominicains, Franciscains et Augustins, qui ont arrosé cette terre ingrate de leurs sueurs et de leurs larmes.

Hélas ! le spectacle de la corruption européenne, les scandales donnés par les aventuriers accourus pour y faire fortune, ont neutralisé tous les efforts des Missionnaires dont la parole n'a guère entamé la population indigène.

Conquise d'abord par les Portugais, qui en furent chassés par les troupes hollandaises, Malacca tomba, en 1795, au pouvoir des Anglais, qui, en la dépouillant de son commerce, lui ont enlevé son ancien prestige, au profit de Syngapour.

Le 21 mai, les Missionnaires arrivaient en vue de l'île et de la ville de Syngapour. La ville, séparée du continent par un bras de mer, est aujourd'hui l'entrepôt du commerce de l'Inde, de la Chine et de l'Europe. Et il faut le dire à la louange du peuple anglais : à l'ombre du drapeau britannique les œuvres de la charité catholique se sont épanouies et se développent chaque jour. Les quatre mille catholiques, qui sont réunis en paroisse, ont à Syngapour des écoles dirigées par les Frères des Écoles chrétiennes, des pensionnats de filles, un orphelinat et un hospice desservis par des Religieuses françaises, Bénédictines de Saint-Maur.

« C'est vraiment un beau pays que Syngapour, écrit

« notre Missionnaire. Pour arriver au port on traverse
« une kyrielle d'îles verdoyantes, silencieusement
« assises sur les flots. Les pluies y sont fréquentes et
« le soleil très-chaud : ce qui fait que les arbres attei-
« gnent des proportions gigantesques. La verdure y est
« toujours fraîche et d'un vert tendre, comme en France
« aux premiers jours du printemps.

« L'intérieur de l'île renferme des forêts si épaisses
« et si impénétrables au soleil, qu'il est impossible d'y
« séjourner à l'ombre sans risquer sa vie.

« Mais ce qui valait mieux pour nous, ç'a été la rencon-
« tre de nos confrères à la Procure de la Mission. Nous
« sommes allés visiter le logis du Père Pâris, le Mission-
« naire de la ville. Après quelques instants passés à
« l'hôpital, nous entrons à l'école. Une vingtaine de
« petits Chinois viennent baiser l'anneau de Monsei-
« gneur Petitjean, qui nous accompagne. Ils se mettent
« à réciter ou plutôt à chanter le *Credo* en leur langue.
« Mon âme et mes oreilles de Missionnaire étaient
« délicieusement émues de cette musique chinoise.

« Que c'est touchant d'entendre ces petits sauvages
« célébrer ainsi les mystères de notre foi ! Il me sem-
« blait déjà être au fond de la Mandchourie, entouré
« de mon petit troupeau. Au-dessus de l'école se
« trouve un étage, en bois comme le rez-de-chaussée :
« c'est l'habitation du Père. Ici de vieux meubles,
« là des siéges branlants et de vieux livres, le tout pêle-

« mêle. A peine entrés nous vîmes surgir des profon-
« deurs d'un bahut une collection de verres dépareillés
« qui probablement n'ont jamais été rincés. — Mon-
« seigneur, que vais-je vous offrir ? — Mais, malheu-
« reux, dit l'évêque, nous allons vous ruiner. — Mon-
« seigneur, on ne ruine pas les pauvres.

« Et voilà le Père qui exhibe deux vieux fonds de
« bouteille d'une liqueur sans nom. Chacun s'arme
« d'un verre, petit ou grand, et l'on trinque gaîment à
« la santé des Missionnaires. Nous nous mettons ensuite
« à parcourir la ville.

« A Syngapour les Chinois pullulent. On fait halte
« dans leur quartier. Ces malheureux sont plongés
« tout entiers dans l'idolâtrie. Le devant de leurs mai-
« sons est couvert des emblèmes de la superstition : par-
« tout des tablettes. Ces tablettes sont de simples
« feuilles de papier rouge, sur lesquelles sont gravées
« des invocations diaboliques en gros caractères chinois.
« Vous devinez comme à cette vue le cœur du prêtre
« est douloureusement impressionné. Que faire, sinon
« lever les yeux au ciel et de bénir Dieu là où il est si
« méconnu et si outragé ? »

Après quelques jours de traversée sur la mer de Chine,
le *Domaï* relâchait à Saïgon, capitale de la Cochinchine
occidentale, dont la France s'est emparée en 1860, à la
suite des massacres odieux qui amenèrent notre intervention. Par le traité de 1862, Tu-Duc en fit la cession

plus ou moins volontaire, ainsi que de trois autres provinces de cette partie de son empire.

C'est une ville de cent mille âmes ; elle est le siége
du Vicariat apostolique de la Basse-Cochinchine érigé
en 1844.

D'atroces persécutions, qui rappellent les premiers
temps de l'Eglise, y ont produit et activé cette germina-
tion chrétienne dont parlait Tertullien. Aujourd'hui,
sous la protection de la France, en même temps que
les conversions se multiplient, on voit surgir les églises,
les orphelinats, les hôpitaux et les écoles. On y compte
deux colléges-séminaires, un internat de cent pension-
naires, et des écoles gratuites dirigées par les Frères
des Écoles chrétiennes ; un orphelinat comprenant
140 enfants ; des écoles de filles et un hôpital tenus
par les Sœurs de Saint-Paul de Chartres.

Cinq Filles de sainte Thérèse y ont fondé un modeste
couvent du Carmel ; vingt-cinq Religieuses annamites
sont venues renforcer ce bataillon sacré de la prière.
En résumé, la Cochinchine française est riche d'espérances, qui se réaliseront au profit de la mère-patrie, si
la France veut se souvenir qu'avec l'épée et la charrue
il faut la Croix pour coloniser.

23 mai.

« Dans la rivière de Saïgon la marée est basse ; nous
« sommes forcés de jeter l'ancre. Le voilà, ce pays d'An-

« nam, cette terre des martyrs, que cent mille catholi-
« ques ont arrosée de leur sang ! En général les phy-
« sionomies des Annamites sont douces et simples, et
« leur sourire a un cachet de bonté naïve qui m'a frappé.

« Le vieil évêque, Monseigneur Miche, nous a reçus
« avec beaucoup d'amabilité. C'est un confesseur de
« la foi qui a passé dix-huit mois dans les prisons. Il
« est encore jeune et ardent de cœur, et il recueille la
« moisson semée dans le sang des martyrs. Plus de
« trois mille païens se sont convertis depuis un an. Il
« y a un Missionnaire qui, à lui seul, baptise chaque
« année de cinq à six cents adultes.

« Il reste à Saïgon un petit coin de terre où le bon
« Dieu repose ses yeux avec délices : c'est le monastère
« des Carmélites fondé depuis quatre ou cinq ans. Si
« vous voyiez comme c'est à la fois humble, petit et
« beau ! Des cabanes en terre couvertes de feuilles de
« cocotier servent d'asile à ces anges de la terre, qui
« font plus de bien que des prédicateurs pour le succès
« des Missions.

« Je suis allé au parloir et j'ai causé une demi-heure
« avec la Mère Prieure. Elle m'a donné des détails
« très-intéressants sur sa petite communauté, et je suis
« parti le cœur tout embaumé. »

Après un court séjour à Saïgon, nos Missionnaires
reprenaient leur route sur la mer de Chine pour s'arrêter bientôt dans l'île de Hong-Kong.

« De Saïgon à Hong-Kong, écrit l'abbé Simon , rien n
« de remarquable. La mer est douce, la chaleur moins
« intense , car nous nous éloignons de l'Équateur.
« Nous saluons de loin ces côtes du Tong-King, où un
« si grand nombre de nos frères ont gagné la couronne
« du martyre. C'est là que M. Vénard fut martyrisé, il
« y a quelques années. Ce sang précieux porte main-
« tenant ses fruits, et la conversion des païens s'opère
« sur une large échelle.

« Un souvenir encore plus beau plane sur cette
« mer de Chine où nous voguons : le souvenir
« de saint François Xavier qui la parcourut en
« tous sens. J'aurais désiré apercevoir l'île de San-
« cian où il mourut, seul, abandonné sur un rocher.
« Mais nous en passions trop loin. Il fallut se con-
« tenter d'invoquer du fond de son cœur le grand et
« infatigable apôtre et de lui demander un peu de son
« zèle et de sa sainteté.

« Hong-Kong est un immense rocher , planté au
« milieu de la mer et creusé par une profonde baie. La
« ville est gracieusement bâtie en amphithéâtre sur
« le penchant d'une haute colline. C'est là que nous
« avons vu pour la première fois les chaises à porteurs,
« qui constituent les uniques voitures de la Chine. Ce
« sont des cages de trois pieds de haut , couvertes d'une
« étoffe verte et emmanchées d'un brancard. Vous
« vous asseyez là-dedans, et deux , quatre ou même

« huit porteurs vous enlèvent et vous font voyager
« avec une vitesse incroyable.

« C'est à Hong-Kong que nous avons quitté le *Domaï*
« et dit adieu aux officiers, avec lesquels nous étions
« dans les meilleures relations. Ces messieurs nous
« aimaient; ils se plaisaient en notre compagnie, et se
« faisaient un bonheur de condescendre à nos désirs. »

Ce fut le bateau à vapeur des Messageries impériales.
le *Dupleix*, qui prit à son bord nos Missionnaires et les
conduisit par le détroit de Formose et la mer Orientale
jusqu'à Chang-Haï, port de mer le plus important de
toute la Chine. Nos voyageurs y firent une halte de
quinze jours, et y goûtèrent un repos dont le besoin se
faisait sentir après les fatigues de cette longue traversée.

Dans une lettre écrite de cette ville par l'abbé
Simon, je trouve quelques détails intéressants sur
les superstitions et les coutumes chinoises.

« Un de ces derniers jours, nous avons parcouru la
« ville chinoise et visité force pagodes. Que vous en
« dire?

« Comment peindre les abominables idoles dont foi-
« sonnent ces temples?

« La porte des pagodes est gardée par des statues
« militaires qui sont apparemment placées là pour
« inspirer la crainte devant les faux dieux. Il n'y a
« pourtant pas lieu de trembler. Si l'âme n'était pas

« douloureusement impressionnée en face de ces su-
« perstitions , on serait vraiment tenté de rire à la vue
« de ces statues grimaçantes, grotesques et de tout
« point monstrueuses. Il y en a de toutes tailles et de
« toutes couleurs Elles sont ordinairement trois sur
« le même autel. Un gros dieu ventru et joufflu, au
« milieu ; à sa gauche, un dieu blanc qui représente le
« principe du bien, et à droite un petit noir dégoûtant
« qui représente le principe mauvais.

« Devant l'autel est un large coussin où les adora-
« teurs viennent s'agenouiller et faire leur offrande.
« Hélas ! ces coussins n'étaient que trop foulés !

« Les Chinois sont très-adonnés à leur superstitions.
« La grande cérémonie de leur culte consiste à brûler
« des bandelettes de papier d'argent sous le nez de leurs
« monstres.

« J'ai vu également des ex-voto déposés au fond de
« ces sanctuaires infernaux : des chaussures, une
« petite barque, etc... Quel singe que le démon, et
« comme il s'entend à contrefaire les pratiques de la
« religion catholique! »

Il va maintenant nous apprendre jusqu'où peut aller
la tyrannie de la mode.

« Vous êtes bien heureuse de n'être pas née en Chine.
« Au lieu de marcher librement, vous seriez estro-
« piée comme les pauvres Chinoises. Elles ont de tout
« petits pieds et ne marchent que sur les talons : ce sont

« de vrais pieds de chèvres. Dès que les petites filles
« commencent à se tenir debout, on leur replie , com-
« prime et on leur brise le bout du pied. Les pauvres
« petites pleurent et reculent devant cette opération
« douloureuse. — Ah! tu ne veux pas , disent les
« mères. Eh bien ! tu auras de grands pieds: ce sera
« joli ! — Cette menace épouvante les enfants qui se
« laissent mettre à la torture. »

Encore quelques semaines de navigation, et le vaillant
apôtre allait toucher la terre promise.

Le 28 juin il débarquait à Nieou-Tchouang, ville-port
de Mandchourie.....

« Désormais tu peux être tranquille, » écrit-il à sa
mère.

« Le grand voyage est terminé, et, grâce à Dieu, il ne
« m'est pas arrivé le moindre accident. Hier matin
« nous avons foulé pour la première fois le sol de
« notre nouvelle patrie.

« Tu t'imagines sans peine la joie qu'on éprouve en
« voyant cette terre que Dieu nous a destinée. En ren-
« contrant les Chinois je me dis : Ce sont mes enfants ,
« il faut que je les aime. Comme je regrette de ne pas
« encore connaître leur langue pour pouvoir leur par-
« ler du bon Dieu !

« Du reste, dans quelques mois, j'espère en savoir
« assez pour me faire comprendre et commencer à les
« évangéliser.

« Prie bien Notre-Seigneur, afin qu'il me donne une
« grande facilité et une grande ardeur pour apprendre
« le chinois.

« C'est une langue vraiment difficile, parce qu'on ne
« prononce pas tous les mots du même ton de voix
« comme en français ; il y a cinq tons différents. Si
« l'on prononce grave ce qui ne l'est pas', on dit des
« sottises : par exemple, à la fin de son sermon on
« arrive, sans s'en douter, à souhaiter à ses auditeurs
« la *savate* éternelle, au lieu de la *vie* éternelle.

« Nous avons été reçus ici par une bonne et riche
« famille de protestants Anglais. Le maître de la mai-
« son seul connaît le français. Milady ne pouvant nous
« parler nous donne force poignées de main, suivant
« la coutume de son pays.

« Cuisine anglaise, c'est-à-dire beaucoup de viandes
« et peu de pain : ce qui ne fait pas mon affaire.

« Nous comptions partir dès ce matin pour aller
« retrouver Monseigneur Vérolles, qui habite à sept
« lieues d'ici. Sept lieues nous prennent dix à onze
« heures en chariot, à cause du mauvais état des routes.

« Par malheur il est venu une petite pluie, et nos
« conducteurs n'ont pas paru : les Chinois ont peur,
« comme du déluge, de la moindre goutte d'eau qui
« tombe du ciel. Ce soir le temps est superbe ; espé-
« rons que demain les choses iront mieux.

« Quand je pense au voyage que j'ai fait et au lieu

où je suis maintenant, je trouve que c'est étrange. Il
est donc bien vrai que j'ai quitté la France et que
plus de cinq mille lieues me séparent de ma mère
et de mon frère !

« O Seigneur, il n'y a que votre descente du ciel et
votre mort sur la croix qui puissent expliquer la
conduite de vos disciples ! Vous avez fait de saintes
folies, et ils vous imitent !

« Mère chérie, élevons-nous au-dessus de ce monde ;
ne regardons pas la vie avec les yeux de la chair,
mais avec ceux de la foi.

« Nous sommes séparés ; nos cœurs, qui s'aiment
tant, se trouvent bien loin l'un de l'autre ; mais Dieu
est là qui voit notre sacrifice et qui nous rapproche.
Demain (puisque la vie passe comme un jour)
demain nous serons réunis dans son sein, et nous
nagerons dans les délices. Travaillons donc de
toutes nos forces à nous sanctifier de plus en
plus. »

Les guides chinois s'étant décidés à reparaître avec
le beau temps, on prit le chemin de la résidence épiscopale, située dans les montagnes, à sept lieues de
Nieou-Tchouang. « Notre ascension ne fut pas gaie, »
raconte l'abbé Simon ; « rien de lugubre comme ce
versant de la montagne. Mais, au sommet, quelle
agréable surprise ! Une vallée magnifique, pleine
d'arbres et de verdure, se déroule devant nous. Le

« contraste avec l'autre versant était trop accentué
« pour ne pas provoquer l'enthousiasme.

« C'est ainsi, pensai-je, qu'après avoir gravi la
« rude montagne de cette vie, nous arriverons enfin
« à la vallée de l'éternité, dans le sein de notre
« Dieu !

« En traversant cette riante campagne, il me
« semblait presque que je me retrouvais en Poi-
« tou.

« Enfin, à cinq heures du soir, le garde qui marchait
« en tête, nous montra triomphalement un édifice qui
« apparaissait dans le lointain : c'était la flèche de
« l'église que Monseigneur Vérolles vient de bâtir. A
« la vue de la croix qui brillait sur cette terre infidèle,
« j'entonnai le *Vexilla Regis* et le *Crux ave*. Une demi-
« heure après, nous étions dans les bras de nos con-
« frères et aux genoux de Monseigneur qui nous reçut
« avec une bonté et une joie extrêmes.

« Le village que nous habitons s'appelle Yan-Koan :
« la Passe aux Cerfs. C'est une sorte de bassin ou
« plutôt de carrefour assez vaste, situé au milieu des
« montagnes et auquel aboutissent trois vallées. Une
« rivière coule le long du jardin de l'évêque ; elle
« déborde à la moindre pluie. Autrefois les monta-
« gnes qui nous environnent de tous côtés, étaient
« couvertes de forêts, et les cerfs y abondaient. Mainte-
« nant elles sont découronnées et dépouillées ; quel-

« ques troupeaux seulement y viennent chercher leur
« nourriture.

« Le village est peu considérable; nos deux cents
« chrétiens forment la moitié de la population. »

Notre ami avait pris possession de son héritage.

CHAPITRE III.

Au nord - est de l'Empire chinois, s'étend la
Mandchourie. Elle est bornée au nord par la Sibérie ;
à l'ouest, par la Mongolie dont elle est séparée par une
barrière de pieux ; au sud, par la Chine, la Corée et le
mer Jaune ; à l'est, par la mer du Japon.

Elle mesure dix-neuf cents kilomètres de long sur
seize cents de large, et compte deux millions d'habitants.

Au point de vue administratif cette contrée est divisée en trois provinces : le Kouangton ou Léaotong, le
Kirin et le Saghalien.

Son principal fleuve est l'Amour ou Saghalien qui,
sortant des montagnes de Mongolie, se jette, après un
parcours d'environ six cents lieues, dans la mer
d'Ohkost.

L'importance de ce fleuve, navigable pendant cinq

cents lieues, a été vite appréciée des Russes. Sous prétexte de venger la mort de leurs nationaux , ou même
de remettre en vigueur un traité de 1689 , les Mosco-
vites ont réussi à se l'approprier par des empiètements
successifs et depuis 1861 ils sont maîtres de tout son
cours , sans avoir au préalable consulté l'Angleterre,
qui voit là, non sans raison, une menace pour ses colo-
nies.

Par le fait de ces envahissements la Mandchourie
se trouve divisée en deux parties : l'une russe, l'autre
chinoise ; et l'Amour est la ligne de démarcation des
deux territoires.

A l'ouest se trouvent d'immenses plaines, d'une fertilité remarquable. Les productions , légumes , fleurs ,
arbres, sont à peu près les mêmes que celles de l'Europe
centrale.

Le centre est sillonné de montagnes , garnies de
forêts, où l'on trouve, entre autres animaux, des cerfs
renommés par leur haute stature.

C'est là que croît le Jensen, cette plante merveilleuse qui, au dire d'un poëte mandchoux, « rendrait
l'homme immortel, si l'homme pouvait le devenir. »
Les propriétés curatives qu'on lui attribue paraîtraient
du domaine de la fable , si l'on n'avait le témoignage
des hommes les plus dignes de foi. Leur affirmation se
trouve du reste corroborée par la valeur vénale de cette
plante, qui atteint le prix énorme de cinquante mille

francs la livre. Malgré la fertilité du sol , le pays est pauvre, désolé qu'il est par des inondations périodiques, par les incursions de tribus barbares, et surtout par les déprédations des soldats que le Fils du Ciel envoie au secours de ses sujets.

Quant au climat , « le ciel de ce pays est un ciel de fer, » suivant l'expression de Monseigneur Vérolles : huit mois de froid glacial, suivis de quatre mois de chaleurs torrides ; ni printemps, ni automne.

Pendant l'hiver , dans le sud, règne une température moyenne de trente degrés au-dessous de zéro ; la terre y gèle à trois pieds de profondeur.

Nous aurons suffisamment exprimé la rigueur du froid dans le nord, quand nous aurons dit que le sol gèle jusqu'à une profondeur de sept et huit pieds.

« Exprimer la rigueur de ce climat, » dit Monseigneur Vérolles, « est chose impossible. »

« L'air semble couper « comme un rasoir : on « dirait qu'on vous tenaille les joues avec des « pinces. Les sourcils du voyageur ne sont qu'une « traînée de glace ; la barbe offre l'aspect d'un glaçon ; les paupières gèlent, et souvent se collent « l'une à l'autre, au point qu'on ne peut ouvrir les « yeux. »

Jusqu'à la fin de 1838, la Mandchourie se rattachait pour le spirituel au diocèse de Pékin, dont elle a partagé les vicissitudes au point de vue chrétien.

5***

Elle en fut distraite à cette époque pour être érigée en un Vicariat apostolique dont le premier titulaire fut Monseigneur Vérolles, qui put y faire son entrée en 1840.

Le Vicaire apostolique a sa résidence dans les montagnes, non loin d'Ingt-ze, au village de Yang-Koan.

A la place de l'ancienne cathédrale, qui n'était qu'une misérable hutte de terre battue, Monseigneur Vérolles, avec les aumônes de la Propagation de la Foi, a pu faire élever une belle église de briques, pourvue de deux cloches, avec une flèche de cent pieds de haut. La consécration solennelle de la cathédrale a été faite en 1869.

A Moukden, capitale de la Mandchourie, se trouvent le séminaire et un orphelinat, ainsi que plusieurs écoles dirigées par des Religieuses.

La Mission comprend dix à douze mille catholiques, disséminés dans un rayon bien étendu ; plusieurs établissements de Sœurs, une quinzaine de prêtres, un Vicaire apostolique, Monseigneur Vérolles, et un Provicaire, M. Boyer, qui, en l'absence de l'évêque, gère les intérêts spirituels et matériels de la Mandchourie avec une intelligence et un zèle admirables.

Les Mandchoux sont d'origine Tongouse ; ils ont fait en 1641 la conquête de la Chine ; et c'est un prince de leur nation qui règne encore aujourd'hui dans le Céleste-Empire.

Contrairement aux usages, les vaincus ont imposé leur langue aux vainqueurs.

L'idiome manchoux, dont les savants s'accordent à reconnaître la supériorité, tombe en désuétude de jour en jour, et dans quelques années il sera arrivé à l'état de langue morte.

Le fond du caractère de ce peuple est un orgueil démesuré.

Fier de ses « huit bannières », le Mandchoux s'adjuge volontiers le premier rang sur les autres peuples, qu'il regarde comme des barbares. Défiant et rancuneux par instinct, il garde une haine profonde pour les Européens, haine qui se traduit par des vexations et des taquineries, jusqu'à ce qu'elle puisse s'affirmer par des cruautés.

Naturellement hautain, il recourt fréquemment à la menace et au tapage ; son arrogance augmente en proportion de la frayeur qu'il croit inspirer. Du reste, son courage n'est pas à toute épreuve : une contenance ferme le déconcerte vite ; en un clin d'œil il passe de l'insolence à l'obséquiosité la plus humble.

Ce caractère de basse servilité est celui de tous les onctionnaires, grands et petits, vraies sangsues attachées aux flancs de ce peuple.

Les mandarins paraissent appartenir à la race féline, ils ont des ressources d'esprit et des ruses incroyables pour torturer un texte de loi et pour éluder un traité, surtout quand ce traité garantit le libre exercice du catholicisme.

La religion de ce pays est un grossier fétichisme dont les prescriptions peu gênantes se bornent à quelques prières , à quelques sacrifices. La dignité des dieux se mesure à la grosseur du ventre et à la longueur des oreilles, deux signes irrécusables de noblesse aux yeux de ce peuple.

A chaque pas, des pagodes ; dans les cimetières, sur la tombe du premier ancêtre, un autel de pierre où l'on brûle des bâtons odorants et des sapèques de papier. Les pagodes sont en général de petites huttes de quatre à cinq pieds de haut sur trois de large ; au milieu s'ouvre une lucarne par laquelle on entrevoit l'image grossière d'un démon quelconque. Les villes se donnent le luxe de pagodes plus ornées et de dimensions plus considérables.

Tel était l'héritage du jeune Missionnaire : comme on l'a vu, rien de séduisant au point de vue humain. Si ingrate que fût la tâche, elle n'effraya point son courage ; il savait, comme saint François Xavier, « que la vertu divine peut faire fleurir la mort » ; la foi lui apprenait que ces âmes ont coûté le sang d'un Dieu.

En arrivant en Mandchourie, le Père Simon s'installa sous le toit du Vicaire apostolique, Monseigneur Vérolles ; et dans les loisirs d'une douce intimité, il se reposa des fatigues de sa longue traversée. Ce séjour lui permettait aussi de recevoir les instructions et les conseils de son évêque, et de profiter des leçons de sa vieille expérience.

Quinze jours n'étaient pas écoulés qu'il demandait avec instance la permission de s'adonner entièrement à l'étude de la langue chinoise, condition préliminaire indispensable pour le ministère actif.

Cédant à ses désirs, Monseigneur Vérolles l'envoya à Si-Hoang-ti. C'est un village situé dans une petite vallée tout entourée de montagnes, à quelque lieues de la résidence épiscopale. On y comptait à peine quatre-vingts chrétiens sur une population de onze à douze cents âmes.

Une famille catholique, vraiment digne de ce nom, avait sollicité l'honneur de recevoir le Missionnaire et de l'héberger ; le maître de la maison devait l'initier aux secrets de la langue chinoise. Une hutte de terre, éclairée par une fenêtre de papier et couverte de paille de millet, composait l'habitation de l'abbé Simon ; il avouait que l'amabilité de ses hôtes et leurs soins empressés la lui faisaient « trouver plus belle qu'un palais ».

Une consolation bien douce lui était réservée : dans l'humble chapelle où il célébrait la Messe, une trentaine de personnes se pressaient chaque matin autour de l'autel. Combien de paroisses, réputées chrétiennes, n'offrent pas le même spectacle !

L'intelligence de notre ami et l'ardeur qu'il apportait au travail, devaient hâter ses progrès dans la connaissance de cette langue bizarre, hérissée de difficultés. « Cette étude, ajoutait-il, m'aurait découragé bien des « fois, si je ne l'avais assaisonnée d'un bon grain d'a-« mour de Dieu. »

Dans la langue chinoise, le sens des mots est déterminé par le ton sur lequel on les prononce. Il existe cinq tons dans lesquels on chante ou plutôt on crie tous les mots. Nulle déclinaison, nulle conjugaison : ce qui n'augmente pas la clarté.

Ajoutez à cela l'absence des pronoms relatifs et de la conjonction *que*; et vous aurez une idée de l'obscurité et de l'enchevêtrement des phrases.

Le changement d'un ton pour un autre donne lieu aux équivoques les plus désobligeantes.

La difficulté est plus grande encore quand on aborde l'étude de la langue écrite. Nullement alphabétique, elle se compose, non pas de lettres, mais de dessins faits au pinceau pour désigner les objets matériels, et de signes symboliques pour exprimer les idées abstraites : c'est la science des hiéroglyphes élevée à la dernière puissance. Quand on connaît quinze mille de ces caractères on est capable d'écrire en chinois d'une façon passable ; les loustics de ce pays ajoutent que, quand on en sait quarante mille, on a le

droit d'épouser une fille ou une parente de l'empereur !
Qu'en dites-vous, Messieurs les écoliers ?

Un de ces tristes incrédules du dix-huitième siècle
dont on prône la philanthropie, disait un jour : « Si
j'avais la main pleine de vérités, je me garderais bien
de l'ouvrir. » A l'inverse du philosophe, le Père Simon,
qui possédait la doctrine céleste, n'aspirait qu'à la répandre ; et volontiers pour exprimer ses désirs il empruntait la prière de saint François Xavier : « Seigneur,
déliez-moi la langue pour que je puisse éclairer ces
pauvres idolâtres. » Les mois qui suivirent son arrivée
s'écoulèrent, partagés entre l'étude et la méditation, dans
la solitude la plus complète.

On devine aisément ce que dut être, pour une
pareille nature, ce manque d'activité joint à l'isolement : il lui fallut dépenser là une somme de foi et
d'énergie plus grande que dans son ministère apostolique, où la flamme de son zèle avait un aliment, où son
ardeur avait libre carrière.

La tentation l'y attendait, une de ces tentations
effrayantes dans lesquelles Dieu éprouve la trempe
de la vertu et mesure la hauteur du courage surnaturel.

Une immense tristesse enveloppa son âme, comme
un voile assombrissant. Dans ces ténèbres, la Mandchourie lui apparaissait comme une de ces terres mau-
dites, frappées d'une irrémédiable stérilité, en dépit des

efforts et des sueurs du missionnaire. Il se disait que, tandis qu'il dépenserait là en pure perte tous les trésors de foi et d'amour contenus dans son cœur, il y avait en France, dans cette France si belle et si chère, une multitude d'âmes qui auraient suivi son impulsion pour revenir à Dieu ou pour monter plus haut dans la sainteté. L'isolement dans lequel il se trouvait tombait comme un poids de fer sur son cœur ; et, pour ajouter à l'horreur de ce tableau, le spectre de son père se dressait devant lui comme un reproche ; l'image de sa mère en larmes le poursuivait comme un remords. Ce supplice dura deux jours, « deux jours d'agonie », comme il les définissait lui-même.

Dieu, qui proportionne toujours la lutte au courage du soldat, n'avait pas trop présumé du vaillant Missionnaire. La foi chez lui ne connut point de défaillances à l'heure même où la nature fléchissait ; loin de reculer devant la croix, il y colla ses lèvres avec amour et la chargea résolûment sur ses épaules. Ce fut alors qu'il rédigea l'acte authentique de son immolation, de son abandon complet à la volonté de Dieu, avec une hauteur de vues, une générosité de sentiments qui arrachent des larmes :

« Ecrit dans mes deux jours d'agonie.

« Doux Jésus, voilà ma pauvre Mission dépouillée à
« mes yeux de tous les attraits dont mon imagination

« se plaisait à la parer. La nature y est horrible, les
« conversions presque nulles ; la vie lui manque com-
« plétement. Elle est nue, elle est stérile et presque
« sans espoir. Elle n'a d'autres agréments pour me
« séduire que sa misère et votre bon plaisir qui m'y
« envoie.

« Eh bien ! mon Dieu chéri, je l'accepte quand
« même avec joie. Je lui donne mon cœur et ma vie ;
« et l'on m'offrirait la liberté d'aller ailleurs que je ne
« le ferais pas. Je veux vous imiter, ô mon Dieu ! Quand
« vous vous êtes incarné pour sauver les hommes, le
« monde n'avait rien qui pût vous attirer : tout y
« était boue, péché, malédiction, et cependant vous
« êtes descendu du Ciel, vous vous êtes fait homme,
« vous êtes mort et vous nous avez rachetés. O Sei-
« gneur ! accordez-moi de marcher sur vos traces.

« Je le veux ! je le veux ! Amen. »

C'est une loi de la miséricordieuse bonté que, comme
la mort dans l'ordre naturel fait germer la vie, le sacrifice et le renoncement produisent la paix et la joie.
« C'est là une de ces mystérieuses contrariétés sur lesquelles, dit Bossuet, repose l'Évangile. » L'abbé Simon
savoura cette joie avec délices, sans se dissimuler que
la tranquillité ici-bas n'est jamais qu'une trève, et que
la paix du chrétien est une paix armée.

La langue du missionnaire se déliait peu à peu, et
il parvint assez promptement à acquérir une connais-

sance du chinois suffisante pour parler en public. Il
put commencer à confesser, la veille de Noël; et le jour
de la Nativité il fit ses débuts oratoires dans sa petite
chapelle.

« Ce n'était pas fort, raconte-t-il ; mais je savais assez
« bien mon Instruction et, vaille que vaille, je m'en
« suis tiré. La chapelle était comble. Mon siége était
« sur le marchepied de l'autel, et nos gens étaient assis
« devant moi à l'orientale, c'est-à-dire accroupis par
« terre. Que je me suis trouvé singulier quand j'ai en-
« tendu ces mots barbares tomber de mes lèvres !

« Adieu, dame langue française! Adieu, mon patois
« de Melle! Toute mon ambition désormais est de bien
« parler le chinois. »

Son confrère le plus voisin, le P. Martineau, administrait une petite chrétienté, non loin de Si-Hoang-ti.

Appelé à un district plus important et destiné déjà
éventuellement à la Corée, il légua son troupeau d'âmes
au P. Simon, qui trouva là un nouvel aliment pour
son zèle.

Tout en conservant sa résidence à Si-Hoang-ti, il allait
de temps en temps à sa seconde paroisse, pour y dire
la sainte Messe et faire le catéchisme. Par une délicate
attention, bien douce au cœur du Missionnaire, son
hôte, le vieux *Li-no*, ne manquait jamais de venir au-
devant de lui, en compagnie des enfants du village.
D'aussi loin que ceux-ci l'apercevaient sur le chemin.

ils lui adressaient des saluts multipliés avec force génuflexions. « C'est une vraie jouissance de se sentir aimé de la sorte », disait le Missionnaire.

Il reçut vers ce temps une lettre qui lui fit doublement plaisir, comme Missionnaire et comme Poitevin : elle venait du Père Venault. Ce vétéran de l'apostolat évangélisait un immense district de plus de soixante-dix lieues de long , tout près de la fameuse barrière de pieux qui sépare la Mandchourie de la Mongolie.

Ancien curé de Saint-Benoît, au diocèse de Poitiers, où son zèle et sa charité ont laissé des traces ineffaçables dans les cœurs, M. Venault est un des premiers Missionnaires de la Mandchourie, depuis son érection en Vicariat apostolique.

« Nos chrétiens, écrivait l'abbé Simon, sont unanimes
« à faire son éloge. Il s'en va sur les chemins , traînant
« son cheval par la bride et faisant continuellement
« oraison. Quand il trouve un enfant abandonné, il le
« recueille ou l'achète , et le place dans un des nombreux orphelinats qu'il entretient à force de privations personnelles. Les chrétiens abusent souvent de
« sa bonté ; mais il aime mieux, dit-il, être trompé que
« trompeur.

« Dieu bénit visiblement ses efforts, et ses chrétientés
« sont florissantes. »

Le renouvellement de l'année montra au Père Simon un spectacle qui, s'il est curieux comme étude de mœurs, devait être profondément attristant pour un cœur de prêtre. Nous allons lui demander de nous raconter les bizarres cérémonies auxquelles les Mand-choux se livrent pendant ces jours en l'honneur de leurs dieux pénates ; c'est une fête domestique :

. . . .

« C'est aujourd'hui le dernier jour de l'année.

« Les païens sont en train de faire leurs diableries, « et de tous côtés on n'entend que détonations de « pétards en l'honneur des fausses divinités et des « ancêtres. Hélas ! mon âme est attristée en entendant « ce vacarme : chaque coup est une insulte à Dieu et « au bon sens.

« Dès ce matin les païens ont couvert de bandelettes « de papier rose, jaune et rouge, leurs portes d'entrée « et les murs extérieurs de leurs maisons. Les plus « riches en ont même tapissé les murs de leurs enclos. « Ces bandelettes sont garnies de devises à la louange « des habitants de la maison et en l'honneur des esprits « qui les protégent. Ce soir, au coucher du soleil, les « malheureux vont à leurs cimetières domestiques brû- « ler sur l'autel des ancêtres des bâtons odorants et des « sapèques de papier.

« Demain ils y retourneront pour offrir des mets de « toutes sortes, pour faire des libations sur le tombeau « des aïeux et les adorer à deux genoux.

« Au milieu de la nuit ils s'occupent à faire la récep-

« tion de leurs diablotins, partis, dans leur croyance,
« depuis sept jours pour aller raconter au chef des
« Esprits ce qui s'est passé pendant l'année dans la
« famille confiée à leur garde.

« Au moment de leur départ, la maîtresse de maison,
« la vénérable bisaïeule, comme on l'appelle, avait
« eu soin de graisser avec une pâte sucrée la bouche
« du « Roi » et de la « Reine » du foyer, en leur recom-
« mandant de ne dire là-haut que de belles paroles et
« de taire ce qu'ils auraient pu voir d'inconvenant dans
« la maison. Après ces belles recommandations, qui
« ne témoignent pas d'une grande pureté de conscience,
« on avait brûlé leurs images, et ils étaient partis.

« Depuis, on a acheté des statues neuves, en pâte de
« riz, aussi horribles que les premières. Et voici que
« cette nuit messieurs les Esprits reviennent et sont
« reçus en grande pompe. Le premier arrivé est l'Esprit
« de la porte, et chacun va à l'entrée de la maison pour
« fêter son retour. Son image placée sur une table
« ornée à l'avance, on lui offre de l'encens, on brûle
« des cierges, on lui présente des sucreries et on l'adore
« en se prosternant.

« Puis la vénérable bisaïeule, qui est comme la prê-
« tresse de la famille, lui baragouine force prières et
« recommandations. Le tout est accompagné de détona-
« tions de pétards qui ressemblent à de vrais feux de
« file, et qui vous assourdissent complétement.

« Ces pétards sont enfilés dans une corde , en forme
« de guirlande , et suspendus en l'air. Dès qu'on a
« allumé, ils tombent à terre un à un, en produisant
« une forte explosion. Après l'Esprit de la porte, c'est
« le tour du *Roi* et de la *Reine* du foyer, qu'on reçoit
« avec un cérémonial analogue.

« Vient ensuite la tablette des ancêtres qu'on expose
« et qu'on adore

« Il y aussi un autre dieu qu'il ne faut pas oublier
« et qui tient plus de place que tous les autres dans le
« cœur des Chinois : c'est le dieu de la richesse. Les
« marchands surtout lui rendent de grands honneurs.

« Demain, la phrase qui se trouvera sur toutes les
« lèvres , en offrant les vœux de bonne année, ce
« sera *Fa-traci* !.. *Fa-traci* (deviens riche ! deviens
« riche !) La sapèque pour un Chinois est la divinité
« suprême. Il ne sait pas ce que c'est qu'aimer sa
« femme et ses enfants ; mais la sapèque, il l'aime de
« toute la tendresse de son cœur. »

Hélas ! le Chinois n'a pas le monopole exclusif d'a-
dorer l'argent et de lui sacrifier ce qu'il a de plus cher
et de plus sacré.

Dès son arrivée le Père Simon avait caressé un projet qui fut le rêve de sa vie et dont il augurait le plus
grand bien pour l'avenir de la Mission : une fondation
de Carmélites.

Les objections qu'on lui fit , les obstacles qu'il rencontra, ne modifièrent en rien sa première pensée, et il mourut avec le regret de n'avoir pu procurer ce bienfait à la Mandchourie. La question, ce me semble, il la posait sur le véritable terrain, et il la résolvait avec autant de sens pratique que de justesse de vues :

« Il y a deux manières d'envisager l'émigration des
« Carmélites en Chine : on peut considérer leur avan-
« tage personnel et le bien du prochain. Assurément,
« s'il ne s'agissait que de sa sanctification propre, je ne
« conseillerais jamais à une Carmélite de quitter la
« France pour la Mandchourie, elle ne trouverait pas
« ici les secours spirituels qui abondent dans les cloî-
« tres d'Europe.

« Mais il me semble que ce n'est pas sous cet aspect
« qu'il faut considérer la chose. Les Carmélites tombent
« un peu dans le cas des Missionnaires. Elles se
« dévouent, elles se risquent même, si l'on veut, pour
« aller porter la perfection et la sainteté dans les
« contrées infidèles, comme le font les Missionnaires
« pour y porter la foi. Elles sont apôtres ; elles s'aban-
« donnent à la grâce et à la garde de Dieu.

« Je pousse ainsi les choses à l'extrême, quoique,
« dans la réalité, il n'y ait aucune assimilation à éta-
« blir entre l'isolement, les dangers de toutes sortes
« qui attendent le Missionnaire, et la situation d'une
« Carmélite cachée dans son cloître, entourée de ses

« Sœurs, se confessant et communiant aussi souvent
« que l'exige le bien de son âme.

« Examinons maintenant ce que peuvent faire quel-
« ques Carmélites transplantées dans nos parages. Il
« faut partir de ce fait que nous avons dans l'Orient un
« nombre considérable de femmes qui ne se marient
« pas. Les lois païennes sont si barbares et si avilis-
« santes que beaucoup de nos jeunes filles chrétien-
« nes, placées en face de cet esclavage brutal du
« mariage, n'hésitent pas un instant et refusent de se
« marier. Si la Chine se convertit en masse, la
« virginité y fleurira plus qu'en aucun pays du monde.
« Mais ces vierges, comment les former ? comment les
« initier à la vie religieuse et à la perfection ? La
« réserve que la prudence et les usages imposent au
« prêtre, met le Missionnaire dans l'impossibilité de
« diriger une pareille œuvre.

« Mettez à la tête deux ou trois Carmélites, deux ou
« trois Sœurs de charité : la besogne est faite, la tâche
« est menée à bonne fin. On leur choisit la fleur de nos
« chrétientés, des jeunes filles pieuses, obéissantes. Et
« comme les Européennes jouissent d'un vrai prestige
« en Orient , sous l'influence de leurs paroles et plus
« encore de leurs actions , nos vierges chinoises
« feraient vite de grands progrès dans la perfection.
« On aurait là les éléments précieux de monastères
« peuplés de Religieuses indigènes dont la vie péni-

« tente serait une éloquente prédication pour ces
« païens avides de jouissances. On y pourrait former
« des Religieuses vouées à l'instruction, qui rendraient
« les plus grands services comme institutrices. »

Quoi qu'il en soit de la valeur de ces considérations,
les circonstances ne permirent pas au Missionnaire de
réaliser son dessein.

Peut-être a-t-il planté des jalons et tracé là un chemin que l'on ouvrira plus tard.

La veille de la Pentecôte, le Père Simon eut sa
première joie d'apôtre, son premier succès de Missionnaire : il baptisa un vieillard de soixante-quinze
ans.

« Un premier-né de 75 ans ! disait-il, ne trouvez-
« vous pas que c'est un joli début ?.... Mon vieux Paul
« est enchanté d'être chrétien ; et dimanche dernier,
« malgré son âge, en dépit d'une pluie battante, il a
« fait plusieurs lieues à pied pour entendre la Messe. »

En même temps qu'il se consacrait aux âmes, notre
Missionnaire se livrait à de curieuses et intéressantes
études sur ce peuple Mandchoux, devenu son peuple
d'adoption.

Il observait et notait les conditions climatériques inso-
lites, les mœurs et les habitudes étranges de ce pays.
Son esprit toujours en éveil recherchait le système adopté
pour l'instruction, les méthodes en honneur pour l'a-
griculture : tous renseignements qui lui servaient pour

sa gouverne personnelle et qui défrayaient sa nombreuse et très-intéressante correspondance.

Le laisser-aller, l'absence de tout pédantisme dans ces communications ne sont pas un des moindres charmes de la chose ; et l'on s'égaye volontiers du grain de malice qu'il jette parfois dans le récit.

Une lettre du 27 avril 1869 abonde en détails piquants sur le degré d'intelligence et d'instruction des Chinois, sur l'organisation et le fonctionnement de leurs écoles. Nous pouvons dédier cette lettre aux libres-penseurs qui , sur la foi de Voltaire, ne cessent de prôner la civilisation chinoise uniquement parce que c'est une civilisation païenne.

« Je cause de temps en temps avec les païens. Ils
« me font parfois des questions si naïves, que, sans la
« gravité de mon ministère , j'aurais bien de la peine
« à ne pas les railler un peu.

« Dernièrement je rencontrai, près de la pagode du
« *Vénérable Tigre* , un bonhomme qui *avait lu les*
« *livres*, et connaissait, disait-il, tous les pays étran-
« gers. Quand les autres Mandchoux me faisaient une
« question, il leur imposait aussitôt silence : Taisez-
« vous , leur criait-il, vous n'avez pas lu les livres !

« Puis s'adressant à moi : Est-ce que dans ton pays
« on cultive la terre ? Je ne pus m'empêcher de sou-
« rire. — Sans doute , répondis-je, puisque là-bas
« comme ici il faut manger pour vivre.

« S'étant alors informé si j'étais marié et pourquoi
« je ne l'étais pas : Mais chez toi, me dit-il, est-ce que
« personne ne se marie ? — Un Gascon n'eût pas
« manqué de répondre affirmativement, mais un Poite-
« vin est plus scrupuleux. — Je lui expliquai grave-
« ment que la plupart des Français se mariaient, que
« quelques-uns seulement gardaient la virginité, pour
« se consacrer exclusivement au service de Dieu.

« Pauvres gens ! ils sont d'une ignorance incroyable,
« même pour les choses de la vie commune. Un manda-
« rin des plus huppés demandait un jour à l'un de mes
« confrères si en Europe il y avait une lune : un autre
« s'enquérait si l'on y voyait le soleil.

« Dans les écoles, qui sont du reste très-multipliées,
« on n'enseigne qu'une chose, les caractères.

« Lire, écrire, expliquer les caractères : voilà toute
« la science de nos plus grands lettrés.

« Point d'arithmétique. Il n'y a guère que les mar-
« chands qui sachent faire l'addition et la soustraction.
« Ils se servent pour cela d'une machine assez curieuse
« composée de plusieurs petites cases contenant un
« certain nombre de boules dont les unes représentent
« les unités, les autres les dizaines, etc... Le commun
« du peuple n'y entend absolument rien.

« Les maîtres d'école, les bacheliers et même les
« docteurs sont incapables de faire les quatre règles.

« La géométrie, la physique, la chimie sont incon-

« nues en ce pays ; on n'y apprend qu'un peu d'his-
« toire sans géographie.

« Rien de plus curieux que l'intérieur d'une école
« en Mandchourie. En arrivant en classe les enfants
« font le salut à l'image de *Confucius*, l'idole des
« lettrés. Nos petits chrétiens ne pouvant saluer cette
« image, s'inclinent respectueusement devant leur
« maître.

« Vous les voyez alors tous s'accroupir sur le *kàng*
« (le fourneau), et vous les entendez crier à tue-tête
« pour étudier leur leçon. Chaque enfant a son auteur
« particulier et étudie séparément ; jamais on ne forme
« de groupes. Imaginez-vous quel *tohu-bohu*, quand tout
« ce monde hurle, chacun à sa façon ! Arrive le mo-
« ment de la récitation. Chacun se lève à son tour,
« fait un salut profond au *sien-seng* (maître), *lui tourne
« le dos*, et débite comme un perroquet des caractères
« auxquels il ne comprend rien et qu'on ne commence
« à lui expliquer que la troisième année d'école.

« Le grand auteur classique, d'un bout de la Chine
« à l'autre, c'est *Confucius*. Ses écrits, plus ou moins
« authentiques, renferment quelques bons préceptes
« de morale naturelle, mêlés de beaucoup d'erreurs.
« Au fond c'est le panthéisme, le culte idolâtrique des
« ancêtres et l'indifférence complète pour les choses de
« l'autre vie.

« Quant à la forme, rien de plus fastidieux à lire :

« je ne peux résister au sommeil toutes les fois que je
« prends ce livre. »

Mes lecteurs sont peut-être désireux de connaître les
procédés de culture usités en Mandchourie. L'abbé
Simon va leur donner satisfaction dans une lettre où
il répond à son frère Pierre qui, en sa qualité d'agricul-
teur, lui avait demandé des détails sur ce sujet.

« Le bonhomme Jacques Bujault serait bien inspiré
« de revenir à la vie et d'enseigner l'agriculture aux
« Chinois, comme nous leur prêchons l'Evangile. Son
« fameux axiome : Veux-tu du blé ? fais des prés! est
« complétement inconnu ici.

« Le système de culture est aussi primitif que pos-
« sible. Sur de petits chariots, dont dix rempliraient à
« peine ta grande charrette, les Mandchoux transpor-
« tent dans leurs champs ce qu'ils appellent le *fen-t'ou*
« (fumier-terre). C'est une sorte de terreau dans le-
« quel la paille n'entre point. Le peu de paille de millet
« qu'ils ramassent sert à nourrir leurs maigres animaux
« et à couvrir leurs maisons. La tige du *sorgho*, qui est
« la principale de leurs céréales, sert de bois de chauf-
« fage pour les fourneaux.

« On ignore ce que c'est que de faire pourrir la
« paille dans les écuries. Mais pourquoi parler d'écu-
« ries ? Les Mandchoux n'ont ni écuries, ni granges,
« ni foins. Ils se contentent d'attacher les animaux de
« trait à des piquets plantés dans leurs cours, et ren-

« ferment les chèvres et les porcs dans une sorte de
« parc, fermé par de grossiers treillis. Je ne m'explique
« pas comment ces pauvres bêtes peuvent résister aux
« froids atroces de l'hiver.

« Quoi qu'il en soit, les cultivateurs mettent sous les
« pieds de leurs animaux du terreau en guise de litière.
« Quand ce terreau y a séjourné un certain temps, on
« l'enlève et on le dépose dans une fosse creusée sur
« le bord du chemin, où la pluie du ciel le fait fermen-
« ter.

« L'hiver terminé, on transporte cette boue noirâtre
« dans les champs. On met l'engrais par petits tas,
« comme en France. Pour l'étendre, les Chinois n'em-
« ploient point la pelle ; mais ils se servent d'un panier
« sans rebord d'un côté, qu'on promène de long en
« large, en secouant le *fen-t'ou*.

« J'oubliais de dire qu'avant d'étendre le terreau,
« on arrache le chaume de l'année précédente, surtout
« le chaume de *sorgho*, qui sert à alimenter le foyer.

« Cela fait, le laboureur prépare sa charrue. Cette
« charrue n'a pas d'avant-train ; elle me rappelle celle
« dont se servaient autrefois les paysans des environs
« de Montmorillon.

« Les chevaux ont des colliers comme en France ;
« mais les bœufs sont attelés d'uue singulière façon.
« On leur pose sur le cou, près des épaules, un mor-
« ceau de bois, de la grosseur du bras, formant un

« angle très-ouvert et attaché sous la gorge par des
« ficelles. Ainsi attelées, ces pauvres bêtes sont obligées
« de baisser la tête pour traîner les fardeaux. Le pre-
« mier labour consiste à renverser le sommet de leurs
« petits sillons de manière à mettre partout un niveau
« uniforme. Au second labour, on refait les sillons et
« l'on jette le grain.

« La manière dont ils ensemencent est vraiment
« curieuse. C'est une procession complète comprenant :
« 1° les bêtes qui ouvrent la marche, et derrière elles
« une espèce de charrue-brouette, munie de fer pour
« fendre le sommet du sillon ; 2° un homme tenant des
« deux mains l'unique queue de la brouette-charrue ;
« 3° le semeur portant une boîte percée d'un trou, sur
« laquelle il frappe légèrement, pour faire tomber le
« grain dans la fente du sillon; 4° une herse primitive,
« assez semblable à une fourche, pour emboîter le sil-
« lon et recouvrir la semence : cette herse est attachée
« à la charrue par je ne sais quel système de ficelles ; 5°.
« un homme qui maintient la herse. Dès que le blé
« commence à pousser, on prend la râclette, on aplanit
« le sillon, et on enlève tous les brins de blé superflus.
« Quelques jours après, on refait les sillons avec la
« charrue, puis on les abat et on les refait ; la
« double opération se renouvelle une troisième et
« dernière fois.

« Tu vois que si nos Chinois sont avares de labours

« avant les semailles, ils se dédommagent ensuite.

« Ce qu'il y a d'agréable pour les cultivateurs, c'est
« que deux mois après l'ensemencement, leur blé est en
« fleur, et que quinze jours après on peut le moisson-
« ner. »

CHAPITRE X.

L'hiver de 1868-69 était terminé ; mais si le Missionnaire en saluait la fin avec joie, il ne pouvait pas, comme le poëte, chanter le retour du printemps. Entre les froids excessifs et les chaleurs torrides, dans la Mandchourie il n'y a qu'un intervalle d'un mois , pendant lequel on fait l'ensemencement des terres. Cet espace de temps tient lieu de printemps ; mais c'est un printemps sans cette verdure, ces parfums et ces fleurs qui sont le sourire de la Providence sur la terre française. Les montagnes et les plaines ne reverdissent que sous les rayons brûlants du soleil d'été.

Le commencement de l'année fut consacré à une retraite dans ce que l'abbé Simon appelait son Carmel de Si-Hoang-Ti. Pendant huit jours il recueillit les ensei-

gnements du céleste Prédicateur « qui conduit les âmes
« dans la solitude pour parler à leur cœur ».

« Huit jours de retraite, s'écriait le pieux Mission-
« naire, c'est une semaine de bonheur sur la terre.
« C'est si beau, si suave et en même temps si facile de
« converser avec Dieu ! » Nous allons détacher une des
pensées et des résolutions qu'il avait, selon sa coutume,
confiées au papier, pour les faire entrer plus profondément dans son âme, pour en assurer en quelque sorte
la perpétuité.

« Cette après-midi, en faisant le Chemin de la Croix,
« j'ai été pris d'un vif désir de payer mon Jésus de
« retour et de lui faire les sacrifices les plus étendus.
« Je lui ai demandé avec instance quels sont ceux qu'il
« exige de moi. A la station suivante il m'a répondu
« par une bonne pensée : Être tout à Dieu, comme
« Jésus l'a été ; être tout aux âmes, suivant l'exemple
« de Notre-Seigneur ; ne se rien réserver, comme Jésus
« ne s'est rien réservé : voilà le sacrifice qui agrée au
« divin Maître. J'ai souscrit avec empressement à la
« demande du doux Sauveur ; mais hélas ! y serai-je
« bien fidèle ? »

Plus la source se déverse abondante dans le ruisseau,
plus il peut arroser et féconder la plaine : les âmes bé-
néficiaient dans une large mesure des trésors de
grâces que recueillait le Père Simon dans ces communications intimes avec la Divinité. Il s'exerçait surtout

à leur souffler cet esprit de sacrifice qui est en résumé toute la Loi. Après avoir expliqué en des paroles brûlantes le grand principe de la solidarité chrétienne et celui de la réversibilité des mérites, il s'efforçait de les faire traduire en actes par ceux qui lui étaient confiés. Dans sa chrétienté il découpait de petites circonscriptions dont les âmes les plus ferventes recevaient la garde devant Dieu, à la charge de souffrir et de prier pour la conversion des païens qui devenaient ainsi leurs enfants d'adoption.

« Il faut, disait-il à chacune d'elles, que tu sois, comme
« Jésus, une victime d'expiation. Jésus s'est immolé, il
« a souffert, il est mort pour les pécheurs ; à son
« exemple tu multiplieras les mortifications, les bonnes
« œuvres pour le salut de tes frères. »

Ces âmes neuves se laissaient aller aux douces impressions de la grâce, et elles montaient dans l'échelle du dévoûment à une hauteur qui ravissait le Missionnaire.

Au sortir de cette retraite, il adressait des conseils aussi solides que judicieux à une personne rongée de scrupules au point de croire à sa damnation, et qui, au lieu de chercher le vrai remède dans la voie de l'obéissance, gaspillait ses forces à sonder le mystère de la prédestination.

« Si j'avais été près de vous les jours où vous vous
« croyiez damnée, j'aurais bien ri de votre occu-

« pation et je vous aurais dit : Fi donc! pour qui
« prenez-vous le bon Dieu? Soyez tranquille; nous
« irons bel et bien en Paradis, puisque Lui-même est
« venu nous chercher. Ce n'est pas par égoïsme, par
« besoin de gloire qu'Il nous a créés, mais par pure
« bonté et pour nous rendre heureux. C'est une hérésie
« archi-condamnée de penser que certaines âmes ne
« peuvent pas se sauver. Laissez-vous conduire, et ne
« vous fendez pas la tête de questions inutiles et même
« dangereuses pour vous. »

Le Mois de Marie, si cher au cœur chrétien, apporta
à notre ami une bien douce consolation, en lui permettant de réunir chaque soir, aux pieds de la Vierge bénie,
la portion la plus pieuse de son troupeau. La cérémonie
devait avoir d'autant plus d'attraits pour les Mandchoux, que c'était une innovation complète dans ces
parages. Mais une difficulté importante se dressait
devant lui et paraissait devoir étouffer le Mois de Marie
dans son germe : où trouver une statue de la Sainte
Vierge? M. Simon n'était pas homme à se laisser déconcerter par un embarras de ce genre; et en ces circonstances il payait d'audace comme il jouait de bonheur.
Avisant une sorte d'argile qui lui paraît propre à cette
fin, il la détrempe, la pétrit et lui imprime la forme
d'une Vierge-Mère.

La statue cuite, il s'improvise peintre en décors,
et ravit d'admiration tous ses Chinois.

« Ce n'est pas un chef-d'œuvre , écrivait l'artiste ; mais nos gens sont émerveillés. »

Les regards de la Vierge bénie durent s'abaisser avec amour sur le modeste sanctuaire de Si-Hoang-Ti ; nul doute qu'elle n'ait souri aussi tendrement à cette ébauche imparfaite qu'aux chefs-d'œuvre de l'art qui reproduisent ses traits sur le marbre ou sur la pierre.

Le mois de mai n'était pas terminé que Mgr Vérolles mandait le Missionnaire à la résidence épiscopale pour l'ordination de deux latinistes chinois, auxquels on devait conférer les ordres mineurs. De concert avec son confrère M. Delaborde, le Père Simon leur fit une retraite préparatoire. « Nous aurions eu cinquante ord.- « nands, disait-il, que nous ne nous serions pas imposé « plus de peine. »

Les quelques jours qu'il passa sous le toit épiscopal, furent de bien doux instants dont il conserva le meilleur souvenir. Revenant plus tard sur ce sujet, il traduisait ainsi ses impressions sur son évêque : « Mgr « Vérolles est un des hommes les plus aimables que je « connaisse. Dans tous ses rapports avec nous, il se « montre le meilleur des pères. »

Le zèle pour les discussions théologiques manquait d'aliment depuis fort longtemps : aussi l'abbé Simon fut-il heureux de pouvoir jouter avec M. Delaborde. non moins intrépide batailleur que lui.

L'entrain et la verve que ses deux collaborateurs

apportaient à cette lutte, égayaient beaucoup le vieil évêque, qui ne dédaignait pas lui-même de descendre parfois dans l'arène.

A peine de retour à Si-Hoang-Ti, notre jeune Missionnaire prend le chemin de sa seconde paroisse, la chrétienté *des Saules*, où il célébre la fête de saint Pierre.
C'est de là qu'il écrit à son frère une lettre toute par-
fumée d'amour de Dieu et de tendresse fraternelle.
Sous le couvert des souhaits de fête il lui glisse les
conseils les plus élevés, les avis les plus sages pour la
gouverne de sa vie.

« Je suis venu passer la fête de saint Pierre, ton
« grand Patron, dans ma seconde chrétienté. Tu
« devines sans peine comme j'ai prié pour toi à la
« sainte Messe. Oui, j'ai prié le Seigneur de te rendre
« tout bon, tout saint, tout parfait.

« Cher frère, puisses-tu bien comprendre le néant
« du monde et de ses plaisirs ! Puisses-tu comprendre
« que ta première ambition doit être de sanctifier ton
« âme, de la rendre de plus en plus digne de Dieu !
« C'est le plus ardent des vœux que je forme pour ton
« bonheur.

« Mais toi, y penses-tu bien ? Ne serais-tu pas un peu
« tiède au service de Dieu ? Qu'elle est pourtant belle la
« vie de l'homme qui passe sur cette terre sans souiller
« son âme ! Qu'il est beau surtout le jeune homme
« chaste qui tient ses passions courbées sous le

« joug aimable de la piété, et dont le front respire
« cette noble fierté, résultant du devoir accompli ! »

Les amis de France n'oubliaient pas le Missionnaire ;
et leur souvenir, qui s'affirmait toujours par une correspondance suivie, lui arrivait parfois sous la forme
d'une aumône pour ses œuvres , ou d'un objet destiné
à sa chapelle.

Un jour, ce fut une grande joie pour le Père qui,
ouvrant une caisse venue du Poitou , en fit sortir un
beau ciboire de vermeil.

L'envoi n'était pas entièrement gratuit, car on exi-
geait en retour une poésie sur « Marie-Madeleine
aux pieds de Jésus eucharistique ». L'abbé Simon
n'eut qu'à écouter le cri de son âme pour traduire les
soupirs brûlants de celle « à laquelle il fut beaucoup
« pardonné, parce qu'elle aima beaucoup ».

Aimer Jésus, l'écouter en silence,
Baiser ses pieds, reposer sur son cœur ;
Mettre en lui seul toute ma complaisance :
Voilà ma vie et voilà mon bonheur.
O front divin, pieds sacrés que je baise ,
Pour vous aimer le temps me fait défaut :
J'attends le Ciel pour le faire à mon aise :
Ah ! que ne puis-je y voler aussitôt !

Quand, recueillie au dedans de moi-même
Tout doucement je pense à mon Jésus ;
Lorsque je sens et lui dis que je l'aime,
Je suis heureuse et ne veux rien de plus.
Au fond du cœur il me parle, et murmure
Des mots si doux que j'en brûle d'amour.

J'attends le Ciel pour aimer sans mesure :
Ah ! que ne puis-je y voler dès ce jour !

Au saint autel mille et mille délices
Comblent mon âme et la font déborder.
Je bois l'amour dans les divins calices :
Mon Dieu, mon Tout, je puis vous posséder !
Mais quand mon cœur sur le vôtre palpite,
Vous me quittez, vous me fuyez trop tôt :
J'attends le Ciel pour aimer sans limite :
Ah ! que ne puis-je y voler aussitôt !

Hélas ! mon Dieu ! toujours quelque souillure
Attriste en moi vos regards si jaloux :
Je vous oublie, ingrate créature,
Et me complais en ce qui n'est pas vous.
Ah ! je voudrais, brisant cet esclavage,
Quitter la terre et m'envoler là-haut !
J'aspire au Ciel pour aimer sans partage :
Ah ! que ne puis-je y voler aussitôt !

Comme pendant de la pièce de vers , mentionnons
ici la belle définition qu'il donnait de la paix, à la fin
de sa lettre de remerciement :

« Aimons Dieu comme il s'aime , doucement,
« suavement , joyeusement , continuellement.... La
« paix, c'est le regard de l'amour sur l'objet aimé ,
« regard que rien ne distrait, ne détourne , ni ne tra-
« verse. La paix , c'est le *fiat voluntas* sur la croix,
« sans remuer le moins du monde. »

Cependant un événement d'une souveraine importance se préparait pour le monde catholique : Pie IX
avait convoqué tous les évêques au Concile du Vati-

can, qui devait s'ouvrir le 8 décembre. Monseigneur Vérolles prenait ses dispositions pour répondre à l'appel du chef de l'Église, et il réglait tout en vue de son absence, qui devait se prolonger bien au delà de ses prévisions.

Le Père Simon, étant désormais rompu à la langue chinoise, fut mandé à Yang-Koan : la vie apostolique allait commencer pour lui. A cette nouvelle, son âme tressaillit d'aise ; son ambition ne connut plus de limites, et dans la méditation du jour, dans les rêves de la nuit, on l'aurait surpris forgeant des plans de bataille pour cette lutte pacifique.

« Ah ! ce métier des âmes, métier divin ! enfin m'y
« voilà arrivé ! Sanctifier une âme ; relever de la boue
« une noble créature de Dieu, c'est plus beau que de
« remporter la victoire d'Austerlitz ! »

Monseigneur Vérolles confia à ses soins son district personnel , comprenant cinq ou six cents chrétiens.

Si heureux que fût le Missionnaire de pouvoir se livrer à plein cœur à ce qu'on a si bien appelé « l'agriculture spirituelle » , un nuage cependant planait sur sa joie. La Providence lui présentait une de ces potions amères qui tonifient le tempérament, dans l'ordre surnaturel, comme dans l'ordre physique.

Le district de l'évêque ayant une organisation toute prête, il fallait se contenter de suivre les chemins tracés, en faisant abstraction de ses vues personnelles.

6***

Bien plus, un autre prêtre devait conduire la barque avec l'abbé Simon, qui lui était subordonné.

Assurément notre ami ne s'arrêta point à la pensée de regimber contre la décision épiscopale ; mais l'amour-propre fut froissé, cet amour-propre qui, au rapport de Bossuet, « est comme un membre de notre cœur ».

La tentation était d'autant plus périlleuse que l'orgueil se dissimulait même sous des prétextes empruntés à l'amour des âmes, et qu'il lui montrait des entraves à son zèle, des obtacles au bien, dans les conditions spéciales où devait s'exercer son ministère.

M. Simon se rappela promptement que pour rendre la pêche fructueuse, il faut jeter le filet sur la parole du Maître ; et, tout honteux d'avoir cédé au premier mouvement de la nature, il s'en accusa, dans une lettre intime avec une humilité touchante :

« Mon âme et mes ouailles gagneront beaucoup aux
« sages combinaisons adoptées par Monseigneur. Croi-
« riez-vous cependant qu'à la première nouvelle, votre
« méchant enfant a été pris d'un accès de mauvaise
« humeur ? Une grande heure durant, j'ai ruminé la
« chose dans ma chambrette, me disant que Monsei-
« gneur n'avait pas confiance en moi ; que je ne serais
« pas libre de faire le bien, etc... etc..., oubli complet
« de l'esprit de Jésus.

« Vint ensuite le vrai moment de la réflexion ; et

« j'eus grand'honte d'avoir prêté l'oreille aux sugges-
« tions de l'ennemi. O Jésus ! je ne suis pas digne de
« servir vos âmes ; je ne mérite pas d'être employé
« aux moindres offices de votre ministère. Servez-vous
« de moi comme vous l'entendrez : ce sera toujours me
« faire trop d'honneur. »

Dieu lui tint compte de ces dispositions admirables,
sans lui demander de les mettre à exécution.

Les deux derniers mois de l'année 1869 furent em-
ployés à des courses apostoliques dans toute la rigueur
du mot. Le voyage se fit dans des conditions vraiment
pénibles pour la nature, et qui cadreraient peu avec
nos habitudes. Dans ce pays les routes sont encore
à créer. Les chemins ne présentent qu'une suite
d'affreuses ornières dans lesquelles les roues des
voitures répètent le mouvement d'oscillation des pla-
teaux d'une balance qui cherche son équilibre.

L'abbé Simon, en compagnie de MM. Boyer et
Delaborde, prit place sur le chariot épiscopal, attelé
de deux mules. Ce véhicule était une grande cage, de
cinq pieds de long sur deux de large, surmontée d'un
couvercle arrondi et garnie d'une toile bleue au dehors.
Des ressorts seraient un luxe inutile et même dangereux
pour voyager dans ces parages.

A chaque pas des mules correspondait un cahot de
la voiture ; la tête heurtait avec violence contre les
barreaux de la cage. Les voyageurs se cramponnaient

vainement à ces barreaux : les coudes, le dos recevaient *des chocs* et des meurtrissures. Encore s'estimaient-ils heureux à ce prix, et croyaient-ils n'avoir que les roses du voyage, en pensant à ce qui les attendait au moment du dégel.

En effet, quand, sous les rayons d'un soleil brûlant, la détente se fait dans cette terre gelée à sept ou huit pieds de profondeur, on devine la sécurité qu'offrent les chemins Ce sont, en beaucoup d'endroits, des fondrières boueuses où mules et chariots pataugent à loisir ; trop heureux quand ils en sortent sans autres accidents fâcheux !

La visite des chrétientés commença par San-Tai-tze (les-Trois Comédies), une vraie paroisse chrétienne, une délicieuse oasis dans ces déserts du paganisme. Grande joie dans tout le pays à l'arrivée des Pères, qui reçoivent une véritable ovation ! Dociles à l'appel de la grâce, les chrétiens accourent en foule et recueillent avec un pieuse avidité les instructions des Missionnaires. Tous sans exception, au nombre de cent quarante, viennent purifier leur conscience et recevoir le Pain des forts.

« Que c'était beau ! disait l'abbé Simon ; cent qua-
« rantes âmes possédant Jésus et possédées par Lui, en
« plein empire du démon ! »

Après avoir reçu les adieux des habitants de San-Tai-tze. qui pleurèrent en les voyant partir, nos trois apôtres prennent la route des *Chauves-Souris*. La journée de voyage fut une des plus rudes. Il soufflait un vent du Nord qui faisait grelotter les Missionnaires sous leurs nombreux vêtements ; et les petites mules tartares, ordinairement si ardentes à la course, restaient insensibles aux cris du cocher qui s'épuisait à les frapper.

Arrivés tout transis de froid aux *Chauves-Souris*, ils trouvent une réception peu encourageante.

Les chrétiens de ce village étaient sur le pied de guerre : aux murs des cabanes étaient suspendus des arcs, de vieux fusils et des carquois pleins de flèches. Furieux de la perte d'un procès qu'il leur avait intenté, un païen du voisinage avait soudoyé contre eux une troupe de bandits et tenait ainsi ces malheureux en alertes continuelles.

Les esprits, surexcités par des assassinats et des incendies, n'étaient guère disposés à profiter de la visite des Missionnaires ; et les maisons mêmes ne s'ouvraient pas pour leur offrir l'hospitalité.

Sans se déconcerter de cet accueil, les vaillants apôtres se mettent résolûment à l'œuvre, et leur charité aimable, leurs paroles ardentes et pleines de foi ont bientôt fait fondre la glace des cœurs. Notre-Seigneur les dédommagea amplement, en leur accordant la conversion de huit païens, et la joie de voir tous les chrétiens du village, un seul excepté, s'asseoir au banquet eucharistique.

Cette chrétienté était déshéritée d'école de filles. Si

absorbé que fût son temps et si limitées que fussent ses ressources, M. Simon ne recula pas devant la création d'un établissement de ce genre ; il l'installa dans une misérable hutte de terre, et mit à la tête une jeune fille que ses connaissances et sa vertu reconnue désignaient à son choix.

Des *Chauves-Souris*, l'abbé Simon se dirigea vers *les Cuivres*. Les habitants de ce village constituent une tribu d'élite en Mandchourie ; ils appartiennent à deux des huit grandes familles dans lesquelles l'empereur choisit son épouse légitime. Le réception fut des plus cordiales ; il serait difficile de dire, des plus chaudes, car le missionnaire fut installé dans une case construite peu avant l'hiver, et dont les murs, gelés de part en part, étaient recouverts à l'intérieur d'une magnifique tapisserie de givre.

« Dieu bon ! que de consolations tu ménages à tes amis ! » s'écriait saint François Xavier. C'était aussi le cri de l'abbé Simon : toutes ces misères qui entamaient le corps, glissaient sur son âme réjouie et réchauffée par la vue de la ferveur de ces pauvres Mandchoux.

Après quelques autres visites, notre ami reprit le chemin de Yang-Koan, d'où le Provicaire allait bientôt l'envoyer à Moukden, dans un but que nous connaîtrons au chapitre suivant.

Rendant compte aux Carmélites de l'état de *leur* Mission, le jeune apôtre résumait ainsi sa première

campagne : « Quoique le terrain soit mauvais, vos prières
« ont germé, et je suis heureux de déposer aujourd'hui
« à vos pieds le bouquet d'âmes que j'ai cueilli. Ce
« bouquet, je voudrais qu'il fût plus gros : cinquante
« conversions ! qu'est-ce que cela en regard de ces mil-
« lions d'hommes qui adorent le démon ? Néanmoins
« une âme vaut plus qu'un empire : voilà pourquoi je
« suis fier de vous offrir les cinquantes conquêtes que
« vous avez faites pour le bon Dieu. »

CHAPITRE XI.

ANNÉE 1870.

Création d'un collége-séminaire à Moukden. — M. Boyer. — La
peste saisit M. Simon dès son arrivée à Moukden. — Vie du
collége. — Pai-ni-faug. — Procession de la Fête-Dieu. — Dis-
cussion théologique. — Amabilité du P. Simon dans ses rapports avec les païens. — Premiers bruits de persécution. —
Massacres de Tien-tsin. — Sentiments du Missionnaire. — Vacances à San-tai-tze.—L'inondation et les brigands.—Troisième
anniversaire de la mort de son père — Guerre entre la France
et la Prusse. Alarmes du Missionnaire.

Moukden est la capitale de la Mandchourie. On s'abu-
serait étrangement si on ajoutait foi à la statistique ad-
ministrative pour établir le chiffre de sa population :
nulle part le mensonge officiel n'est cultivé sur une
aussi large échelle que dans le Céleste-Empire.

Les données approximatives les plus exactes autorisent à croire qu'elle contient deux cent mille habitants.

C'est une ville de commerce, malsaine comme toutes
les villes chinoises, grâce au laisser-aller qui y règne.
et à l'absence complète des mesures protectrices de
l'hygiène publique. Le Provicaire apostolique, M. Boyer,

avait résolu d'y fonder un séminaire-collége sur des bases et avec un programme inconnus en France. L'idée-mère était la formation d'un clergé indigène pour assurer l'avenir de la foi dans ces contrées ; le collége devait être en outre une pépinière de maîtres d'école, de catéchistes, de médecins, de pharmaciens : une Université au petit pied ! « En France, ce serait une rude besogne, disait l'abbé Simon ; en Chine ce serait impossible, s'il y avait quelque chose d'impossible à Dieu ! »

Du reste, l'homme de foi et d'intelligence qui prenait le gouvernail était à la hauteur de la tâche.

L'abbé Simon en faisait cet éloge : « Je suis bien « petit comme vertu et comme science devant M. Boyer. « Il sait quatorze langues, et tous nos lettrés chinois « n'iraient pas loin avec lui. »

Ces deux âmes d'élite devaient se comprendre et s'apprécier mutuellement. Le Provicaire s'adjoignit M. Simon comme collaborateur dans l'administration de son immense district et dans le gouvernement du nouveau collége. Leur action combinée aura, comme nous le verrons, les plus heureux résultats pour la Mission de Mandchourie.

Ses débuts à Moukden n'étaient pas de nature à acclimater notre Poitevin : la peste le saisit dès son arrivée. Pendant plusieurs jours, on fut dans de cruelles incertitudes sur son sort ; et la mort lui apparut de près. Il se reprochait plus tard de l'avoir saluée trop amicalement. « C'était une lâcheté, disait-il, que cet « espoir d'aller au Ciel en esquivant toutes les misères « de la vie apostolique. » Un médecin païen, mandé en toute hâte, lui administra un remède qui détermina une éruption de boutons roses et le mit hors de danger.

A l'exemple de saint Paulin, notre cher malade regarda la peste comme « un purgatoire » qui lui en épargnait un autre plus rigoureux ; et, à la clarté de ces lumières surnaturelles dont la maladie est prodigue, il conçut un plus vif désir de se sanctifier. « En face de la « mort, disait-il, on comprend à quoi peut servir la vie. »

Plein de reconnaissance pour le païen qui l'avait soigné, il se préoccupait du salut de son âme, comme d'une dette personnelle ; et, non content d'offrir le saint Sacrifice à son intention, il le recommandait chaleureusement aux prières de ses amis. « Priez pour mon « médecin ; il faut sauver son âme, comme il a sauvé « mon corps. »

La convalescence était à peine terminée qu'il se mettait à l'œuvre et inaugurait ses fonctions de professeur universel avec une ardeur qui ne connut pas d'éclipse.

Quand l'abbé Simon avait terminé le cours de théologie, il passait à l'explication des auteurs latins, et, à titre de délassement , il donnait des leçons de lecture aux plus jeunes enfants.

Dans l'accomplissement de cette tâche laborieuse,

un homme entre tous lui prêta un concours énergique : ce fut Pai-ni-fang, celui qui, à Si-Hoang-Ti, l'avait initié à la connaissance de la langue chinoise.

Fasciné par le jeune apôtre, témoin et admirateur de sa vertu, il avait quitté pays et famille pour le suivre, et s'était attaché à lui avec une affection inouïe de la part d'un Mandchoux.

Dans toutes les campagnes du Missionnaire, il fut, à tour de rôle, serviteur infatigable et lieutenant dévoué. « C'est un homme vraiment instruit, disait « M. Simon ; et il me rend les plus grands services, « soit pour prêcher les païens, soit pour faire la « classe. »

Une chose qui fut particulièrement pénible au cœur de notre ami, ce fut de renoncer au système d'éducation par la persuasion et la douceur, pour prendre d'une main sévère le sceptre de l'autorité et gouverner par la crainte. Tous ses instincts s'étaient révoltés aux premières ouvertures qu'on lui fit à ce sujet ; mais l'expérience lui apprit vite qu'on ne l'avait nullement induit en erreur. Essentiellement mou et léger, le Chinois moderne est la copie la plus parfaite de l'ancien peuple d'Israël : il a besoin comme lui d'être tenu en bride et de sentir l'aiguillon.

Comme nous l'avons dit, son incroyable activité ne s'exerçait pas seulement dans l'intérieur du collége. elle y eût été trop à l'étroit.

Voulant donner à Jésus Eucharistique une répara-
tion publique et piquer la curiosité des païens, en
même temps que satisfaire sa piété, il résolut de célébrer la fête du Saint-Sacrement avec toute la solennité
possible.

Par ses soins, ou plutôt par ses mains, un élégant
reposoir fut dressé dans l'enclos qui précède la petite
chapelle ; et la procession défila, précédée de la
croix et du drapeau français, deux étendards qui ne
devraient jamais être séparés dans l'amour des fils
aînés de l'Église. Les mains innocentes des enfants jetaient des fleurs à profusion ; et, revêtu de ses plus
beaux ornements, le Missionnaire s'avançait, priant
avec ardeur ce Jésus « qui aime les âmes ». Ce fut le
premier triomphe public du Dieu de l'Eucharistie en
ce pays inhospitalier. Le mouvement de la grâce
aidant, l'attrait de la nouveauté ne pouvait manquer
d'amener une nombreuse affluence de païens ; ils
accoururent par centaines pour jouir de ce spectacle
inusité.

La cérémonie achevée, M. Simon prend la parole et
se met à haranguer les curieux massés dans l'enclos. Il
leur annonce Jésus-Christ et leur explique les vérités
de la foi avec un accent de conviction qui subjugue les
infidèles et les retient autour de lui. Quand ses forces
sont épuisées, il appelle à son aide le catéchiste favori
Pai-ni-fang, qui, au dire du Missionnaire, remplit cette

tâche d'une façon merveilleuse. C'est un feu croisé de questions et de réponses ; des bonzes et des mandarins qui se trouvent dans la foule apportent leurs plus subtiles objections que les deux lutteurs catholiques résolvent avec plein succès.

« Que sortira-t-il de là ? écrivait M. Simon. Je l'ignore ;
« mais Dieu a ses élus partout. S'il y avait dans cette
« foule quelque âme de bonne volonté, elle connaît
« maintenant sa voie ; et Dieu ne tardera pas à me
« l'amener. »

Ses prévisions étaient fondées, car dès le lendemain deux de ses auditeurs, pères de famille, venaient demander à entrer au catéchuménat. L'un d'eux était un lettré renommé pour sa science ; sa conquête était doublement précieuse : une fois instruit des vérités chrétiennes, il devait contribuer efficacement à la propagation de l'Évangile.

La réputation du Père grandissait en même temps que son influence sur les âmes ; et, comme il arrive en pareil cas, les exagérations pleuvaient à son sujet : pour vanter sa science on dépassait les limites de l'hyperbole décente. Les païens venaient assiéger sa porte, lui demander des explications sur mille et mille choses étrangères à la Religion ; quelques-uns lui posaient des questions d'un grotesque parfait.

En dépit de ses nombreuses occupations, l'abbé Simon se pliait aux désirs de ses nombreux visiteurs ; et tous sortaient dans l'admiration de son amabilité, de sa complaisance inépuisable.

Assurément, à plus d'une reprise, il eut la tentation de mettre un terme à ces visites qui absorbaient un temps précieux à tant de titres ; mais alors il se souvenait avec Bossuet « que si un homme peut s'aigrir contre vous quand vous choquez ses pensées, il ne se fâche jamais d'être l'objet de votre charité. »

Il connaissait aussi et pratiquait cette tactique chrétienne qui fait ordinairement une loi « de ne pas attaquer la place du côté où la présomption se retranche, mais d'y arriver par le cœur, qui facilite l'accès de l'esprit. »

Cependant de sombres nuages apparaissaient à l'horizon. Voyant que le nord de la Mandchourie s'ébranlait pour venir à la foi, l'Esprit du mal soufflait sa rage aux païens ; et comme les calomnies et les outrages paraissaient insuffisants pour enrayer le mouvement de la grâce, il faisait briller le glaive de la persécution.

L'orage s'annonça par des imputations mensongères, par des propos perfides et ineptes sur le compte des chrétiens : on les dénonçait comme rebelles à l'autorité de l'empereur, comme égorgeurs d'enfants, comme empoisonneurs et exploiteurs du peuple, etc... etc...
Le vulgaire acceptait tout cela sans contrôle et se faisait l'écho docile de ces monstruosités. Notons en passant qu'il nous messiérait à nous, Français et Chrétiens.

de faire ici la critique de la nation chinoise: en dépit des cinq mille lieues qui les séparent, trop souvent les deux peuples se donnent la main sur le terrain de la crédulité, quand il s'agit d'incriminer les personnes et les choses les plus respectables. En voyant ainsi rééditer, presque sans variantes , ces allégations stupides des premiers âges du christianisme , on serait peut-être tenté de révoquer en doute la finesse et l'esprit ingénieux du démon ; mais ce serait à tort. Il faut rendre justice au père du mensonge : connaissant à fond la sottise humaine , il l'exploite admirablement ; sachant que certaines armes frappent à coup sûr , il en a forgé à l'origine une ample collection sur un modèle unique, la calomnie idiote; et , suivant les besoins du moment, il les tire de son arsenal, où du reste elles n'ont pas le temps de contracter de rouille.

Deux pauvres chrétiens furent soumis à la torture ; on voulait leur faire avouer qu'ils avaient trempé dans un complot de bandits désignés sous le nom de « Barbes-Rouges ». Vaincu par la souffrance, un de ces malheureux avoua tout ce qu'on voulut.

En même temps un catéchiste, appelé *Li*, qui venait se porter garant de l'innocence des deux chrétiens, était emprisonné, battu de verges, et soumis au supplice des chaînes rougies au feu ; tous les moyens furent mis en œuvre pour le décider à apostasier.

« — Es-tu chrétien ? » lui demandaient ses bourreaux

suspendant un moment la torture. — « Oui, répondait-
« il ; et rien ne me fera renoncer à mon Dieu ».
Et les coups de rotin pleuvaient de nouveau sur ses
épaules.

Prévenus de ce qui se passait, les deux vaillants apôtres du pays, MM. Dubail et Noirjan, se transportèrent
au tribunal pour demander justice, au nom du traité
garantissant le libre exercice de la religion chrétienne.
En l'absence du gouverneur, les mandarins suppléants
jugèrent prudent de désavouer le mandarin et promo-
teur de ces cruautés ; et ils poussèrent la sévérité jusqu'à le condamner à la perte de son grade ! Cette satisfaction était à peine accordée aux missionnaires , que
le gouverneur arrivait et réintégrait dans sa charge le
fonctionnaire sacrifié.

En même temps, par un trait de scélératesse raffinée,
on tirait des fers un vieux Barbe-Rouge, criblé de vices
et de crimes ; et, en lui promettant sa grâce, on lui faisait dire qu'il n'avait agi qu'à l'instigation du Provicaire.

Le vent était aux alarmes ; des âmes prêtes à s'ouvrir
se fermaient aux inspirations de la grâce ; partout
l'élan était paralysé. Cette situation indécise pouvait
avoir des effets plus désastreux que la persécution
ouverte.

M. Boyer jugea qu'il était temps d'aviser, et il
partit pour Péking, laissant sur les épaules de M. Simon

le double fardeau de la direction du collége et de l'administration du district.

Les craintes de persécution étaient d'autant mieux justifiées que, peu de temps après, arrivait la nouvelle des massacres de Tien-t-sin où la cruauté légale avait franchi toutes les bornes. Les Filles de la Charité, qui, comme le Sauveur, n'avaient passé sur cette terre ingrate qu'en y faisant le bien, s'étaient vues tout à coup saisies, fustigées, dépecées avec des détails que la plume se refuse à décrire.

Le lecteur désire sans doute connaître les impressions de notre ami en ce moment critique : pour lui, comme pour les premiers chrétiens, les raffinements de la cruauté faisaient l'effet d'une amorce.

« Comment vous dire tous les sentiments qui rem-
« plissent mon âme, quand je considère ce qui peut
« arriver ?

« Le lieu où l'on coupe les têtes des condamnés est
« à deux pas d'ici. Dans quelques jours peut-être le
« grand sabre des Mandchoux tranchera ma tête, et
« mon âme ira avec Jésus ! sang pour sang ! amour
« pour amour ! Est-ce possible ô mon Dieu ? Et puis la
« sainte Trinité ! l'extase sans fin. Dieu toujours ! Dieu
« à jamais !

« Je suis ici à l'avant-garde : la fuite me serait pres-
« que impossible. Quel rêve ! quel rêve !

« O Jésus, soutenez ma faiblesse, car je ne puis rien

« sans vous. Ce qui me pèse, ce sont les vingt-sept
« enfants confiés à ma garde. Et puis mes pauvres
« chrétiens, si on les met en face du supplice, il y aura
« sans doute des défections. Mais Dieu dirige tout, et
« c'est en Lui que je me confie uniquement. L'heure
« de la conversion de la Chine est peut-être arrivée ;
« mais il faut auparavant que le sang des martyrs
« versé à flots inonde ce sol ingrat et le rende fécond.
« *Ecce ego venio......* »

Une lettre qu'il écrivait au Carmel, à la même époque, met parfaitement en relief le caractère chinois, et nous permet d'apprécier, en même temps que la sagacité d'esprit du Missionnaire, les mérites de son apostolat dans ces contrées.

La Sœur Marie-Thérèse lui reprochant de manquer à sa promesse de propager partout le culte de l'Enfant Jésus, il lui répondit avec une bonhomie pleine de finesse :

« Vous m'accusez d'avoir manqué de parole à notre
« petit Jésus, en ne le prêchant pas autant que je l'au
« rais voulu, pendant la visite des chrétientés. Vous
« me citez à son tribunal, en ajoutant, ce que je sais,
« qu'il sera mon juge. Certainement je ne l'aime pas
« et je ne le fais pas aimer autant qu'Il le mériterait.
« J'avoue ma misère. Laissez-moi cependant plaider
« les circonstances atténuantes. Remarquez bien qu'ici
« nous avons en face de nous des chrétiens à gros

« grains, à très-gros grains. La mort du Sauveur , les
« souffrances de sa Passion : voilà ce qui les frappe.
« La vue , la pensée de l'Enfant-Jésus impressionnent
« beaucoup les âmes qui comprennent les délicatesses
« de l'amour. Les Chinois manquent presque totale-
« ment de ce que nous appelons le sentiment : vouloir
« faire vibrer dans leur cœur une corde qui en est
« absente , n'est-ce pas prendre une peine inutile ?
« Ne vaut-il pas mieux les mettre au pied de la Croix,
« pour leur faire toucher du doigt l'immensité de
« l'amour de Dieu, en leur montrant la grandeur des
« tourments ? Certes, il y a des exceptions : une fois que
« Jésus s'est emparé d'une âme, il lui communique
« toutes les nuances, toutes les variétés de l'amour.

« Ces exceptions sont rares. Les Chinois, même chré-
« tiens, sont sans affection. Demandez à une femme si
« elle aime son mari : elle vous répondra bravement :
« Et pourquoi l'aimerais-je ? »

Une course aux malades, à quinze lieues de distance,
par un temps affreux, occasionna une fluxion de poitrine au Missionnaire. Une fois guéri, il résolut d'aller
passer les vacances réglementaires à San-Tai-Tze. Là
se trouvait son troupeau de prédilection, pour lequel
son faible s'accentuait à chaque visite ; ajoutons que
son affection était bien payée de retour.

En apprenant l'arrivée du Père, les chrétiens avaient
décidé d'un commun accord « qu'ils ne lui laisseraient

pas dresser le feu et le couvert », suivant l'expression consacrée en Mandchourie : pendant les quarante jours qu'il passa au milieu d'eux, il n'eut pas à se préoccuper du côté matériel de la vie.

Il était à peine installé à San-Tai-Tze, qu'il survenait une de ces inondations effrayantes qui se déchaînent presque périodiquement sur cette contrée. Gonflé par les pluies, le fleuve Rouge, qui arrose Moukden, avait débordé et était devenu un torrent qui emportait les habitations, détruisait les récoltes et semait partout la dévastation et les ruines. La charité toujours active doit grandir en proportion des misères à soulager : on s'en aperçut quand après l'inondation une centaine de malheureux se trouvèrent dans le plus absolu dénuement.

Toujours au premier rang sur ce terrain, l'abbé Simon prend la bourse de quêteur et ouvre une souscription qui atteint bientôt le chiffre de 1750 francs. Le produit de cette collecte est consacré à l'achat de cent boisseaux de *sorgho*, de vêtements et d'ustensiles de ménage qu'on distribue aux malheureux, sans distinction de culte.

« Ce fut, disait le Père, une éloquente prédication « pour tous, surtout pour les païens. »

Pour ajouter aux difficultés de la situation, on signala l'approche d'une troupe de bandits, armés jusqu'aux dents, qui dévalisaient les maisons et ne reculaient pas devant l'assassinat quand on refusait de subir leurs exigences.

Etant donné l'esprit bien connu qui anime les troupes régulières du Céleste-Empire, on ne pouvait les appeler sans s'exposer à tomber de Charybde en Scylla.

Comme tous les Chinois, les San-tai-tziens ne sont pas d'une bravoure incontestable : aussi parlaient-ils de traiter avec les brigands. L'abbé Simon leur paraphrasa ce vieux proverbe de son pays : « Tant plus l'oye fait l'oye, tant plus le loup la mange. » Il leur fit comprendre que c'est le comble de la déraison de se mettre à la merci d'une poignée de coquins, quand on a pour soi le nombre et le bon droit. Enhardis par ces paroles éminemment sages, nos chrétiens se décident à recevoir les voleurs autrement qu'avec des présents. Rien de terrible comme un poltron échauffé : non contents d'attendre l'ennemi de pied ferme, les San-tai-tziens poussent une pointe en avant, mettent la main sur six bandits et les conduisent à Moukden où dès le lendemain justice était faite.

Tout en détendant son esprit dans un repos nécessaire, M. Simon n'oubliait pas ce qu'il appelait si bien la chasse aux âmes. Plusieurs conquêtes vinrent réjouir son cœur ; mais la plus goûtée fut la conversion d'une bonne vieille de 85 ans, qu'il trouva dans des dispositions admirables. Le Père avait composé pour

elle un résumé de catéchisme en très-peu de pages ;
toute fière de son livre, la nouvelle convertie l'emportait dans son village, où elle se faisait apôtre.

Le lendemain, dans une de ses promenades, il découvre sur le chemin une petite fille de quelques mois,
abandonnée par ses parents. Le missionnaire la prend
dans ses bras et se met en quête d'une nourrice pour
son enfant d'adoption : il justifiait ainsi au sens littéral
la vérité de cette parole de saint Augustin : « La charité est une nourrice. »

Le mois d'octobre ramenait un douloureux anniversaire, celui de la mort du vénérable instituteur de
Messé. Une tâche douce et pénible à la fois incombait à
notre ami en cette circonstance, la tâche de consoler la
veuve affligée.

« Le voilà donc encore de retour, ce triste anniver-
« saire !

« Ce père chéri, il y a déjà trois ans qu'il nous
« a quittés ! O mère, n'abaissons pas nos regards vers
« la terre : c'est si triste de regarder le sol qui renferme
« cette bien-aimée dépouille ! Regardons ce beau Ciel
« où son âme, j'en ai la douce confiance, jouit de la
« vue de Dieu. Il est là-haut ; il est heureux, il pense
« à nous, il nous aime, il nous sourit.

« O mère, n'est-ce pas que, même si tu le pouvais,
« tu ne voudrais pas le priver du bonheur qu'il possède ?
« Oh ! non : il ne faut pas même, par de vains désirs, le

« rappeler sur cette terre ; c'est nous qui devons aspi-
« rer à le rejoindre. Quelle joie de s'y retrouver tous
« ensemble dans quelques années ! Chaque jour est un
« pas de plus vers l'éternité.

« O père, ô mère, ô frère chéri, demain nous serons
ı réunis pour ne plus jamais nous séparer ! »

Ce n'était pas seulement le souvenir des douleurs
passées qui devait faire couler ses larmes : Jésus-Christ
s'apprêtait à frapper un de ces coups qui effraient la
nature, mais qui sont une grâce aux yeux de la foi :
l'adversité en nous détachant de la terre nous rapproche de Dieu et nous conduit au bonheur sans fin.

Comme le fait admirablement remarquer Bossuet,
« l'amitié du Sauveur n'est pas une de ces amitiés dé-
« licates qui n'ont que des douceurs et des complai-
« sances. Elle veut nous durcir aux travaux et nous
« accoutumer à la guerre : elle est tendre, mais elle
« n'est pas molle ; elle est ardente, mais elle n'est pas
« faible. »

En même temps qu'arrivait à M. Simon la nouvelle
impatiemment attendue, ardemment désirée, de la définition du Concile affirmant et sanctionnant la foi de tous
les temps à l'infaillibilité du Pontife romain, il apprenait la déclaration de guerre entre la France et la Prusse.
A l'heure où les Missionnaires connurent l'ouverture
des hostilités, la guerre avait marché, cette guerre im-
placable dans laquelle devait sombrer le prestige mili-

taire d'un grand peuple, cette guerre marquée au cachet du châtiment, non du châtiment pour détruire, mais du châtiment destiné à corriger, à amender la nation chère entre toutes.

Les désastres se succédaient avec une effrayante rapidité, et tous parvenaient le dimanche à la connaissance d'une population anxieuse, comme si le Seigneur eût voulu indiquer que la violation du repos dominical était le motif principal de sa colère.

A la fin d'octobre M. Simon fut informé de nos premiers revers. Son âme chrétienne et française saigna douloureusement à ces nouvelles, qui pourtant ne laissaient pas entrevoir la situation comme désespérée.

Dans le courant de décembre arriva M. Boyer, suivi de près par M. Delaborde.

La joie de leur retour fut vite effacée par l'impression des tristes nouvelles dont ils étaient porteurs.

« Quels épouvantables désastres ! écrivait-il à ce
« moment. La France envahie, saccagée ! Le Pape à la
« merci de la Révolution ! Toute cette jeunesse fran-
« çaise qui succombe ! Quelle amère tristesse, ô mon
« Dieu. Ce qui ajoute aux angoisses de mon âme, c'est
« que mon frère a dû partir, laissant ma pauvre mère
« dans les larmes et l'isolement.

« Je suis dans de mortelles inquiétudes, et Dieu seul
« peut donner du calme à mon âme.

« Ma pauvre mère, comme Jésus la crucifie ! Si mon

« frère succombe, la voilà sans consolation, sans appui
« du côté de la terre.

« Vierge Marie, ayez pitié d'elle, et donnez-lui la
« force de résister à des coups si terribles. »

Ces tristes pressentiments ne devaient pas recevoir
de démenti.

CHAPITRE XII.

(1871.)

Les derniers jours de l'année 1870 et le commencement de 1871 n'avaient donné relativement que peu de consolations spirituelles au Père Simon : aussi s'en plaignait-il amoureusement à son Jésus, qui avait laissé passer les fêtes de Noël et de la Circoncision sans opérer de conversions. Ses plaintes trouvèrent de l'écho dans le cœur du bon Maître, qui lui amena le même jour sept catéchumènes du village des Cuivres, et dix de San-tai-ze. Leur exemple devenait contagieux, car presque immédiatement le Missionnaire inscrivait parmi les aspirants au baptême deux familles considérables du pays, sans compter un barbier et un tan-

neur. Ce dernier manifestait des sentiments admirables :
« Père » , disait-il ; « on parle de persécution pro-
« chaine ; donne-moi le baptême , sans plus tarder :
« une fois baptisé, je me moquerai de la mort. »

« Le petit Jésus faisait des siennes, suivant la charmante expression de notre ami, qui ajoutait : « Et dire
« que je lui cherchais querelle , parce qu'il avait laissé
« passer toutes les fêtes sans rien me donner! Je ne
« savais pas la jolie besogne qu'il me faisait. Merci de
« vos étrennes, petit Jésus ! »

Un autre désir germait à ce moment dans l'âme de
l'apôtre : il rêvait l'établissement d'un hôpital. Avec le
soulagement des misères du corps , il entrevoyait aussi
et surtout la possibilité de faire la lumière dans les
âmes, en recourant à la demonstration pratique la
plus efficace, celle de la charité. Tout fut mis en œuvre
pour la prompte réalisation de ce projet, et, après avoir
frappé à la porte de ses amis de France , après avoir
mis à contribution la Propagation de la Foi et la
Sainte-Enfance, l'abbé Simon put croire que son hôpital fonctionnerait au printemps, et que huit ou dix lits
seraient mis à la disposition des malades, sans distinction de culte. Il savourait donc à l'avance ce plaisir
délicat entre tous, résultant d'une œuvre de charité
pour la gloire de Dieu et le bien du prochain.

Hélas! sur cette terre la joie et la tristesse se suivent
de près ; et souvent, par des routes opposées, elles

arrivent, à la même heure, au même point, qui est le cœur de l'homme. Et par une contradiction qu'explique notre condition d'exilés ici-bas, tandis que la joie glisse sur notre âme, la douleur y descend et y creuse des sillons que rien ne comble jamais entièrement.

La douleur est une greffe divine ; mais il lui faut un sujet vigoureux, capable de supporter l'incision. Une page que je retrouve dans les papiers du Missionnaire, va nous permettre d'apprécier à quel degré il était mûr pour de grandes tribulations.

« Qu'il est doux, notre Jésus ! Quelle ivresse que son
« intimité ! Plus on l'aime, plus on le trouve aimable.
« Je le compare à un rosier couvert de roses et de par-
« fums.

« Il y a des épines qui déchirent ; mais ses roses,
« comme elles sont éclatantes ! O mon Bien-Aimé, je
« m'élance vers toi ; je t'embrasse, je te serre sur mon
« cœur. Déchire-moi de tes épines ; ensanglante-moi
« le cœur, tant qu'il te plaira : je sens l'odeur des
« roses : cela me suffit. O Jésus, berce-moi dans tes
« bras ; pose tes lèvres sur mes lèvres , ton front sur
« mon front.

« O amour , n'aie pas peur de me blesser avec ta
« couronne : appuie, appuie bien fort, et fais entrer la
« pointe de tes épines jusqu'à la moelle de mon âme. »

Jésus-Christ allait en effet « appuyer bien fort ».

Depuis l'ouverture des hostilités, les nouvelles géné-

rales de la guerre franco-prussienne arrivaient très-con-
tradictoires en Mandchourie ; et à la date du 8 février
1871 le Missionnaire n'avait reçu aucune lettre de son
frère ou de sa mère. Il écrivait sans cesse ; mais aucune
réponse ne lui parvenait. Sa correspondance va nous
permetttre de le suivre dans ce chemin des angoisses
et des inquiétudes , plus cruelles que la vérité la plus
triste.

Le 9 février il écrit à son frère : « Cette guerre, cette
« terrible guerre ne finira donc jamais ! Quel fléau et
« comme Dieu châtie la France ! Mon cœur saigne en
« pensant que tu es un des acteurs de ce drame épou-
« ventable.

« Où es-tu, mon vieil ami ? Te bats-tu encore ? Peut-
« être es-tu prisonnier. Peut-être.... Ah ! instinctive-
« ment je te cherche dans ce pêle-mêle de morts, et je
« te vois sans vie, couché dans une mare de sang. Mon
« Dieu ! mon Dieu ! ayez pitié de ma pauvre mère :
« épargnez-lui cette douleur.

« Mais non, tu n'es pas mort : j'ai prié Jésus, j'ai
« prié Marie de te garder.... Que n'ai-je un télégraphe
« à mon service pour avoir de tes nouvelles, jour par
« jour, heure par heure ! »

Le 10 mars il a enfin des nouvelles de Pierre par une
lettre partie de France au mois d'octobre. Ces quelques
lignes étaient une satisfaction bien douce ; mais la date
du message fraternel n'était pas faite pour rassurer.

« J'ai reçu ta lettre du mois d'octobre avec un vif
« plaisir; mais elle ne dissipe pas toutes mes alarmes.
« Je te féliciterais de ton grade de sergent-fourier, si
« ce n'était pas féliciter la victime couronnée de fleurs
« qu'on mène à la mort. Il y a dans ta lettre une phrase
« qui m'a ravi : Je me suis déjà, dis-tu, préparé à
« la mort, et je vais m'y disposer de nouveau comme
« si j'étais à l'agonie. Voilà ce qui s'appelle un soldat
« chrétien ! Avec de pareilles dispositions on ga-
« gne le ciel et on sauve la France, si elle peut être
« sauvée.

« Cher frère, je suis content de toi. Sais-tu bien, mon
« vaillant sergent, que je suis en cordiales relations
« avec l'un de vos chefs les plus braves, le général de
« Sonis ? L'année dernière, il m'envoya un char-
« mant petit Jésus de cire avec une lettre non moins
« charmante.

« Sa sœur, la Mère Marie-Thérèse de Jésus, m'a ra-
« conté ses exploits, et m'a annoncé le terrible accident
« qui prive l'armée d'un de ses meilleurs officiers. Si
« jamais tu passes dans une ville où il se trouve, va de
« ma part faire un pèlerinage à sa jambe de bois. Cela
« te fera du bien de voir un pareil homme qui est en
« même temps un saint et un héros. »

En même temps que le Missionnaire causait à cœur
ouvert avec son cher sergent, alors qu'il lui demandait
joyeusement d'écrire ses mémoires, l'absence de nou-

velles étreignait douloureusement son cœur ; de sinistres
pressentiments remplissaient son âme et couraient sous
sa plume :

« Malheureux que je suis ! je te demande de
« narrer tes campagnes, et peut-être que tu n'es plus !

« Mon Dieu ! mon Dieu ! comme cette incertitude
« pèse lourdement sur mon cœur !

« Bons anges, qui voyez mes angoisses, je vous en
« prie : s'il y a des lettres de France à mon adresse sur
« la surface ou au fond de la mer, apportez-les-moi
« vite et faites cesser mes alarmes ! »

Le 30 mai, les incertitudes cessèrent pour faire place
à un deuil poignant : l'abbé Simon apprenait que son
frère était mort le 6 janvier, au combat de la Fourche,
près du Mans.

Dieu, qui aime les fleurs de choix, avait marqué Pierre
Simon comme une de ces victimes dont le sang inno-
cent désarme la colère divine, à l'heure des vengeances.
Les sentiments religieux que le frère du Missionnaire
avait sucés avec le lait, il les emporta dans le
tumulte des camps, et rien ne put jamais y porter
atteinte.

Il ne fut point de ces chrétiens timides qui servent
Dieu en cachette, qu'une raillerie épouvante, qu'un
quolibet imbécile déconcerte : sans s'afflicher, il savait
toujours s'affirmer carrément.

Non content d'avoir mis sa conscience en règle, il s'était occupé de l'âme de ses compagnons d'armes ; et pendant ses trois semaines de séjour à Niort, il en avait entraîné soixante au tribunal de la pénitence.

Des soldats de cette trempe ne savent pas tourner le dos à l'ennemi : « un chrétien, a dit un saint Père, est éminemment un homme de cœur. »

Le 6 janvier, au matin, les mobiles des Deux-Sèvres reçurent l'ordre d'attaquer les Prussiens et de les déloger d'une position importante qu'ils occupaient sur les hauteurs. Pierre Simon répondit le premier à l'appel du commandant ; et il s'avançait résolûment à la tête de sa compagnie, quand deux balles vinrent l'atteindre, l'une au front, l'autre dans la région du cœur.

En voyant tomber leur sergent, les mobiles coururent à lui pour l'emporter :

« Laissez-moi, leur dit-il, je veux mourir à terre. »

Etait-ce en signe d'humilité qu'il formulait ce dernier vœu ? Peut-être le pauvre enfant voulait-il contempler une dernière fois ce beau ciel vers lequel son âme allait s'envoler....

Le Missionnaire était au confessionnal quand la funèbre nouvelle lui fut apportée.

Il essaya de comprimer son chagrin pour continuer le ministère sacré ; mais les sanglots le suffoquaient , et il rentra en toute hâte dans sa chambre pour donner un libre cours à sa douleur. Le lendemain, il conférait le baptême à cinq nouveaux convertis ; mais sa main tremblait comme son cœur, et les catéchumènes furent, à la lettre, baptisés dans ses larmes.

C'était la moitié de son âme que ce frère chéri : les liens du sang s'étaient doublés de ceux que forme l'affection du maître pour un élève de prédilection.

Ce qui le préoccupait surtout et l'accablait, c'était la crainte que Pierre n'eût pas joui d'un moment pour se reconnaître et se recueillir avant d'entrer dans son éternité.

Le chagrin pesait d'un poids si lourd sur le jeune apôtre que toutes les consolations eussent été un appui insuffisant, un étai sans consistance : son cœur était si brisé qu'il ne pouvait se refaire que sur le sein de Jésus : aussi courut-il se jeter « sur ce lit de repos », comme l'appelle saint Augustin.

Là, et là seulement, il devait trouver « ce bon ami du cœur qui console comme personne », au dire de Fénelon.

Nous allons assister à son premier entretien avec le Sauveur. Nous le verrons épancher son âme dans le Cœur miséricordieux de Celui qui pleura sur Lazare, avec cette liberté, avec ces audaces que les âmes aimantes se permettent à l'égard de Dieu, sans blesser la charité.

On dirait une page empruntée au livre de Job :

« Les larmes m'accablent : l'âme, le cœur, les yeux,
« la tête, tout en est plein. Mon Pierre, mon frère
« bien-aimé est mort, et il est mort d'une façon qui
« me terrifie.

« Mort frappé au cœur ! mort instantanément sans
« avoir eu sans doute le temps de lever les yeux au
« ciel , de pousser un cri vers son Dieu !

« Oui, c'est cela qui m'est rude surtout.

« Passer des fureurs du champ de bataille au juge-
« ment de Dieu, sans un instant pour demander misé-
« ricorde !

« Qu'il est sévère, notre Jésus ! qu'il est sévère,
« même pour les siens !

« Oh ! si Pierre n'était pas sauve, je lui dirais : O
« Jésus, vous ne m'aimez donc pas autant que je vous
« aime ? car si vous aviez un frère, non, je ne l'aurais
« pas damné.

« Ni vous non plus, n'est-ce pas , mon Bien-Aimé,
« que vous n'avez pas damné le mien ?

« Oh ! dites-le-moi , dites-moi qu'il est au Ciel avec
« vous. Oui, je crois à votre bonté, je crois à votre
« amour : si vous avez frappé mon frère, c'est pour
« son bien, pour sa félicité éternelle. En vivant, peut-
« être se fût-il perdu ; la mort l'a confirmé dans le
« bien. Oui , mon doux Sauveur, il en est ainsi.

« Hier, j'ai murmuré le mot de sévérité ; je vous ai

« appelé impitoyable ; mais vous savez, Seigneur, que
• mon âme n'était pas sur mes lèvres et que la dou-
« leur m'arrachait des cris dont je n'avais pas cons-
« cience. .... »

Il lui fallait maintenant refouler ses larmes et porter
des consolations à sa mère affligée. A travers les
cinq mille lieues qui le séparaient des Bordes, l'abbé
Simon entendait des gémissements et des sanglots qui
résonnaient douloureusement dans son âme ; il assis-
tait à cette agonie du cœur maternel, agonie dont Dieu
seul peut apprécier les angoisses ; il mesurait le vide
de la maison de famille, et il était navré.

Une autre épreuve venait en même temps perfec-
tionner son martyre : sa mère le réclamait près d'elle.
« Je suis incapable de vivre, disait-elle, si Philibert ne
« revient pas. »

Ces paroles retentissaient aux oreilles du Missionnaire et une réponse affirmative jaillissait spontanément de son cœur ; mais alors le devoir austère se
dressait devant lui : Qu'adviendrait-il des âmes confiées à sa garde ? Le service de Dieu ne doit-il pas
primer toutes les affections humaines, même les plus
légitimes ?....

Dans le crucifix se trouve la solution de tous les
doutes, la réponse à toutes les perplexités : ce fut là que
notre ami alla demander sa ligne de conduite. Se

souvenant qu'avant tout « il lui faut s'occuper des affaires de son Père céleste », il écrit à sa mère une lettre qui respire la tendresse filiale la plus vive, en même que la foi la plus accentuée :

« Mère bien-aimée,

« Hier j'ai reçu plusieurs lettres qui ne me laissent aucun doute sur l'étendue de notre perte.

« Pourtant j'espérais contre toute espérance.

« Mais hélas ! la nouvelle n'est que trop certaine : Le « bon Dieu a appelé au Ciel notre Pierre bien-aimé.

« Mon cœur est sous un pressoir de douleur.

« Rien ne me sourit dans ce lieu d'exil et de larmes ; « et, n'était le désir de glorifier Dieu en sauvant « des âmes, je voudrais mourir et m'en aller au Ciel !

« Oh ! le Ciel ! le Ciel ! quand nous y réunirons-« nous, mère bien-aimée ? Là plus de larmes, plus de « mort et plus de séparations, mais la joie éternelle « dans le sein de Dieu !

« Dieu merci ! nous n'avons absolument aucune « crainte à concevoir sur le salut de Pierre [1], et je t'as-« sure que tout en continuant à offrir le saint Sacrifice « à son intention, je lui adresse mes prières comme à « un Saint.

« Je lui recommande surtout de veiller sur toi ; de « t'obtenir la résignation, la force dont tu as besoin

---

1. Il avait reçu à ce moment des détails complets sur la mort de son frère.

7

« pour faire d'une façon méritoire ce grand sacrifice.

« Si j'étais venu en Chine pour trafiquer, j'aurais
« volé auprès de toi pour me faire ton bâton de vieil-
« lesse. Mais tu connais mon but en venant ici.

« Malgré mon désir de te revoir, de pleurer avec
« toi, de te consoler, je ne puis ni ne dois déserter le
« poste où Dieu m'a placé. Mon départ causerait peut-
« être la damnation d'une foule d'âmes.

« En retournant aux Bordes je ne pourrais te donner
« qu'une dernière et bien courte consolation en ce
« monde.

« Mais je connais trop ton cœur et ta piété, pour
« croire que tu veuilles acheter cette satisfaction au
« prix du salut de tant d'âmes.

« Oh ! non, il vaut mieux ajouter ce dernier sacri-
« fice à tous les autres : ton âme, la mienne, celles des
« idolâtres ne pourront qu'y gagner.

« Nous avons l'éternité pour nous revoir et nous
« réjouir ensemble. Ne soyons sur la terre que des
« victimes du bon plaisir de Dieu. »

Je ne connais rien de plus beau que ces paroles d'un
fils, si ce n'est l'acquiescement de la mère capable de
goûter un pareil langage.

Les souffrances et les chagrins étaient toujours, pour
l'abbé Simon, le payement anticipé des consolations
spirituelles ; il en fit encore l'expérience à ce moment

douloureux. « La grâce pleut sur les âmes, disait-il :
« elle vivifie les unes et embellit les autres. »

Des traits charmants de piété affectueuse envers
Notre-Seigneur, lui montraient que la divine semence
germait dans les cœurs. Un soir, vers dix heures, le
Missionnaire se délassait de sa laborieuse journée, en
disant le chapelet dans le petit enclos du collége,
quand il aperçut une forme indécise sur les marches
extérieures de la chapelle. Il s'avance et trouve un de
ses plus jeunes enfants, à genoux, le rosaire à la main.
— « Que fais-tu là, à cette heure ? — Je vénère la sainte
« Mère de Dieu. » — « Vrai, ajoutait le Père Simon,
« j'avais envie de le gronder au nom du règlement ;
« mais cette parole me désarma. »

Les catéchistes se livraient sans relâche à la prédication ; et leurs succès multipliés le remplissaient de
joie.

Sans négliger aucun devoir de son professorat universel, lui-même faisait plus d'une incursion dans le
champ de l'apostolat ; et les heures consacrées à la
conversion des âmes étaient les heures délicieuses
entre toutes. Il menait alors de front l'instruction religieuse de trois personnages des plus huppés du pays,
parmi lesquels se trouvait un mandarin. Mais les
pauvres surtout étaient l'objet de sa prédilection : aussi
accouraient-ils vers lui avec une confiance et un
empressement inouïs.

Un de ces malheureux, encore païen, lui apporte un jour son enfant sur le point de mourir. Le Père le baptise et lui donne le nom de Pierre, en souvenir de son frère chéri.

« Petit Pierre, lui dit-il, dans un instant tu seras au « Ciel : porte de mes nouvelles à mon frère, et dis-lui « que je compte sur son intercession pour convertir « mes pauvres Mandchoux. »

Quelques jours après, le père du baptisé et toute sa famille se faisaient inscrire au nombre des catéchumènes : petit Pierre, comme on voit, était bon commissionnaire !

Vers le même temps, un de ses catéchistes lui amène un petit malheureux, sans asile et sans pain, et qui avait un pied entièrement gelé. On le débarrasse en toute hâte de ses haillons et de sa vermine, et on lui donne à manger. Ce repas, presque aussitôt englouti qu'apporté, n'avait pas comblé le vide creusé par un jeûne de plusieurs jours. Nouvelles et pressantes instances du petit affamé, qui promène des regards de convoitise sur tous les aliments qu'il aperçoit dans la cuisine. Le Père Simon s'évertuait à lui parler de son âme et du bon Dieu ; mais « ventre affamé n'a point d'oreilles ». — « Est-ce que cette viande n'est pas pour moi ? Encore un peu, encore un peu, je vous prie : » c'étaient là toutes les réponses que le missionnaire en pouvait tirer. « Pauvre petit ! disait le Père, c'était vraiment distrayant de voir fonctionner son appétit. »

On se tromperait étrangement si l'on se persuadait que notre jeune apôtre ne rencontrait que des douceurs sur le terrain spirituel, et que tout grain semé montait infailliblement à l'épi.

Non, plus encore que celle des champs, la culture des âmes connaît les intempéries et les contre-temps ; elle a ses déceptions bien amères.

En dehors des autres misères humaines qui paralysaient l'action de la grâce et rejetaient des baptisés dans les filets du démon, le Père trouvait une pierre d'achoppement dans une passion dont l'amour des liqueurs fortes en France peut à peine donner l'idée : la passion de l'opium. Dès sa plus tendre enfance, à quatre ou cinq ans, le Chinois fume l'opium, et absorbe ce poison lent qui tue chez lui l'intelligence et le cœur, et le plonge dans une ivresse qui fait ses délices. En se faisant la pourvoyeuse de cette ignoble passion, l'Angleterre commet un de ces crimes de lèse-humanité qui entachent l'honneur d'un peuple.

L'abbé Simon venait d'avoir ce crève-cœur de voir deux nouveaux baptisés déserter la foi chrétienne pour pouvoir fumer l'opium en toute liberté.

Depuis un certain temps, l'ennemi avait semé de l'ivraie dans le champ de prédilection, le catéchuménat ; et l'esprit de désobéissance, sans y lever l'étendard de la révolte, se traduisait par des murmures, par des critiques acérées, dont le Père Simon était la cible. Le prudent directeur fit d'abord la sourde oreille et n'eut pas l'air d'attacher d'importance à certaines paroles peu mesurées.

Voyant que les mutins s'enhardissaient, il fit entendre de fermes mais paternelles remontrances ; puis, comme on bravait son autorité, il coupa court au mal en retranchant quelques-uns des membres les plus gangrenés.

Une épreuve plus pénible devait encore l'atteindre : ce qu'on a appelé « la persécution inconsciente des bons qui se joignent aux méchants, croyant bien faire. »

On contesta l'utilité de son œuvre de Moukden ; on déversa le blâme sur son administration qui fut taxée de gaspillage ; les railleries blessantes amenèrent des critiques injustes ; l'hostilité s'accusa par des lettres dans lesquelles, suivant le mot du Père, « il entrait plus de vinaigre que de sel. »

L'injustice de ces reproches, le mal fondé de ces plaintes firent bondir le Missionnaire, qui avait l'épiderme sensible. Un soir il prit la plume, et, après avoir réduit les objections à néant, après avoir relevé les insinuations malveillantes, il aiguisa sa verve et administra une volée de bois vert à ses contradicteurs.

C'était le premier mouvement, celui de la nature ; ce n'est pas toujours le bon.

Le lendemain, avant l'expédition de ces missives, le doux Maître, pendant le saint Sacrifice, lui fit comprendre qu'une parole de douceur et une leçon d'humilité valent mieux que le plaidoyer le plus éloquent.

« Sous la pression du Sauveur je fis alors, raconte-
« t-il, des excuses aux personnes qui m'avaient blessé,
« en les priant toutefois de ne pas confondre l'admi-
« nistrateur avec la chose administrée, qui est bonne
« en soi et peut procurer la gloire de Dieu.

« Cela, ajoute-t-il, m'a rempli l'âme de paix et de
« suavité, et je me suis toujours promis d'agir de même
« quand l'occasion s'en présentera. »

La raison profonde qu'il donne de sa conduite en cette occurrence, mérite d'être connue et méditée par tous ceux que la critique atteint dans l'exercice du ministère et dans l'établissement des œuvres de charité :

« Une chose m'avait d'abord arrêté : la crainte de
« nuire à mes œuvres ; mais Jésus m'a ouvert les yeux.
« Comme ces œuvres sont siennes, c'est Lui qui les sou-
« tient ; et un petit grain d'humilité lui est plus
« agréable que des arguments où l'amour-propre est
« souvent mêlé. »

Ces progrès dans la vertu, ces travaux dont nous n'avons tracé qu'une esquisse imparfaite, avaient préparé le jeune apôtre à de plus grandes luttes, sur un autre terrain.

En lui donnant la charge du district d'Ing-tze, au

milieu de difficultés inouïes, le Provicaire pouvait lui dire comme saint Ignace à François Xavier :

« Allez où la voix de Dieu vous appelle ; ce vaste
« champ est digne de votre courage, digne de votre
« zèle. »

CHAPITRE XIII.

(1872.)

Arrivée à Ing-tze.— Triste état de cette mission. — Courage du P. Simon. — Son plan d'apostolat. — Visite des chrétientés. — Le vieux marchand d'idoles. — Sa mère le réclame. — Réponse admirable du jeune apôtre. — Importance des catéchuménats. — Organisation et fonctionnement de cette institution. — Terrible épreuve. — Arrivée de Barbe et de Cécile. — Ouverture de l'école. — Visites de confrères.

C'était en qualité de procureur de la Mandchourie que le P. Simon arrivait à Ing-tze. A ce titre il devait gérer les finances de la Mission et pourvoir aux exigences de la vie matérielle pour la nourriture, les vêtements, etc.; en un mot il lui incombait, suivant sa pittoresque expression, *de faire bouillir la marmite.*

Cette fonction, qui ne ressemblait en rien à une sinécure, n'était pourtant qu'un côté accessoire, qu'une très-mince partie de la tâche qu'on lui avait assignée. On lui avait découpé dans la carte de la Mandchourie un district proportionné à son courage, à son ambition apostoliques. Son quartier général était établi à Ing-tze, port de commerce important, à l'embouchure du Leao ;

mais son camp s'étendait dans un rayon de trente lieues et au-delà.

Provisoirement (et ce provisoire dura jusqu'à la mort du jeune apôtre), le district personnel de l'évêque fut annexé à celui du Père Simon.

A l'heure où il y arrivait, les consolations spirituelles étaient à peu près nulles : un millier de chrétiens étaient disséminés dans les campagnes et dans trois villes, et noyés dans la multitude des païens (ce que saint Augustin appelait spirituellement : quelques grains dans beaucoup de paille) ; pas une famille chrétienne à Ing-tze.

La colonie européenne, assez nombreuse, se composait surtout d'Américains et d'Anglais, tous protestants, ayant moins souci de leur âme que de leur négoce.

« En résumé, écrivait le Missionnaire, c'est un petit « enfer à transformer en paradis. Les poëtes de l'an- « tiquité ont chanté les travaux d'Hercule ; il faudrait « renouveler au spirituel les exploits de ce héros de la « fable. »

La nature la plus courageuse se fût effrayée de cette perspective de travaux ; mais l'abbé Simon savait avec saint Augustin que « celui qui aime ne peine pas ». Comptant avant tout sur l'aide de Dieu, il mesura sa tâche avec cette joie intime qu'inspire aux grandes âmes la vue d'un acte héroïque à accomplir. « Enfin, » s'écria-t-il contemplant son héritage, « voilà que je commence à vivre. » — « Laissez-vous manger pour les âmes, » lui écrivait la Mère Marie-Thérèse. Sa vie à Ing-tze ne fut que la mise en pratique de cette recommandation.

Pour une bataille de cette importance, pour une lutte de cette durée, il faut un plan d'ensemble ; après la bénédiction divine, c'est un élément indispensable pour la fécondité du ministère apostolique : on évite par-là les fausses manœuvres qui entraînent l'éparpillement des forces, le gaspillage des ressources. Ce plan, le missionnaire le combina aux pieds du crucifix en s'inspirant des lumières de l'expérience, et il en poursuivit la réalisation avec une opiniâtreté indomptable, sans préjudice des modifications accessoires indiquées par les circonstances.

Disons sommairement qu'il avait décidé l'établissement de catéchuménats, d'écoles, de salles de prédication, d'apprentissages. Nous étudierons en détail chacune de ces fondations, à mesure qu'elle surgira au cours du récit.

Après s'être initié aux obligations de sa charge et avoir pourvu aux affaires courantes, le jeune Procureur résolut de faire une première visite de sa chrétienté et de se mettre en rapport avec le troupeau qui était confié à sa garde. Il débuta par la seconde capitale de son district, Nieou-t'chouang, à laquelle le caractère revêche de ses habitants a fait donner le surnom de « Ville des

Bœufs », ou « Ville à cornes ». Si le missionnaire n'eut pas à souffrir de l'humeur peu accommodante de ses paroissiens, il fut grandement affligé de leurs dispositions religieuses. Le manque de prêtres et le contact des païens y avaient développé une indifférence plus dangereuse que l'impiété ouverte. Néanmoins ses exhortations, bénies de Dieu, amenèrent beaucoup de chrétiens au saint tribunal, en même temps que la conversion de quatre païens inaugurait son apostolat dans ces parages. Il prit dès lors la résolution d'y donner des retraites spéciales pour chaque sexe. « C'est, disait-il, le meilleur « moyen d'allumer et d'entretenir le feu sacré dans « une chrétienté. » L'expérience ne devait que le confirmer dans cette pensée.

Son âme se dilata et se sentit plus à l'aise dans sa chrétienté de Hoou-cang-tse. Elle ne se composait guère que de robustes paysans adonnés à la culture et très-fidèles en général aux pratiques religieuses.

Les confessions surtout l'accablèrent dans cette visite ; et ce fut pour lui un surcroît de fatigues d'autant plus grandes que, sans apporter dans ce ministère les scrupules d'un esprit étroit et méticuleux, il pensait avec raison qu'il n'est pas bon d'expédier lestement cette besogne et, comme on dit vulgairement, de *confesser à la vapeur.*

« Je me suis convaincu là, écrivait-il, combien est « mauvaise la méthode de ceux qui confessent trop

« vite. Ils font plus de besogne que de bon ouvrage, ils
« tuent souvent des âmes qui ne demanderaient qu’à
« vivre. »

Entre autres conversions, une surtout réjouit son âme
par l’esprit de générosité qui l’accompagna : la conversion d’un vieux païen, marchand d’idoles et de toutes
sortes d’objets de superstition. Ce commerce était son
unique gagne-pain, et l’on pouvait craindre que l’amour
du lucre ne parlât plus haut que la conscience : on
peut brûler ce qu’on a adoré, mais brûler ce dont on
trafique !... Pourtant le vieillard n’hésita pas, et au lieu
de se dire comme quelques-uns de ses confrères d’Europe : « Avant tout, le commerce » ; il réunit en un
monceau tout ce qui remplissait son magasin , et y mit
le feu, que les catéchistes se firent un malin plaisir
d’attiser.

Les visites terminées, il restait au Missionnaire quelques jours libres, avant que le fleuve ouvert à la navigation lui permît de rentrer à Ing-tze. Il en profita pour
rafraîchir des souvenirs bien doux, dans une excursion
à Si-Hoang-ti, où il avait fait ses premières armes.

Il revit avec attendrissement sa chapelle de chaume,
sa chambrette couverte de paille de millet, et le petit
enclos, ombragé de trois arbres, dans lequel il avait
promené ses pieuses méditations et ses rêves d’apostolat ; et il ne put retenir ses larmes quand, accourant
à la première nouvelle de son arrivée, tous les habitants

8

de Si-Hoang-ti vinrent lui témoigner leur joie de son retour et le supplier de rester au milieu d'eux.

A peine de retour à Ing-tze, l'abbé Simon prend la plume pour converser avec sa mère, dont les lettres, quoique empreintes d'une grande résignation, trahissaient toujours le désir de revoir son Philibert. L'amour filial sert merveilleusement le zèle de l'apôtre quand, doucement, avec toutes les délicatesses du cœur, tous les ménagements de la charité, il conduit sa mère par la main sur les hauteurs de l'abnégation complète, et l'amène graduellement à ce dernier acte de détachement qui va parfaire son sacrifice et assurer sa récompense :

« Tu dis, mère chérie, que, si je retournais près de
« toi, tu te soignerais pour vivre et pour faire pénitence.
« La grande pénitence que Dieu te demande aujour-
« d'hui, tu la connais : c'est la privation de ma pré-
« sence. Fais généreusement ce grand sacrifice : Dieu
« te le comptera plus que tous les jeûnes et toutes les
« mortifications

« Si je me rendais à tes désirs, tu aurais le remords
« continuel d'avoir préféré ta consolation personnelle
« à la gloire de Dieu. En me laissant ici, en me sacri-
« fiant une dernière fois, tu acquiers d'immenses mé-
« rites, et tu contribues au salut d'un grand nombre
« d'âmes.

« Les gens du monde, qui ne comprennent rien aux
« choses célestes, te diront que le premier devoir d'un

« bon fils est d'assister sa mère et de la consoler. Mais
« toi, instruite par la foi, tu sais qu'il y a quelqu'un qui
« doit passer avant tout : c'est le bon Dieu. J'ai trouvé,
« à la fin de ta lettre, une phrase qui m'a fait grand plai-
« sir et sur laquelle j'ai collé mes lèvres : c'est celle où
« tu me dis que mon frère aimait les pauvres et que tu
« commences à les visiter en son nom.

« Oh ! quelle bonne chose ! Oui, mère chérie, voilà
« ton emploi, voilà désormais ta véritable vocation.
« Comme Marie, en sacrifiant Jésus, devint la Mère
« d'adoption de tous les hommes, ainsi, en perdant tes
« fils, tu seras devenue la mère adoptive de ceux qui
« souffrent autour de toi. »

Et qu'on ne s'imagine pas qu'en se refusant le plaisir
si naturel d'aller consoler sa mère, M. Simon prit ce
parti stoïquement et les yeux secs. Non : sa détermination eut toute l'amertume et tout le mérite d'un sacrifice héroïque. Il le dit en des accents admirables, dans
une lettre où il recommande sa mère à la charité
dévouée de son directeur de conscience :

« Vous seul, mon Père, pouvez, sinon guérir, au
« moins adoucir les blessures faites au cœur de ma
« mère. Vos paroles seules feront descendre la résigna-
« tion et la paix dans cette âme bouleversée. Il n'y a
« que ceux qui savent parler avec amour du Calvaire
« et du Paradis qui puissent faire triompher la grâce
« dans ce duel avec la nature.

« Je le devinais ce duel terrible ; mais vos lettres me
« le mettent sous les yeux. L'issue ne m'en paraît pas
« douteuse : ma mère sortira de cette épreuve plus
« sainte et plus dégagée.

« Pauvre désolée ! je comprends d'autant mieux son
« affliction que je l'éprouve moi-même. Les occupa-
« tions du ministère font une diversion à ma douleur ;
« mais, aussitôt seul, je me sens le cœur dans un étau,
« et je dois me dire souvent : *Sursum corda !* »

C'était en effet dans les occupations d'un ministère
très-actif qu'il cherchait uniquement ses distractions,
et elles ne lui étaient pas ménagées avec parcimonie.

Sachant que l'œuvre d'un grand général n'est pas tant
de payer de sa personne que de s'entourer de bons
auxiliaires et de choisir avec soin ceux qui doivent commander en sous-ordre, le P. Simon s'étudiait surtout
à former des prédicateurs et des catéchistes, auxquels il s'efforçait d'inculquer son amour de Dieu et
des âmes. Ce fut son talent et son honneur de deviner
les hommes et de savoir les utiliser.

A cinq lieues d'Ing-tze se trouvait un gros village
entièrement païen. Un catéchiste pieux et zélé y fut
envoyé en avant-garde. Ce premier coup de filet, s'il
n'amena pas de poissons, permit de concevoir de légitimes espérances : sans être converties, les âmes étaient
ébranlées. Mais c'était à Ing-tze qu'il fallait frapper des
coups décisifs.

Notre ami sondait le terrain en consultant Dieu pour savoir où faire la première brèche, quand la Providence lui indiqua le point vulnérable à attaquer.

Dans la colonie européenne, un Irlandais catholique et un Anglais protestant, qui tenaient un ménage interlope, avaient manifesté l'intention de régulariser leur situation par le mariage et de vivre dès lors en fils soumis de l'Église. Deux familles catholiques furent ainsi constituées, et leurs enfants étaient appelés à former le noyau de la première école.

Trouver des institutrices n'était pas un mince embarras ; mais, dans ses courses apostoliques, le Père avait visé deux femmes d'un certain âge qu'il jugeait aptes à cette besogne. Sans plus tarder, il écrivit à son Supérieur pour obtenir l'autorisation de les faire venir à Ing-tze.

Mais l'œuvre par excellence de l'abbé Simon, celle qui reste sa gloire incontestée et qui fut le principe, après Dieu, de ses succès apostoliques, ce fut l'œuvre des catéchuménats.

« Bauzée, » disait saint François Xavier à l'un de ses compagnons, « que le catéchisme soit le premier soin « de votre charge. Ne croyez pas avoir rien fait, si vous « le négligez ; et comptez sur tout le reste, si l'on s'ac-« quitte avec fidélité d'un emploi si nécessaire. »

L'enseignement catéchistique est en effet pour l'âme

chrétienne l'aliment fortifiant par excellence, comme c'est le mieux approprié aux besoins spirituels de chacun. On sait quelle estime les Saints en ont faite, et nul n'ignore avec quelle insistance l'Église le recommande à ses ministres.

Dès les premiers temps du christianisme, nous trouvons le catéchuménat établi et élevé à la hauteur d'une institution. C'était le noviciat des aspirants au baptême qui, répartis en divers groupes, y recevaient l'instruction religieuse de la bouche des catéchistes attitrés, chargés aussi de surveiller leur conduite.

Les Missionnaires se sont approprié cette discipline et l'ont transportée dans les pays infidèles : l'analogie de situation explique l'emploi des mêmes moyens d'action.

Dans la pensée de l'abbé Simon, qui n'était du reste en cela que l'écho de l'expérience, la prédication publique dans des salles affectées à cet usage donnerait le branle aux âmes et serait le point de départ des conversions ; mais la science divine ne pourrait entrer sérieusement dans les esprits qu'à la condition d'être l'objet exclusif d'une étude spéciale. Or, pour l'immense majorité, les conditions de l'existence ordinaire étaient un empêchement insurmontable. Il fallait donc une habitation où les candidats au baptême, triés avec soin, pourraient, sans être exposés au contact pernicieux de leurs familles païennes, se consacrer entièrement à l'étude des vérités de la foi. Soumis à une discipline à la fois douce et ferme, sans préoccupation de la vie matérielle, ils seraient là, pendant un ou deux mois, l'objet de soins attentifs et continus, et, au fur et à mesure de leur départ, ils seraient remplacés par d'autres catéchumènes qui tiendraient ainsi les cadres au complet.

Certes, notre ami ne se dissimulait pas les imperfections et les dangers de cette organisation; mais il savait que les meilleures choses en fourmillent. Après avoir mis en regard les avantages et les inconvénients probables, après les avoir mûrement pesés, il n'hésita pas à trancher la question par un vote affirmatif.

Restait la question financière, question grave sans être insoluble.

Le Missionnaire comptait beaucoup sur la Providence : « Priez, et priez saint Joseph, écrivait-il aux Carmélites, « de faire venir l'eau à mon moulin pour que j'aie de « bonne farine blanche au goût de Notre-Seigneur. »

Mais il savait aussi que Dieu ne s'est pas engagé à faire des miracles, même pour soutenir les œuvres les plus belles : aussi, tout en escomptant la bénédiction divine, resta-t-il toujours dans les limites tracées par la prudence.

Tout d'abord, il mettait à son actif les conditions très-peu onéreuses de la construction chinoise. Les habitations en Mandchourie sont loin de rivaliser d'élégance avec nos maisons françaises ; mais elles ont du moins l avantage de ne nécessiter que de petites dépenses et de n'entraîner que très-peu de frais : la terre végétale a des propriétés de cohésion qui lui permettent de remplacer, avec une suffisante solidité, le ciment et le mortier de chaux usités dans nos contrées.

L'abbé Simon résolut aussitôt d'essayer ses ailes. Son premier travail d'art fut une bicoque pouvant contenir huit personnes, et qui s'éleva comme par enchantement : c'était le premier catéchuménat et le premier anneau d'une chaîne qui devait s'allonger en proportion des ressources.

Mais il fallait fonder cette œuvre d'une façon durable et lui donner des assises plus solides que la volonté et l'existence d'un homme.

« Je veux, disait-il, sauver après ma mort ceux « que je n'aurai pu sauver pendant ma vie. »

Or, chez lui, de la résolution réfléchie et arrêtée au commencement de l'acte il n'y avait qu'un pas. Ne voulant pas dépouiller sa mère, à laquelle il avait abandonné la jouissance de sa part de l'héritage paternel, ne voulant surtout la contrister en rien, il charge un de ses vieux amis, l'ancien dépositaire de ses secrets de conscience, de contracter en son nom un emprunt de vingt mille francs. Diverses combinaisons plus ou moins bien ourdies devaient lui permettre de solder les intérêts de cette somme. Comme on lui objec-

tait qu'il mangeait son blé en herbe : « Peu importe,
« répondit-il ; je suis décidé à n'avoir jamais d'autres
« héritiers que Notre-Seigneur et les âmes »

En attendant la réussite de cette opération financière, qui avorta en partie par le fait des circonstances,
le missionnaire se livrait corps et âme à l'instruction
des huit catéchumènes groupés autour de lui. Sa méthode d'enseignement, il l'empruntait à saint Augustin
dans le traité *De catechizandis rudibus,* où ce mâle
génie aborde l'exposé du rudiment de la doctrine
chrétienne, dans les moindres détails, avec une simplicité et un sens pratique parfaits.

Il avait toujours présentes à l'esprit, pour sa gouverne, ces lignes admirables qui sont le résumé de tout
le système du grand Docteur : « Vous rendrez compte de
« tout ce que vous rapporterez, vous expliquerez la
« cause et le but de tous les événements par l'amour,
« en sorte que cette grande idée soit toujours devant
« les yeux de l'esprit et du cœur ».

Parfois des scènes assez piquantes venaient varier ses
leçons.—« Pourquoi n'as-tu pas amené ta femme au ca-
« téchisme ? » disait un matin le Père Simon à un de ses
étudiants qui avait passé la soixantaine ? — « Mais ma
« femme n'a pas d'âme : c'est inutile de l'instruire et
« de la baptiser. » Le missionnaire dut recourir à de
longues démonstrations pour convaincre le bonhomme
que les femmes sont destinées, comme les hommes, à

aller au ciel. Ce petit épisode cueilli en passant montre le degré d'abaissement où la femme est tombée dans toute société dont Dieu est absent.

Un matin que notre ami revenait d'une course apostolique, son cœur tressaillit d'aise en voyant dans le port deux navires qui portaient le pavillon français. Il se mit aussitôt en rapport avec les deux capitaines qui, charmés de son aménité, lui rendirent de fréquentes visites à la Procure. Son but n'était pas seulement de se procurer la satisfaction de serrer la main des enfants de la France; mais, se souvenant avec Bossuet « que quiconque possède la vérité la doit à ses frères selon les occasions que Dieu lui présente, » il avait le plus ardent désir de parler à ses compatriotes de leurs âmes et de leur salut. Hélas ! il dut s'avouer que le sol païen n'était pas la terre la plus ingrate.

« Pauvres gens ! » disait tristement le Missionnaire blessé dans ses sentiments de catholique et de Français, « quand donc, ô mon Dieu, ferez-vous disparaître cet « esprit d'impiété qui empoisonne la France et la dis- « crédite à l'étranger ? »

Son âme fut plus consolée des rapports qu'il noua avec l'équipage d'une corvette américaine. Les matelots, presque tous Irlandais, étaient heureux de voir le jeune Missionnaire, qui n'était pas avare de ses visites et ne leur ménageait pas les exhortations. A la sainte Messe qu'il célébra un jour à bord du navire, il eut la joie de distribuer le Pain des forts à bon nombre de ces braves enfants de l'Irlande.

Il n'eut pas moins à se louer des bons procédés des officiers, qui, bien que protestants, facilitaient de bonne grâce au Missionnaire l'accès du navire, et faisaient au besoin fléchir le règlement du bord, pour permettre à leurs marins de remplir leurs devoirs religieux.

Un d'eux surtout voua au Père Simon une affection profonde. Le jeune apôtre l'avait envisagé de ce regard qui pénètre au plus intime du cœur ; et, sous cette écorce de protestant, il avait senti une âme catholique par ses aspirations généreuses. Le Procureur ayant appris la langue anglaise depuis son arrivée à Ing-tze, les relations devenaient faciles ; elles ne tardèrent pas à être cordiales et presque quotidiennes. « Nous avons « ensemble de long entretiens mystiques, » disait M. Simon ; « et nous parlons de Dieu à plein cœur. »

Chose singulière ! ce qui offusquait le plus l'officier protestant, c'était le côté séduisant par excellence de la religion catholique : le culte de la Vierge Marie. Les raisonnements de la théologie ne parvenaient pas à ébranler cette âme cuirassée de préjugés hérétiques : mais les arguments du cœur, les considérations pieuses le touchaient profondément. « Priez la Vierge Marie de « me convertir, » dit-il au Missionnaire en le quittant. Celui-ci ajoutait : « Il viendra certainement à nous si « sa femme ne se met pas à la traverse. »

Une salle de prédication venait d'être ouverte au centre de la ville ; et les premiers succès répondaient aux espérances ; mais la joie du triomphe était payée par des souffrances cuisantes. Pour le déprendre de lui-même et l'attacher exclusivement à la volonté du Maître, pour lui inspirer la défiance en lui faisant sentir sa faiblesse, pour ancrer dans son âme cette vérité trop ignorée, que la vertu et l'amour résident dans la volonté seule et non dans la sensation, Dieu lui retirait les consolations sensibles et ces dons extérieurs qui sont le charme de l'amour divin.

C'était en vain qu'il cherchait le regard du Seigneur ; Dieu se cachait et l'enfonçait dans ce que Fénelon appelle si bien « la nuit de pure foi ». L'ennemi, qui rôde toujours et qui pêche en eau trouble, profitait de cet état pour jeter dans son âme des appréhensions, de vagues inquiétudes, qui élevaient des nuages dans l'esprit et alanguissaient la volonté.

« Mon âme a le spleen, disait-il. Tout me fatigue et
« me pèse. Une inquiétude autrefois inconnue me
« ronge sans relâche. Oh ! que la privation de la vue
« de Dieu doit être cruelle dans l'enfer, puisque l'ab-
« sence des tendresses célestes rend la vie si insuppor-
« table ! Qui me donnera comme à l'oiseau de trouver
« un nid pour reposer mon aile fatiguée ? Le nid, je le
« connais, c'est le Cœur de Jésus ; mais je ne m'y
« abrite un instant que pour en sortir aussitôt. »

Les catholiques *à gros grains* qui liront ces lignes ne comprendront ni n'apprécieront guère ce malaise spirituel ; ils seront tentés de regarder ces tristesses comme des chimères d'un esprit malade, comme les visions d'une imagination exaltée. Tout autre sera l'impression des âmes d'élite, qui hantent les sommets, et qui connaissent les voies mystérieuses par lesquelles il plaît à la Providence de faire passer les privilégiés de l'amour divin.

Si troublée que fût son âme, l'abbé Simon ne laissa pas entamer sa volonté ; il n'oublia pas que le vrai et l'unique moyen de rendre cette épreuve profitable réside dans ce principe si admirablement formulé par le pieux archevêque de Cambrai : *Il ne faut jamais tant s'abandonner à Dieu que quand il semble nous abandonner.*

Ecoutons plutôt le cri de son âme : « Jusqu'à ce « jour, ô mon Dieu, vous m'avez nourri de lait « et de miel ; maintenant vous voulez m'habituer à la « peine, me faire goûter le fiel et le vinaigre. Mon Dieu « chéri ! que votre volonté se fasse et non la mienne ! »

Saint Bernard affirmait que toute humiliation est l'indice et l'avant-coureur d'une faveur spirituelle : l'abbé Simon allait en avoir la preuve, pour lui-même et pour son ministère.

Il sortait à peine de cette crise pénible quand lui arriva une lettre de M. Boyer. Le Provicaire, acquiesçant à ses désirs, lui envoyait deux filles âgées, d'une instruction suffisante, et d'une piété éprouvée : sans être affiliées à aucun Ordre, c'étaient de parfaites Religieuses pour l'abnégation et le dévouement.

Quelques jours après, Barbe et Cécile débarquaient à Ing-tze et allaient occuper le modeste local affecté par le Procureur à l'installation de la première école de filles. Six enfants avaient répondu à l'appel du Missionnaire, et étaient venues se grouper autour des institutrices.

C'était un commencement modeste ; mais on sait ce que devient le grain de senevé sous l'influence de la bénédiction divine

D'ailleurs, en ce moment, l'état de ses finances ne lui eût pas permis de donner plus d'extension à son école : la bourse était moins grande et surtout moins remplie que le cœur. Une barque qui transportait des vivres et différents objets à destination de Moukden, venait de faire naufrage, et le Procureur n'était pas sans appréhensions sur les conséquences de cette perte imprévue. « Faites des reproches à saint Joseph, écrivait-il aux « Carmélites : il a négligé de protéger ses amis. Pour- « tant c'est moi seul qui suis coupable : en faisant « cette expédition, je n'ai pas chargé le bon Saint de « veiller sur la cargaison. »

Pour faire diversion à ses préoccupations financières, il avait d'amples ressources dans l'arrivée de nombreux confrères qui venaient lui demander l'hospitalité. Non-seulement tous les Missionnaires destinés à la Mand-chourie débarquaient à Ing-tze, et y faisaient une station pour se reposer des fatigues de la traversée ; mais ces vaillants de l'apostolat que l'âge ou les maladies con-damnaient temporairement au repos, frappaient à la porte de la Procure. La position géographique d'Ing-tze les attirait sans doute ; mais l'aménité du Procureur n'était pas sans influer sur leur détermination.

A certains jours il y avait encombrement et la Pro-cure débordait ; mais un Missionnaire n'est pas exi-geant, et la cordialité de l'accueil faisait oublier la gêne de l'installation.

Au milieu d'octobre M. Simon reçut Monseigneur Ridel, évêque de la Corée, Monseigneur Ridel « dont la mitre ressemble à une couronne de martyr », et qui guette depuis si longtemps l'instant favorable pour rentrer dans sa chère Mission. Vers la même époque y arrivait le doyen des apôtres de la Mand-chourie, l'ancien curé de Saint-Benoît, M. l'abbé Venault, que les Chinois, bons juges en cette matière, ont surnommé « le Saint vivant ». Une fracture à l'é-paule, gagnée dans une course aux malades et long-temps négligée, l'avait réduit à un état qui inspirait de sérieuses inquiétudes. Pendant plusieurs mois l'abbé Simon se constitua son infirmier, et lui prodigua ses soins avec la tendresse d'un fils pour un père vénéré.

Un autre jour, le vapeur amenait un jeune Poitevin, l'abbé Raguit : l'accueil devait être double ment cor-dial. La joie s'accrut et la sympathie fit place à une affection profonde quand notre ami eut retrouvé dans son jeune confrère l'esprit d'abnégation, le zèle ardent qui le caractérisaient lui-même ; leurs deux âmes devinrent sœurs ; leurs cœurs battirent toujours à l'unisson pour la gloire de Dieu et le salut des âmes.

Les quelques mois que l'abbé Raguit passa à Ing-tze pour apprendre la langue chinoise, parurent trop courts aux deux amis. Le soir, quand chacun avait accompli la besogne de la journée, on se retrouvait au coin du feu, on égrenait le chapelet des nouvelles, on causait théologie ; et surtout on discutait des plans pour la conversion des infidèles. Mille projets se croisaient dans le feu de la conversation. Tous n'étaient pas réalisables, et il arrivait bien aux deux Missionnaires de bâtir quelques-uns de ces châteaux dont on donne à tort le monopole à l'Espagne ; mais, rêves pour rêves, j'aime encore mieux ceux-là que les rêves de Constitution.

Il fallait du reste s'arracher à ces doux épanchements pour aller faire la visite des chrétientés.

M. Simon put constater que la semence divine portait ses fruits ; et de nombreuses conversions, des retours signalés à la pratique religieuse le dédommagèrent de ses fatigues.

CHAPITRE XIV.

ANNÉE 1873.

Les étrennes du Petit Jésus. — Consécration de son district au Sacré-Cœur et vœu de bâtir une chapelle. — Anniversaire de la mort de son frère. — Humilité du Missionnaire. — Plan de la chapelle. — Lettre à sa mère. — Eugénie de Guérin. — Visite de Niéou-t'chouang. — Projet d'emprunt. — Pose de la première pierre de la chapelle. — Consolations admirables sur la perte d'une sœur. — Maladie et mort de sa mère.

Eugénie de Guérin affirmait que le Ciel lui donnait des étrennes. L'abbé Simon aurait pu tenir le même langage au renouvellement de l'année. Il se disposait à quitter Yang-Koan, pour revenir à Ing-tze, par un froid des plus rigoureux, quand le Petit Jésus se présenta devant lui sous la figure d'un enfant abandonné. Un chrétien qui l'avait recueilli sur la voie publique, s'empressa d'en faire cadeau au Missionnaire, qui l'accepta joyeusement pour augmenter sa famille d'adoption.

Il l'installe à ses pieds sur le chariot épiscopal, en faisant des vœux pour n'être pas envahi par la vermine qui hantait les guenilles et la chevelure du petit malheureux.

Pendant une demi-heure tout alla à merveille ; mais

l'enfant était vêtu trop à la légère pour résister à la rigueur du froid : bientôt la douleur lui arracha des larmes.

« Alors, raconte le Père Simon, il me sembla voir le
« Petit Jésus grelotter dans sa crèche, et je me sentis
« un cœur de Marie pour lui. La vermine ne m'inspi-
« rant plus de craintes, je le pressai sur mon sein, et je
« l'y gardai tout le reste du voyage.

« Une grande joie intérieure m'inondait. — Bon
« Petit Jésus, disais-je, c'est vous que je tiens dans mes
« bras. Père éternel, je vous l'offre ; je vous le consa-
« cre ; je l'instruirai ; je le baptiserai ; je veux qu'il
« vous connaisse et qu'il vous aime. »

Bravo ! généreux Missionnaire : du haut du Ciel saint François d'Assise vous applaudit, et sainte Elisabeth vous reconnaît pour un des siens !

Si le Petit Jésus lui avait donné de jolies étrennes, notre ami ne resta pas en retard : huit baptêmes d'a-dultes à Yang-Koan, sept à Ingt-ze composèrent son bouquet de Noël.

Une autre surprise était ménagée depuis longtemps à celui qu'il appelait « son ami d'enfance ». Le jour de la Nati-vité, à Yang-Koan, le Père avait consacré publiquement son vaste district au Sacré-Cœur du saint Enfant ; et il avait fait vœu de lui élever une chapelle sous ce vocable.

Le jour de l'Épiphanie, il renouvela la consécration à Ing-tze, dans une cérémonie qui laissa de bien bons souvenirs aux nombreux chrétiens accourus à la fête.

Sur le marchepied de l'autel s'élevait une crèche, gracieusement ornée, dans laquelle reposait un Petit Jésus de cire, présent du général de Sonis. La fête commença par le chant d'un noël chinois, œuvre commune des Pères Raguit et Simon, qui avaient adapté des paroles à un cantique du maëstro Poitevin, M. l'abbé W. Moreau. Vint ensuite l'appel de onze catéchumènes reconnus aptes à suivre les instructions préparatoires au baptême. Debout près de la crèche, M. Simon les nomme successivement, et ils viennent se ranger en demi-cercle devant lui. Il leur impose un nom de Saint, et leur demande s'ils veulent renoncer à leurs superstitions et adorer Jésus-Christ, vrai Dieu et vrai homme. Sur leur réponse affirmative, le Missionnaire leur enjoint de se mettre à genoux devant la crèche et d'offrir leurs hommages au divin Enfant. Alors, dans une allocution émouvante, M. Simon leur expose le mystère d'amour de l'Incarnation ; et sa charité brûlante semble avoir passé dans les âmes de ses auditeurs quand à la question : « Jurez-vous d'être fidèles à Dieu ? » tous répondent d'un cri unanime : « Je le jure. »

Ces douces impressions de la fête de l'Épiphanie n'imposaient point silence à des souvenirs douloureux : à pareil jour, il y avait deux ans, son frère était tombé sur le champ de bataille. Cet anniversaire, le Procureur l'avait célébré le matin avec la mère affligée.

« Il faut aujourd'hui, mère chérie, que je rapproche
« mon âme de la tienne pour parler de notre Pierre...

« Ah ! si nous pouvions tous deux monter au Ciel
« pour le voir, comme nous serions ravis de joie en
« contemplant son bonheur ! Ce jour n'est point pour
« lui un jour de tristesse, mais un jour de fête : c'est
« l'anniversaire de son entrée au Paradis. »

Rentré le soir dans sa chambrette, seul avec Dieu et
avec ses souvenirs, le frère laisse courir sa plume et lui
fait traduire les sentiments qui se pressent dans son
cœur.

Rarement l'amour de Dieu et de la famille a inspiré de plus beaux accents. Cette page admirable est
une preuve sans réplique que, si l'éloquence, comme on
l'affirme, jaillit du cœur, elle a aussi dans la foi une
autre source d'un jet plus haut, d'un volume plus considérable.

« 6 janvier, fête de l'Épiphanie, date de larmes et
« de sang sur la terre, date de joie et de gloire dans le
« Ciel.

« O mon frère bien-aimé, que de sentiments divers
« agitent mon âme ! Je souffre et j'adore, je pleure et je
« rends grâces.

« Mon Dieu, que vos bontés sont terribles et que vos
« sévérités sont miséricordieuses !

« Il était prêt; vous ne l'avez point pris à l'impro-

« viste. Douter de son salut serait une injure à votre
« bonté : Pierre est au Ciel !

« Le jour de l'Épiphanie a vraiment été le jour où
« Jésus s'est manifesté à cette âme bien-aimée. Mon
« ami, mon frère chéri, tu contemples maintenant la
« face de Dieu ; tu es parmi les chœurs des anges. Peut-
« être même Jésus t'a-t-il assigné une place dans les
« rangs des martyrs.

« La blessure que tu as reçue au cœur, brille comme
« un astre, et la cour céleste te félicite d'avoir cette res-
« semblance avec le Sauveur. O mon bien-aimé, puis-
« je m'attrister de ton bonheur ?

« Ah ! sans doute, si l'on envisage ton trépas avec
« les yeux de la chair, on ne peut s'empêcher de gé-
« mir et de pleurer sur toi. Assez de liens, de pures et
« saintes affections faisaient le charme de ta vie pour
« mériter un regret. Ta mère, ta fiancée, moi ton frère
« nous mettions en toi notre joie, notre bonheur d'ici-
« bas. Maintenant, pourquoi tiendrions-nous à la terre ?
« Que nous reste-t-il ? Rien, sinon des larmes et des
« souvenirs pleins d'amertume.

« Mourir à ton premier combat, tomber sous les
« premières balles, comme une victime choisie d'a-
« vance, cela désole la nature ; mais la foi en est
« ravie.

« Tu étais vêtu de la robe nuptiale, et tant d'autres
« ne l'étaient pas ! Voilà pourquoi Dieu a jeté de préfé-

« rence les yeux sur toi. Glorieux et douloureux choix
« qui console et navre mon âme!

« Cette mère qui ne vivait plus que de toi et en toi ;
« cette fiancée, qui t'avait donné le plus pur de son cœur
« en échange du tien, hélas! elles t'attendent, et tu ne
« reviendras point : elles n'entendront jamais ta voix
« ici-bas.

« Mais du haut du ciel, tu les vois, tu les aimes, tu
« les appelles : là du moins le rendez-vous ne sera pas
« manqué.

Dis-moi, mon bien-aimé, dans quel lieu tu résides !
Habites-tu là-haut les demeures splendides
            Où l'œil s'enivre de clartés ?
Nages-tu dans la mer sans écueils, sans rivages?
Fixes-tu le soleil qui n'a pas de nuages,
            Le soleil de l'éternité ?

Mais d'où vient qu'en mon cœur tout remue et frissonne ?
Quelque chose de doux, d'aimable m'environne...
            Ame de mon frère, est-ce toi?
Est-ce toi, tendre ami, qui reviens sur la terre,
Qui de joie et de paix remplis mon atmosphère,
            En voltigeant autour de moi ?

Approche, esprit chéri : je n'ai pas peur, je t'aime ;
Pénètre dans mon cœur, comme un autre moi-même :
            Je t'aime comme je t'aimais.
Ton essence est plus pure, et ta vie est plus belle
Qu'au temps où j'admirais ta figure mortelle
            La mort nous unit à jamais... »

.   .   .   .

Le souffle de l'Esprit-Saint ébranlait Ing-tze et le mouvement vers la foi s'accentuait chaque jour davantage. Le zèle qui dévorait l'abbé Simon était contagieux : on voyait de tous côtés les nouveaux convertis ardents à répandre la bonne nouvelle et à exercer l'apostolat dans leur entourage. A l'exemple de saint Hilaire, notre abbé « ne grandissait pas seulement par ses mérites personnels, mais encore par l'avancement de ceux qui lui étaient confiés ». Presque chaque jour lui apportait en ce genre des consolations inattendues, qui faisaient monter à ses lèvres le cantique d'actions de grâces.

A la fin de janvier, un de ses catéchumènes lui annonce qu'une famille aussi nombreuse que celle de Jacob manifeste le désir d'être instruite de la foi chrétienne. « C'est si beau, que je n'ose y croire, » disait le Missionnaire. Néanmoins, pour ne pas laisser éteindre l'étincelle, il dépêche aussitôt un de ses meilleurs catéchistes, chargé de cultiver ces bonnes dispositions et de les faire fructifier.

Avec le succès attirant les applaudissements, son humilité croissait, et tous voyaient s'épanouir dans son âme cette vertu que saint Bernard appelle « la fleur rare par excellence : l'humilité au milieu des louanges ».

Et cette vertu chez lui était simple et franche : il ne se dissimulait pas le bien accompli, mais il en renvoyait toute la gloire au Seigneur dont il se proclamait l'instrument indigne.

La vue de sa faiblesse, de ses défaillances même, loin de le décourager, ne faisait que donner plus d'ardeur à son zèle , plus de ressort à sa volonté : on se sent si fort quand on ne compte que sur Dieu ! C'était ce sentiment qui inspirait sa lettre à la Mère Marie-Thérèse, lettre dans laquelle il réduit à néant ses craintes chimériques de nuire à la mission de Mandchourie par ses imperfections spirituelles :

« Vous me faites rire quand vous dites que vous atti-
« rerez sur moi les châtiments du Ciel à cause de votre
« peu de progrès dans la vertu : c'est justement par l'a
« veu de votre impuissance que vous me venez en
« aide. Tout ira bien tant que vous ne croirez pas
« avoir autre chose que votre néant pour me secou-
« rir.

« Voyez le corps du Petit Jésus, comme il est frêle !
« et c'est pourtant au moyen de cette chair délicate
« qu'il a vaincu le monde. « Il s est revêtu de force et
« entouré de puissance », chante l'Église durant les
« fêtes de Noël : paroles vraiment sublimes et qui con-
« fondent la sagesse humaine !

« Vous aussi vous êtes la chair, l'enveloppe de Jésus :
« plus vous êtes faible, infirme et impuissante, plus
« Il est puissant en vous. La seule chose nécessaire ,
« c'est que vous teniez d'une main sûre le gouvernail

« de la volonté, ce petit rien qui dirige tout le na-
« vire. »

Un jour le Seigneur disait à David : « Tu as songé à
« élever un temple en mon honneur. C'était une bonne
« inspiration ; mais cependant c'est à ton fils qu'est
« réservé l'honneur de la réaliser. » Plus heureux que
le Roi-Prophète, l'abbé Simon se sentait mystérieuse-
ment poussé à élever au Maître du ciel une demeure
moins indigne de Lui. Il résolut de ne pas différer plus
longtemps l'exécution de son vœu. D'ailleurs le premier
effet des conversions multipliées était de rendre beaucoup trop étroite la hutte qui servait de chapelle.

Après bien des combinaisons , des études de plans,
l'église du Petit-Jésus sortit un matin de son esprit et
aussi de son cœur.

C'était, ou plutôt ce devait être une chapelle gothique
à une seule nef, de 62 pieds de long sur 22 de large.

Au-dessus de chacune des fenêtres géminées était
un fronton. Point de clocher : c'eût été trop dispen-
dieux ; mais de jolis clochetons surmontant chaque
contre-fort. L'autel était placé à l'orient, dans une abside
à trois côtés. Les pierres de taille étaient mises avec
parcimonie, et les briques dominaient : la nécessité
imposait ces conditions contre lesquelles protestaient
le cœur du prêtre et le goût de l'artiste. On compren-
dra facilement les raisons de cette économie, en consi-
dérant que le Provicaire ne lui allouait qu'une somme

8**

de deux mille deux cents francs, prise sur les aumônes de la Propagation de la Foi et de la Sainte-Enfance : le Missionnaire avait besoin de s'ingénier pour parfaire la différence. Néanmoins il jubilait ; et comme « l'amour n'est pas oisif », notre architecte improvisé attaque aussitôt les préliminaires de la construction, qui devaient apporter plus d'une entrave à ses désirs, plus d'un retard à son impatience.

« Bâtir une chapelle à l'Enfant-Jésus, s'écriait-il , « c'est si plaisant, et il faudrait que ce fût si beau ! Je « voudrais n'y faire travailler que des Anges. »

Il fut réduit à y employer des païens, dont plusieurs y gagnèrent plus et mieux que le pain matériel : leurs rapports quotidiens avec un apôtre de cette valeur devaient les conduire à la vérité.

Si des baptêmes nombreux appelaient une chapelle plus vaste, l'arrivée de nouveaux catéchumènes nécessitait une extension des catéchuménats. Tout en préparant sa grande construction , le Père se mit à bâtir dix nouvelles chambres qui s'alignèrent des deux côtés de la Procure et en formèrent les ailes. Encore un peu de temps, et il aura réalisé son rêve : une cité de catéchumènes divisée en trois parties, où les hommes , les femmes et les enfants auront une organisation distincte, une existence à part, une instruction séparée.

On se demande comment avec une vie si mouvementée , comment au milieu d'occupations qui auraient suffi pour absorber le temps de plusieurs personnes, notre missionnaire pouvait trouver le moyen de vaquer à une correspondance aussi longue que nombreuse. C'était un de ses plaisirs les plus chers et, disons-le, les plus utiles dans les conditions où il se trouvait : aussi sacrifiait-il volontiers de ses récréations et de son sommeil pour se le procurer. D'ailleurs chez lui le jet était si vif, si abondant, que la plume avait des ailes comme la pensée.

Et vraiment je regrette que les limites de cet ouvrage me contraignent de passer sous silence tant de jolies choses, de laisser à terre tant de perles qu'il a semées, comme en se jouant, sur son chemin.

Je ne saurais pourtant me décider à omettre cette lettre à sa mère :

« ... Pauvre mère , mon corps est en Mandchourie;
« mais je t'assure que mon cœur est souvent aux Bor-
« des. Cette après-midi, en tisonnant dans mon petit
« poële qui fumait, je pensais à notre foyer des Bor-
« des où j'aurais voulu être assis à tes côtés. Dis-moi
« où tu dors, où tu manges pendant l'hiver. — Dans
« ma chambre, n'est-ce pas ? Dans cette petite cham-
» bre si tranquille, qui ressemble à une cellule de Car-
« mélite.

« Il me semble te voir assise devant la cheminée,
« aux pieds de ma belle sainte Vierge et de son char-

« mant petit Jésus. Tu regardes de temps en temps
« leurs doux visages qui te font penser au Ciel, tu les
« pries, tu les aimes, tu leur offres tes souffrances et
« tes chagrins.

« Puis tes yeux s'arrêtent sur nos photographies ;
« tu nous parles, tu nous appelles, tu nous caresses du
« regard, et tu nous dis mille tendresses.

« Oh ! que de fois, n'est-ce pas ? tu repasses dans ta
« mémoire les heureux jours que nous avons coulés
« ensemble ! Tout ce que nous avons dit ou fait pen-
« dant vingt-cinq ans, se représente tour à tour
« devant toi.

« Te souviens-tu encore de ce premier dimanche
« que nous passâmes ensemble sur la terre ? Je t'ai
« entendue raconter cela autrefois, et je ne l'oublie
« point. J'avais été baptisé le matin ; mon âme était
« toute belle, toute fraîche-vêtue de la grâce de Dieu ,
« et pourtant, te trouvant seule, tu avais presque peur
« de cette petite créature attachée à ton sein. Pauvre
« chérie, qui t'eût dit que ce petit être serait un jour
« missionnaire, et viendrait en Chine travailler à la
« conversion des idolâtres ! »...

Citons encore ce jugement sur Eugénie de Guérin,
cet esprit si vif, si délicat, cette âme si affectueuse,
qui, suivant ses propres expressions, « aimait tant tout
ce qui vient du Ciel » ; sur Eugénie de Guérin, cette
incarnation du dévouement fraternel inspiré par la foi

non moins que par le cœur. Sa générosité la rendait digne d'apprécier le rôle des Missionnaires, dont elle disait un jour : « Que les Missionnaires sont admi-
« rables, et comme de grand cœur je leur donne mon
« sou par semaine ! »

« Je suis dans un petit paradis, un Éden qui fait
« penser au vrai Paradis. Je suis assis au milieu du jar-
« din d'Iang-Koan, dans une allée de hauts poiriers qui
« ombragent ma tête de leurs vertes branches.

« Il fait un temps délicieux. L'air est pur et tiède ;
« la brise n'est pas trop forte ; et le son de la cloche
« qui chante l'alleluia de midi, se mêle harmonieuse-
« ment au fla-fla des arbres. Quel beau temps pour
« s'envoler au Ciel si l'on avait des ailes !

« C'est ici qu'Eugénie de Guérin aurait voulu vivre
« avec son frère. Son Cayla ne devait pas être si beau,
« car il n'avait pas une ceinture de vertes collines
« pour le séparer du reste du monde.

« Vous me parlez de ses Lettres et de son Journal.
« Je partage tout à fait votre enthousiasme pour ces
« ouvrages. Je les ai lus et relus bien des fois sans
« jamais m'en lasser. Eugénie est une belle âme et une
« sainte très-aimable.

« Peut-être a-t-elle eu tort de ne pas suivre ses as-
« pirations à la vie religieuse. Elle était née pour
« être Carmélite : il y avait en elle l'étoffe d'une sainte

8***

« Thérèse. Si Dieu l'attirait ainsi dans le monde, qu'eût-
« ce été dans le cloître ?

« Si, malgré les liens amollissants de la famille, elle
« s'élevait si facilement sur les hauteurs, que serait-
« elle devenue dans le tête-à-tête et le cœur-à-cœur
« continuels avec le Seigneur ? Elle avait soif de sa-
« crifices ; mais comme elle ne fit point celui de tout
« quitter pour Jésus, la maladie du siècle attaqua son
« cœur ; l'ennui la poursuivait fréquemment, et elle
« sentit toujours qu'il lui manquait quelque chose.

« A part ces réflexions, qui me viennent chaque
« fois que je parcours les délicieuses pages de son livre,
« je suis de votre avis, et je bénis Dieu d'avoir accordé
« cette douce lumière à notre époque. »

Ces deux dernières lettres sont datées d'Iang-Koan, où
il était arrivé le 7 février pour faire la visite apostolique.

Après une courte halte à la résidence épiscopale il
était parti pour Niéou t'choûang, où il se proposait, cette
fois surtout, de dépenser son zèle et son temps.

En reculant la date d'un siècle, on eût trouvé là une
chrétienté florissante, qui comptait cinq cents fidèles
dignes de leurs frères de la primitive Eglise. Vint la
persécution de Kung-tshung. La chapelle fut pillée,
vendue à des païens et affectée aux usages profanes.
Quelques chrétiens furent martyrisés, d'autres aposta-
sièrent, le reste demeura ferme dans la foi et refusa de
courber le genou devant les idoles.

C'étaient les descendants de ces généreux confesseurs de la foi qui composaient le troupeau de l'abbé Simon ; mais hélas ! leur christianisme était loin d'être robuste. Le Missionnaire était résolu à tout mettre en œuvre pour rendre à cette chrétienté son premier éclat et son ancienne ferveur.

Le moment lui paraissait d'autant plus opportun que le gouvernement chinois venait de restituer la chapelle aux chrétiens, qui n'avaient pas reculé devant de lourds sacrifices pour l'approprier et la consacrer de nouveau au culte divin.

Par ses soins, une salle de prédication s'éleva à l'extrémité de la ville, et les auditeurs s'y rendirent en grand nombre. Sentant combien la présence d'un prêtre était nécessaire au milieu de cette population, il y laissa son vicaire, le Père Jacques Paï, auquel il adjoignit deux auxiliaires précieux à divers titres : un jeune instituteur et un bonze converti.

Comme, à son jugement, rien de stable ne pouvait se faire en ces parages sans l'établissement d'un catéchuménat, il avisa, avant son départ, à en constituer un dans un local plus ou moins bien aménagé. Afin de ne pas compliquer son administration déjà trop étendue, il traita à forfait avec son vicaire qui se chargea de nourrir les catéchumènes, moyennant une redevance mensuelle.

« Je ne sais pas trop où je prendrai tout l'argent

« dont j'ai besoin, écrivait-il à sa mère. Je compte sur
« la Providence et aussi sur toi : car je connais assez
« ton cœur de mère pour savoir que tu m'enverras tout
« l'argent dont tu pourras disposer, sans t'imposer de
« privations. »

En la remerciant d'une petite somme mise à sa disposition, il essayait de l'amener, par la voie de la persuasion, à vendre les lopins de terre les plus éloignés et les
moins agréables de la propriété des Bordes, sans vouloir
du reste revendiquer la part d'héritage qui lui revenait
légalement.

S'apercevant que cette proposition froissait le cœur
de sa mère, il lui répond aussitôt de tenir sa demande
pour non avenue : « Non, mère chérie, je ne veux pas
« te contrister : puisque la chose te déplaît, qu'il n'en
« soit plus question. »

Néanmoins il était plus que jamais résolu à ne pas
reculer. « Le bon Dieu va de l'avant, disait-il : ce n'est
« pas le moment de rester en arrière. »

C'est alors qu'il prend la résolution d'envoyer sa pro-
curation à un de ses vieux amis, qu'il charge d'emprun-
ter en son nom une dizaine de mille francs.

« J'ai trente ans, lui écrit-il ; c'est le bel âge de la
« vie apostolique, l'âge où Notre-Seigneur commença
« à prêcher. L'unique chose qui me fasse hésiter avant
« de me lancer à corps perdu, c'est la crainte de ne
« pouvoir suffire aux dépenses. Envoyez-moi donc un

« peu d'eau, et vous verrez que le moulin tournera ! »

Après bien des retards indépendants de sa volonté, il voyait les fondations de son église creusées, et tous les matériaux prêts à être mis en œuvre.

La pose et la bénédiction solennelle de la première pierre furent fixées au premier juillet. Le secrétaire de la légation française à Pékin, le comte de Kergariou, était débarqué à Ing-tze où il résida quinze jours. Le Procureur alla le trouver et lui demanda de représenter la France à cette prise de possession de la Mandchourie par l'Enfant-Dieu. M. de Kergariou, dont l'abbé Simon disait plus tard : « C'est un gentilhomme très-aimable et « d'une grande distinction de manières, » répondit très-gracieusement à l'invitation du Missionnaire. Entouré des plus notables résidents européens qui, bien que protestants, lui faisaient cortége, le comte donna le coup de marteau traditionnel à la pierre bénite. Ses compagnons l'imitèrent, pendant que les enfants des catéchuménats et de l'école chantaient le noël chinois à l'Enfant-Jésus ; et tous, y compris les dames anglaises, allèrent signer le procès-verbal d'érection.

« Quand les marins découvrent une nouvelle terre, » faisait remarquer à ce sujet le Père Simon, « ils s'em-« pressent d'y descendre et d'y dresser un monument « quelconque pour en prendre possession au nom de « leur Souverain.

« Et moi aussi, en élevant cette chapelle, j'entends

« m'emparer, au nom du Seigneur, de tout le sud de
« la Mandchourie. »

Désormais les travaux étaient en voie d'exécution, et
ils allaient être poussés activement, grâce à la surveil-
lance incessante du Procureur, qui ajoutait ainsi à son
fardeau déjà bien lourd.

Ce surcroît de besogne ne préjudiciait en rien au
ministère apostolique : la preuve en était palpable
dans ces nombreux baptêmes qui rehaussaient chacune
des fêtes solennelles.

Ce n'était pas non plus pour lui un prétexte de manquer à ce recueillement intérieur que saint François
Xavier recommandait si fort à ses compagnons, à
l'heure des grands travaux. Dans cette solitude intime
où il aimait à se retirer avec Jésus, notre ami retrem-
pait ses armes ; il prenait des forces spirituelles pour
de nouveaux combats ; à la source des grâces il faisait
d'abondantes provisions qu'il distribuait ensuite d'une
main généreuse.

C'était là aussi qu'il puisait le secret de ces consolations si touchantes, qu'il adressait à des âmes
visitées par la tribulation, mais déjà arrivées très-
haut dans ce ciel du détachement et de l'abandon
absolu qu'un maître de la vie spirituelle, Mgr Gay,
a si bien nommé « le vestibule et l'aurore du Paradis ».

« Savez-vous ce que vous êtes maintenant ? » écrit-il

à la Mère Marie-Thérèse éprouvée par la perte d'une sœur tendrement aimée : « vous êtes l'oreiller de Jésus, « et vous n'avez rien à faire qu'à supporter cette tête « chérie. Le Sauveur s'appuie et se repose sur vous ; vous « n'avez besoin ni de remuer, ni de marcher ; il vous « faut seulement soutenir en silence ce fardeau aima- « ble, regarder ce visage endolori, l'arroser de vos « larmes et y coller vos lèvres.

« Le bonheur de saint Jean fut grand lorsqu'il reposa « sa tête sur le sein de Jésus ; mais Marie fut plus « favorisée quand elle reçut entre ses bras son Bien- « Aimé, mort, livide, glacé. Jean ne fit que recevoir, « mais Marie donna. Or, quelque doux et ineffables que « soient les dons de Dieu, il vaut encore mieux Lui « donner que recevoir de Lui : c'est plus parfait et cela « suppose plus d'amour.

« Vous avez reçu beaucoup ; le moment de donner « est venu. Donnez, donnez à pleines mains. C'est en « souffrant qu'on prouve son amour. Qu'est-ce qu'un « amour qui n'a pas subi l'épreuve de la souffrance ? « C'est un bouton de vigne que grille la moindre « gelée.

« Le divin Sauveur ne vous traite pas en enfant gâtée ; « il ne vous dorlotte pas, c'est vrai ; mais comme il « vous aime et vous agrandit !

« Aimons-le, ce Maître chéri, et disons Amen à tout « ce qu'il veut, tout ce qu'il désire ! »

Il allait bientôt être appelé à traduire pratiquement les sentiments qu'il exprimait en termes si admirables, et à faire le dernier sacrifice sur le terrain de la famille.

En dépit de tous les soins, sa mère se mourait, brisée par le chagrin plus que par la maladie ; et les médecins annonçaient un prompt et fatal dénouement. Les lignes suivantes, adressées à une amie de vieille date de madame Simon, vont nous donner une nouvelle preuve de l'étendue de l'amour filial, et de la hauteur de l'héroïsme chrétien chez le jeune apôtre de la Mandchourie :

« Je ne peux pas vous dire combien je suis doulou-
« reusement impressionné par les nouvelles que m'ap-
« porte votre lettre.

« Ma pauvre mère ! elle voudrait vivre, dit-elle,
« pour me voir encore une fois. Les larmes me vien-
« nent aux yeux en songeant à ce désir. Ah ! pourquoi
« suis-je si loin d'elle ? Croyez-vous qu'il ne me serait
« pas doux de la revoir, de la consoler, de l'embras-
« ser ?

« Quand je pense qu'elle se meurt et que je ne puis
« me tenir au chevet de son lit pour l'assister dans ses
« derniers moments, mon cœur est brisé.

« C'est dur ! c'est navrant ! et pourtant la miséri-
« corde de Dieu se laisse voir au milieu de ces peines,

« Qu'il soit béni à jamais ! Voilà ce que je répète en
« pleurant.

« Le cœur m'appelle et m'attire aux Bordes ; mais la
« foi m'enchaîne ici... »

On n'est pas impunément la mère d'un chrétien de
cette trempe : Madame Simon l'éprouva pour le plus
grand profit de son âme. Cette femme simple et pieuse,
agrandie par la souffrance, sut imposer silence au cri
de la nature, et elle accepta avec joie le grand sacrifice
qui coûtait tant au cœur maternel : la privation de
son fils.

Ses dernières paroles furent vraiment sublimes :

« Dites à Philibert que je meurs brisée d'amour pour
« lui, et que j'offre ma vie au bon Dieu pour la con-
« version de ses idolâtres. »

« Mieux vaut que je m'en aille », répétait-elle souvent à son entourage, « quand je ne serai plus, mon
« fils sera plus libre pour se donner à Dieu sans réserve
« et travailler pour sa gloire. »

Munie des sacrements de l'Église, elle attendit l'heure
de Dieu dans le silence et le recueillement.

Sa main défaillante ne se posa point sur la tête
de son fils bien-aimé ; mais sa dernière bénédiction lui
parvint, après être passée par le cœur et les lèvres d'a-
mis dévoués[1], qui montèrent la garde de la piété filiale
près de ce lit d'agonie.

1. M. l'abbé Proton, curé de Chaunay, et M. Jules Riffaut, aujourd'hui membre de la Compagnie de Jésus.

Elle avait terminé sa tâche et accompli son devoir de
sacrifice et de dévouement cachés. La veille de l'Assomption, le Seigneur couronna ses mérites. Quand
cette nouvelle parvint en Mandchourie, elle fit couler
bien des larmes ; quoique prévu, ce coup ne pouvait
qu'être sensible au cœur aimant du Missionnaire. Mais
il ne s'abandonna point à la tristesse comme ceux qui
n'ont point d'espérance ; il regarda du côté du Ciel,
la seule consolation des affligés ; et en résumé le Ciel
est bien près de la terre : nous n'en sommes séparés
que par une cloison, par une *masure*, a dit Bossuet.

« C'est donc fini ! je n'ai plus de mère. Comme je
« suis seul maintenant ! J'ai perdu tous les *miens : je*
« *n'ai plus de famille qu'au Ciel !*...

« Oh ! le Ciel : voilà la seule pensée qui console, qui
« fasse du bien au cœur.

« Pauvre mère bien-aimée ! la vie de gloire et d'a-
« mour qu'elle a trouvée dans le radieux Paradis,
« vaut bien mieux pour elle que la vie de larmes et
« d'amertume qu'elle menait sur la terre. Et cepen-
« dant, quand je pense qu'elle n'est plus, mon cœur
« saigne et mon âme se trouble. Une mère ! c'est si
« bon, si tendre, si dévoué, si fidèle ! Quand on la
« perd on peut bien dire qu'on perd sa meilleure
« amie. »

CHAPITRE XV.

Année 1873 (suite et fin).

Bénédictions que la mort de Madame Simon attire sur le ministère
de son fils. — Baptême de cloches à Niéou-t'chouang. — Le Père
Simon et ses enfants du catéchuménat. — Paul Lu. — L'œuvre
des catéchuménats est violemment attaquée. — Patience et charité du Missionnaire au milieu des épreuves.

A chaque étape douloureuse de la vie du Mission-
nair, comme nous l'avons déjà remarqué, le Seigneur
se plaisait à lui donner, sur le terrain apostolique, des
succès signalés qui étaient pour son âme une joie et un
dédommagement. Lui-même en témoigne après la
mort de Madame Simon : « On dirait que, depuis le
« départ de ma mère, Notre-Seigneur bénit de plus en
« plus mes efforts. Les conversions sont de jour en
« jour plus nombreuses ; et il ne se passe guère de
« journée qu'il ne m'en arrive une, deux, trois et par-
« fois même davantage. Les âmes de mes chers défunts
« font pleuvoir les bénédictions célestes, ou plutôt c'est
« le Petit Jésus qui prend à cœur son titre de Roi de la
« Mandchourie. De toutes parts ce sont des familles

« qui demandent à venir et qui promettent d'embrasser
« la foi.

    « Quelle joie dans mon cœur ! Quelle tendresse et
« quelle reconnaissance j'éprouve envers ce bon Sei-
« gneur, qui m'amène tant de brebis pour augmenter
« mon troupeau ! »

Il fallait une cloche pour chanter les baptêmes qui
étaient la suite de ce mouvement des âmes. En attendant le moment désiré d'en placer une dans la chapelle
du Sacré-Cœur, le Missionnaire ne résista pas à la tentation de faire ce cadeau à l'église de Niéou-t'chouang.

L'installation solennelle de la cloche entrait dans
son plan, comme une amorce pour attirer les païens
et un moyen de leur exposer les vérités de la foi.

Quinze jours à l'avance, des affiches en caractères
chinois annoncèrent la fête et donnèrent le programme
en détail.

Pour être moins pompeuse qu'en France, la cérémonie ne manquait pas d'attraits.

A la porte de l'enclos qui précède l'église, une bande
d'artistes païens faisaient un vacarme musical qui
n'était pas sans charmes pour les oreilles des Mandchoux. Au-dessus de la cloche, parée de blancs vêtements et enguirlandée de fleurs artificielles, se détachait
cette inscription : « Je suis Marie-Thérèse, la cloche du
Sacré-Cœur de l'Enfant-Jésus. »

La bénédiction faite suivant les rites consacrés par

l'Église, des explosions interminables de pétards saluèrent les premières paroles de la nouvelle baptisée.

La cérémonie terminée, l'abbé Simon rentra dans la sacristie pour déposer ses ornements. Pendant ce temps, son vicaire, oublieux des instructions reçues, congédiait sans malice tous les assistants ; et quand le Père arriva pour prêcher, l'église était vide.

« J'avais bien envie de gronder fortement mon con-
« frère, » disait le Procureur ; « mais c'est un si bon
« homme que je n'ai pas osé lui faire de reproches. »

Il rentrait à Ing-tze par un froid rigoureux qui le faisait grelotter : mais son cœur fut réchauffé par l'accueil cordial qui l'y attendait.

Un des enfants placé en vedette avait dénoncé son arrivée ; et tous ses petits catéchumènes étaient accourus à sa rencontre. Ils l'assaillaient de leurs salutations, se pressaient autour de lui jusqu'à passer entre les jambes de son cheval, et ne cessaient de lui crier à tue-tête : « Le Père va bien ? le Père va bien ? »

« Ce n'était pas, » comme le disait gracieusement le Père Simon, « ce n'était pas la portion la moins aimée
« de son troupeau. » C'était la petite bergerie composée d'une trentaine d'agneaux.

Ces enfants étaient tout-puissants sur son cœur. Un jour qu'il faisait le catéchisme à la bande joyeuse, on entendit du bruit à la porte. « — Père, » lui disent les

catéchumènes, « c'est un pauvre homme qui a un pied
« gelé et tout pourri. Il est venu hier, on ne l'a pas
« reçu. Il vous cherche en ce moment : est-ce que vous
« ne l'admettrez pas ?

« — Mes enfants, vous savez qu'il n'y a plus de
« place. — Père, en se gênant un peu, on parviendra
« à le loger. — Mais vous n'ignorez pas qu'hier on a
« refusé d'admettre six personnes. — Oui , Père, mais
« elles étaient bien portantes, tandis que ce malheu-
« reux est infirme. » La cause était gagnée, et les enfants couraient pour porter la bonne nouvelle au
mendiant.

Et vraiment le Procureur avait, parmi ses jeunes élèves,
des enfants bien dignes de fixer son attention et de cap-
tiver son cœur.

Entre beaucoup, Paul Lu avait conquis sa confiance
et gagné son amitié. C'était le fils aîné d'une veuve
païenne ; il avait été conduit au Père par un de ses
oncles admis au grand catéchuménat.

Son esprit vif, sa bonne volonté, son âme candide le
firent promptement remarquer parmi ses camarades.

Il était catéchumène depuis un mois, à sa grande
jubilation, quand un jour on vint d'urgence le réclamer
au nom de sa mère.

La pauvre femme avait entendu dire que les Missionnaires arrachaient le cœur et les yeux des enfants, et
qu'ils jetaient ensuite leurs cadavres dans une grande

maison où il n'y avait que de très-hautes fenêtres sans aucune porte.

Paul refusa net de reprendre le chemin de sa demeure; et il fallut l'ordre formel du Père pour l'obliger à retourner en pleurant près de sa mère.

Après avoir constaté que son fils était intact, la mère un peu rassurée, lui permit de rentrer au catéchuménat.

« En le revoyant, dit M. Simon, j'éprouvai quelque « chose de pareil à ce que dut ressentir Jacob en retrou- « vant Joseph. »

Au premier de l'an chinois, Paul alla embrasser sa mère. A la vue des idoles que renfermait la maison paternelle, il est pris d'une vertueuse colère ; et voilà notre homme qui met en pièces les dieux de la porte et du foyer. — « Qu'as-tu fait , mon fils ? » dit la mère épouvantée. « Tu seras cause que, toute l'année, le foyer « fumera et que nous ne pourrons allumer le Sk'ang « (fourneau). »

En même temps, le plus jeune frère s'armait d'un couteau et poursuivait Paul, qui, prenant la fuite, revenait en toute hâte au catéchuménat.

« Les bonnes dispositions de cet enfant , » disait le Missionnaire, « me font espérer qu'il sera un jour mon « bras droit pour la conversion des infidèles. »

On a vu, par les paroles de M. Simon lors de l'admission du mendiant, que l'état de ses finances l'obligeait à se borner dans l'admission au catéchuménat. Dans les derniers jours de 1873, il avait même décidé que désormais on n'admettrait que des chefs de famille trop éloignés d'Ing-tze pour pouvoir commodément recevoir l'instruction religieuse. Quatre-vingts per sonnes à nourrir chaque jour ! ce n'était rien pour son cœur ; mais sa bourse en gémissait.

Le sentiment du bien à faire, en face de son impuissance. lui inspirait parfois des appréciations éminemment justes sur la parcimonie de beaucoup des favorisés de la fortune dans la grande famille catholique : « N'est-« ce pas une pitié de voir de riches catholiques se « contenter de consacrer chaque année 2 fr. 50 à la « conversion des idolâtres , tandis que l'Angleterre « protestante verse l'argent à pleines mains dans les « caisses de ses Sociétés bibliques ? Jusqu'à quand les « enfants de ténèbres seront-ils plus généreux et plus « actifs que les enfants de lumière ? »

La question pécuniaire entrait pour une part dans les préoccupations de l'abbé Simon ; mais il sentait qu'une autre monnaie était nécessaire pour acheter les âmes. « Je n'ai pas encore assez souffert, » écrivait-il , « pour les âmes que Jésus-Christ a payées de son « sang. »

Déjà, à ce moment, au plus fort de ses succès, il s'attendait à passer sous le pressoir : il avait de ces appréhensions auxquelles il semble puéril d'ajouter foi et

que cependant on ne peut classer absolument au rang
des illusions : dans l'ordre moral, comme dans l'ordre
physique, il y a de ces symptômes avant-coureurs de
l'orage.

Lui-même en rendait témoignage : « J'ai comme un
« pressentiment que le temps des grandes tribulations
« n'est pas éloigné. Le bon Dieu m'a frappé dans ma
« famille ; mais l'épreuve ne doit pas être complète, et
« le crucifiement va, je pense, devenir plus intime et
« en quelque façon plus douloureux. Il y a des espé-
« rances magnifiques dans ce district ; mais elles ne se
« réaliseront pas sans que nous y mettions du nôtre par
« la souffrance. »

Il ne se trompait pas : bientôt il allait avoir une
seconde édition de ses tristesses de Moukden, et une
édition considérablement augmentée.

Saint Jean Chrysostôme a dit que « l'envie est une
vieille maladie » ; complétons sa pensée en ajoutant
que c'est un mal toujours nouveau. Les succès de
l'abbé Simon, les résultats incontestables de ses fondations ne pouvaient manquer de porter ombrage et
d'éveiller des défiances. Pourtant le cher Missionnaire
ne méritait pas le reproche « de jeter la semence pour
que les passants la voient » ; et il avait de tout autres
préoccupations que de chercher à se mettre en
lumière.

La guerre débuta par ces coups d'épingle qui, à la

longue, sont particulièrement agaçants et auxquels on préférerait un coup d'épée : « L'abbé Simon était un « rêveur, épris de desseins chimériques ; il manquait « de sens pratique et risquait de compromettre l'avenir « de la religion, etc... etc... » Comme on peut le voir, la France n'a pas le monopole des gens sages et prudents, toujours à cheval sur la devise de Talleyrand : « Surtout, Messieurs, pas de zèle ! »

Le jeune Procureur n'était pas de ceux qui s'irritent de la moindre contradiction et qui jettent les hauts cris à la première égratignure. Il prit en riant les premières attaques, et eut l'air de les regarder comme d'innocents badinages ; mais cette méthode, loin de désarmer la critique, la rendit plus ardente.

Par malheur — un malheur comme il en arrive à tous ceux qui manient les affaires — une mauvaise spéculation faite par son principal employé fournit à toutes les petites haines un prétexte pour partir en campagne.

Et comme, pour parfaire nos mérites, c'est toujours par notre faible que Dieu nous prend, la lutte fut spécialement dirigée contre son œuvre de prédilection, les catéchuménats.

On représenta ces fondations comme une œuvre insensée, uniquement destinée à mettre en relief la personnalité du Procureur ; une institution sans portée, qui absorbait les ressources de la Mission et dont les

résultats étaient nuls quand ils n'étaient pas déplora-
bles. Quelques misères survenues dans ces pieux asiles
étaient démesurément grossies, et citées comme un
argument péremptoire des dangers de ces établissements.

L'orage grossissait et l'abbé Simon entendait répéter
autour de lui que la foudre tomberait de haut sur sa
tête.

Cette situation lui était d'autant plus pénible que,
par le fait de ses deuils successifs, la sensibilité s'était
développée chez lui outre mesure. « Depuis la mort de
« mon frère, écrivait-il, un rien m'égratigne le cœur ;
« la moindre chose jette comme un nuage sur ma
« vie. »

Ce qui l'affectait le plus, c'était que les coups ne par-
taient pas tous de mains ennemies : il en était beaucoup,
parmi ses contradicteurs les plus acharnés, dont la
bonne foi avait été surprise, dont il ne suspectait nullement les intentions. Dans le nombre de ses adversaires, c'étaient les moins coupables, mais non les plus
inoffensifs. « On ne fait jamais le mal, » a dit Pascal, « si
« pleinement et si gaiement que quand on le fait par
« conscience. »

En cette circonstance la vertu du Père Simon se montra dans tout son lustre.

Si meurtri que fût son cœur, il ménagea toujours
dans ses paroles ceux qui l'épargnaient le moins :

ce qui pour la nature n'est pas un mérite facile.

Il alla plus loin : comme l'épouse des Cantiques il n'eut pas seulement du miel sur la langue, mais il en eut sous la langue , c'est à dire dans le cœur comme l'explique saint François de Sales ; la charité ne subit pas d'éclipse, et il s'étudia, avec un soin jaloux, à plaider devant lui-même la cause de ses adversaires, au point de vue de la droiture des intentions.

L'impression pénible que ces attaques avaient produite en son âme, lui fut une occasion de s'humilier de son peu d'avancement dans la mortification et dans l'humilité : « Voyant les hommes levés contre moi, » dit-il , « la vie de Mission me semblait insupportable. « Quelle confusion pour moi quand j'ai tiré cette con- « clusion humiliante que Dieu seul ne me suffit pas « encore et qu'il me faut des consolations humaines.

« Depuis hier je me suis mis à réagir vigoureusement « contre cette tendance. Vouloir passer pour un « homme de valeur , avoir peur d'être regardé comme « un homme sans esprit et sans habileté, c'est une « vanité détestable.

« Les humiliations que je puis éprouver servent plus « à la gloire de Dieu et à son œuvre que toutes les « louanges de l'univers. »

Se souvenant « qu'en parlant, l'amour-propre se soulage », il se refusa cette satisfaction qui n'avait rien en soi d'illégitime ; et il eut le courage héroïque de laisser passer le flot, sans même articuler un mot pour sa défense. « J'attends , disait-il, d'être interrogé par « ceux qui ont mission pour le faire. »

Se retirant dans le cœur du Maître , il connut par expérience ce qu'assure Fénelon « qu'un peu de silence, de paix et d'union avec Dieu console de tout ce que les hommes disent injustement. »

Et il pouvait alors écrire en toute vérité à la Mère Marie-Thérèse : « Mon cœur est dans une grande joie : « tous mes chagrins se sont envolés : je ne les sens « plus.

« Rien à gagner, rien à perdre : que peuvent alors « me faire les jugements des hommes ?

« Dieu est assez puissant pour protéger cette œuvre, « si elle lui est agréable.

« Réjouissons-nous d'avoir non des ennemis, mais des « contradicteurs qui nous blâment et nous humilient : « pour notre avancement spirituel, un soufflet vaut « mieux que mille caresses. »

Du reste, le calme ne tarda pas à se faire ; et cette levée de boucliers ne servit qu'à affermir l'humilité dans l'âme du jeune Missionnaire, qui resta plus que jamais en possession de la confiance de ses Supérieurs.

CHAPITRE XVI.

ANNÉE 1874.

État de la Mission au commencement de 1874. — Visite de Hooou-
cang-tze. — Triste mission de Nieou-t'chouang. — L'Œuvre des
apprentissages et la Société des Baptiseurs. — Mauvais instincts
des Chinois. — On étrenne la chapelle. — Un catéchumène noyé.
— Vue d'ensemble sur l'apostolat du P. Simon. — Sa mort. —
Ses funérailles:

L'année 1874 allait marquer le terme des travaux
apostoliques du Père Simon.

Jésus-Christ a progressé dans son âme, et la vertu de
notre ami se révèle sous un aspect nouveau, avec un
caractère tout spécial. Sans doute ce n'est pas la quié-
tude parfaite dans la jouissance de l'amour, puisque,
comme l'a dit admirablement Bossuet, « l'état du chrétien ici-bas est de toujours être en action, de toujours
grimper, de toujours faire effort. » Mais la présence de
Dieu lui est plus continuellement intime ; sa charité
est plus suave à l'égard du prochain ; au milieu des contradictions sa paix ne se dément pas ; sans rien perdre
de son ardeur, son zèle a un tempérament plus calme;

c'est une vertu qui mûrit et qui se ressent du voisinage de l'éternité.

En même temps les conversions se multiplient dans des proportions incroyables. « Ce sont de vraies four- « nées de baptêmes, » disait-il lui-même dans sa langue imagée.

Nous allons recueillir d'intéressants détails sur l'état prospère de la Mission d'Ing-tze au commencement de 1874 ; ils sont consignés dans un compte-rendu adressé au Carmel de Poitiers. En renvoyant à ses fidèles associées tout l'honneur du bien accompli, M. Simon trouvait le moyen de payer une dette et de sauvegarder sa modestie :

« Permettez-moi de venir aujourd'hui réveiller vos « souvenirs, en vous parlant de votre Mission adop- « tive.

« Vous y faites plus d'un miracle sans vous en dou- « ter. Oui, des miracles ! car la conversion d'une âme, « en ce pays stérile, est un prodige qui réclame l'inter- « vention très-extraordinaire de la Providence.

« Quand je vins, il y a deux ans, sous la protection « de vos prières, planter ma tente dans le port d'Ing-tze, « il n'y avait pas une famille chrétienne et, pour ainsi « dire, pas un chrétien. Or, voilà que, depuis dix-huit « mois, sans que je sache pourquoi ni comment, il « m'arrive de tous côtés des âmes poussées par la

« grâce, qui abandonnent leurs idoles et se rangent au-
« tour de la croix.

« Toutes ne persévèrent pas , hélas ! Quelques-unes
« trébuchent sur la route ; mais le plus grand nombre
« reste fidèle.

« J'espère que dans peu de temps le chiffre de mes
« néophytes s'élèvera à deux cents, sans compter beau-
« coup de nouveaux convertis disséminés dans les
« villages.

« Depuis quelques mois, j'ai baptisé cinquante per-
« sonnes, sans compter les petits enfants. Cinquante
« baptêmes ! ce sont des prémices qui promettent une
« belle moisson pour l'avenir.

« Ces nouveaux convertis sont généralement très-
« zélés pour exhorter leurs parents et leurs amis payens:
« à ce titre ils sont pour nous des auxiliaires pré-
« cieux. »

Le Procureur ouvrit l'année en baptisant cinq adultes, parmi lesquels un jeune homme qui se destinait
au sacerdoce.

Une scène charmante suivit l'appel des catéchumènes.

Le Père n'en avait d'abord désigné que quatre, et
après le catéchisme, il rentrait dans sa chambre quand,
se retournant pour fermer sa porte, il aperçut à genoux
un petit bonhomme de neuf ans qui ne figurait pas
parmi les élus. « — Je prie le Père de me donner le

« baptême. — Tu es trop jeune, mon enfant : il faut
« attendre encore. — Voilà pourtant bien longtemps
« que je me prépare. — Et comment te prépares-tu ?
« — Je mortifie mon corps. — En quoi consistent tes
« mortifications ? — Père, quand je dois manger deux
« bols de millet, je n'en mange qu'un ; et quand je
« dois en manger un, je n'en prends que la moitié. »

Ravi de ces dispositions, M. Simon fait subir à l'enfant un examen dont il se tire sans broncher ; et il le baptise avec les quatre autres, « ne voulant pas, dit-il, laisser plus longtemps une si bonne petite âme sous la puissance du démon. »

Suivant le réglement qu'il s'était tracé, notre ami se mit en route dans les premiers jours de janvier, pour faire la visite de son district.

A Hooou-cang-tze où il s'arrêta d'abord, il fut heureux de constater le progrès spirituel qui s'était accompli depuis son dernier voyage. Cette ferveur, il n'eut pas de peine à en découvrir la cause : elle était le fruit des confessions devenues plus fréquentes, grâce à deux apparitions du Père Jacques Paï dans ces parages.

Lui qui ne dédaignait pas de rogner les buissons, mais qui se plaisait surtout à tailler et à diriger les plantes délicates, trouva une satisfaction profonde à accélérer ce pieux élan, à activer la marche des âmes dans les voies de la perfection.

Il était un jour au confessionnal quand retentit soudain ce cri d'épouvante : « Voilà les brigands ! » L'effroi était général, car on savait par expérience que ces bandits ne respectaient rien. D'ordinaire — car leur visite n'avait rien d'inusité — aussitôt qu'ils étaient signalés, les femmes s'enfuyaient à la ville, où elles séjournaient jusqu'à ce que le danger fût passé ; mais ce jour-là le village fut pris à l'improviste. Gémissant de son impuissance, l'abbé Simon était tombé à genoux : et dans une fervente et longue prière il recommandait ses brebis aux Sacrés-Cœurs de Jésus et de Marie. Quelques heures se passèrent dans des alarmes plus faciles à deviner qu'à décrire. Heureusement, ce jour là les bandits étaient, par exception, d'humeur joviale ; ils daignèrent se montrer bons princes. On en fut quitte pour leur servir un repas copieux, bourrer solidement leurs pipes et leur payer un tribut de cent ligatures.

Dans sa tournée de Hoou-cang-tze, le Missionnaire avait été frappé d' |ce fait que les possédés du démon, très-nombreux dans toute la Chine, abondaient dans cette partie de son district. N'en riez pas trop haut, Messieurs les esprits forts : l'atmosphère imprégnée de surnaturel dans laquelle vous vivez, vous garantit seule contre de pareils accidents dont la science combinée des cinq académies se suffirait pas à vous préserver !... Nullement crédule par tempérament, le Procureur n'avait pas la prétention de nier l'évidence.

A maintes reprises, il avait pu, grâce à des signes

non équivoques, constater la présence du malin esprit.
Et quand les pauvres payens, réduits sous ce joug impitoyable, venaient en rageant, l'écume aux lèvres, la
figure agitée d'horribles contorsions , le supplier de
mettre un terme à leurs souffrances, il jugeait à coup
sûr de la réalité de la possession par l'efficacité des
exorcismes.

« Nous n'avons pas en Chine, » écrivait-il, « le don
« des miracles, du moins des miracles nombreux et écla-
« tants ; mais le pouvoir des choses saintes sur les
« démons est visible et ordinaire. »

La Médaille de la sainte Vierge opérait aussi des merveilles en ce genre ; et il fallait que sa puissance fût
bien démontrée pour faire venir au Missionnaire
ces pauvres victimes du démon dont hélas! quelques-
unes, après avoir été délivrées, persévéraient dans
l'idolâtrie.

Ce pays regorgeait aussi de sorciers, dont bon nombre,
je pense, étaient des émules de Robert Houdin Le domestique cuisinier du Père Simon avait été, avant sa
conversion, un sorcier fameux. Sa cuisine, paraît-il, ne
se ressentait pas de son ancien métier. Quand il voya-
geait à cheval en sa compagnie, le Père s'amusait à lui
arracher les secrets de la corporation, et à lui faire raconter ses tours de passe-passe, dont quelques-uns étaient
fort divertissants.

A la veille de quitter Hooou-cang-tze, il reçut une

nouvelle qui l'attrista profondément : sa première fille spirituelle, celle qu'il avait baptisée, en arrivant à Ing-tze, et dotée d'un nom bien cher, Marie-Thérèse, venait d'être chassée du catéchuménat. Qui dira le chagrin de l'horticulteur quand il voit le premier bouton de la fleur préférée ravagé par une main haineuse ou détruit par la gelée ? Comme dédommagement, le Seigneur lui envoya deux jeunes filles auxquelles il administra le baptême avant son départ. L'une reçut le nom profané par l'enfant ingrate ; l'autre fut appelée Madeleine, en l'honneur de la Sainte de prédilection.

La Mission de Nieou-T'chouang ne fut pas prodigue de consolations spirituelles ; les habitants de cette chrétienté ne s'empressèrent pas de répondre à l'appel du Père Simon.

C'étaient des catholiques d'eau douce, de l'espèce de ceux dont parle Tertullien, *acuti ad vana, hebetes ad divina*, des hommes très occupés, ayant du temps pour leurs affaires, pour leurs plaisirs, mais ne trouvant pas une heure pour honorer Celui qui leur donne la vie.

L'abbé Simon, qui ne marchandait ni son temps ni sa peine, promenait un œil désolé sur le petit nombre de ses auditeurs.

« Volontiers, écrivait-il, je dirais, comme saint
« Paul à ces lâches chrétiens : Je vous quitte et vais
« aux païens. »

Il se souvenait alors, avec Bossuet, que « la conduite des âmes est une agriculture spirituelle », et il savait de saint Jacques que « la vertu principale des laboureurs doit être la patience ».

Et alors ses conclusions pratiques se formulaient ainsi : « Mais il ne faut pas éteindre la mèche qui fume « encore ; on est obligé de prendre les gens comme ils « sont et de se faire tout à tous pour les sauver comme « on peut. »

A son arrivée à Ing-tze, le Procureur trouva une lettre qui, suivant son expression « lui fit chanter trois « *Te Deum* ». Monseigneur Vérolles lui annonçait son prochain départ pour la Mandchourie, et il donnait une approbation sans réserves à trois projets qui lui avaient été soumis par M. Simon.

C'était d'abord la construction d'une église à Moukden et l'acquisition d'une imprimerie chinoise à caractères mobiles.

Le Missionnaire avait demandé en dernier lieu l'autorisation d'acheter un enclos et d'y bâtir une maison spacieuse pour des Religieuses chargées de l'instruction. Non-seulement l'évêque souscrivait à l'achat immédiat du terrain et à la construction de l'école, mais il annonçait qu'il amènerait avec lui des Sœurs de la Providence de Saint-Dié.

Les fêtes de Pâques arrivaient avec leur cortége ordinaire de fatigues et de consolations. Au dire du

Missionnaire, le temps était sombre et pluvieux ; mais comme il faisait beau dans le ciel de son âme ! Le samedi saint, cinq baptêmes d'adultes ; autant le jour de Pâques ; le mardi de Pâques, sept baptêmes d'adultes ; et le dimanche de Quasimodo, une légion de petits enfants venait, avec quatre vieillards, augmenter son troupeau : l'âme d'un apôtre jubilerait à moins de frais !

La joie partagée est la seule joie complète : aussi notre ami s'empresse-t-il de faire part de son bonheur à ses associées du Carmel, dont les prières incessantes fécondaient cette terre autrefois stérile. Dans cette lettre, où il a une parole de respect et de cordiale sympathie pour toutes, le Missionnaire n'oublie pas même Bichette, la vache du couvent, dont on lui a maintes fois vanté les mérites et le lait délicieux :

« Et Bichette ! la charmante Bichette ! doit-elle être
« heureuse, dans son palais de planches, avec son
« petit veau ?...

« Vivre dans l'enceinte du Carmel, manger votre
« herbe et vous donner son lait, c'est vraiment pour une
« bête la plus belle destinée qu'on puisse rêver.

« Ah ! Bichette, Bichette, si tu connaissais ton bon-
« heur ! »

« Je plaisante, » ajoutait l'abbé Simon, « et pourtant
« j'ai l'âme navrée des ravages que la variole fait dans
« mon bercail. »

Parmi les victimes du fléau dont il regrettait la perte tout en enviant leur bonheur, se trouvait un charmant petit bonhomme de sept ans, son élève au catéchisme. C'était une fleur de choix, que le divin horticulteur avait marquée pour en enrichir les jardins célestes.

Aussitôt qu'il se vit atteint du mal redoutable, le petit Marc sollicita du Père la grâce du baptême. En dépit du feu intérieur qui le dévorait, il répondit avec calme et précision à toutes les questions du Missionnaire. Une fois baptisé, il ne rêva que le Ciel, ne songea qu'aux Anges dont il allait être bientôt l'heureux compagnon. — « Ne veux-tu pas rester avec nous » ? lui demandait-on. — « Non, répétait-il avec chaleur, je veux aller « voir la sainte Mère du ciel. »

Sa pauvre mère, encore païenne, le suppliait de ne pas mourir, et de demander sa guérison. « Je veux aller voir la sainte Mère du ciel » : telle était sa réponse invariable.

Son unique occupation, pendant les dernières heures de son exil, était de réciter le chapelet et de répéter des oraisons jaculatoires qu'il jetait comme autant de cris d'amour vers le Ciel.

« Tout en regrettant, » disait M. Simon, « de ne plus « voir mon petit Marc assis à mes pieds au catéchisme, « je suis heureux de penser que cette belle petite âme « est avec Dieu, et je l'invoque chaque jour avec con- « fiance. Quand j'ai de l'ennui à cause de certaines

« âmes qui ne vont pas droit dans le chemin de la
« vertu, le souvenir de mon petit Marc m'encourage et
« me réconforte. »

Cependant les deuils successifs qui avaient frappé le
jeune apôtre mettaient à sa disposition une somme
relativement considérable. Il n'était pas homme à
laisser son argent improductif.

Pendant que ses biens de Messé étaient mis en vente,
il escomptait une partie de son héritage au profit de
deux fondations dont l'utilité lui semblait incontestable :
l'OEuvre des Apprentissages et la Société des Baptiseurs
voyaient le jour presque en même temps.

L'abbé Simon ne songeait qu'avec effroi aux dangers
qui attendaient ses jeunes enfants du catéchuménat, dès
qu'ils n'étaient plus sous son aile. Dispersés çà et là
après leur baptême pour apprendre un métier, ils
tombaient sous la direction d'ouvriers païens, au contact desquels leur foi était continuellement exposée à
sombrer. Ses alarmes étaient d'autant plus justifiées
qu'en Chine, parmi les attributions des apprentis, il en
est une essentiellement idolâtrique : c'est à ces enfants
qu'incombe le soin de brûler l'encens devant le démon
du foyer.

Dans ces conditions, une œuvre des apprentissages
s'imposait comme le complément indispensable des
catéchuménats.

Pour s'encourager et se guider dans cette voie,

M. Simon avait tout près de lui un modèle dans les établissements du même genre, créés et dirigés par ces fils de saint Ignace qu'on rencontre toujours au premier rang sur le terrain de la charité intelligente et dévouée. Il avait admiré à Shang-Haï ces orphelinats organisés par les Jésuites ; ces immenses ateliers où sont représentés tous les genres d'industrie, où se fabriquent tous les articles chinois et étrangers. Il avait touché du doigt la solution pratique de cette question, si souvent agitée de nos jours, de l'organisation du travail ; il avait vu là des apprentis dont on formait la main sans leur gâter l'esprit ni le cœur, des ouvriers vaquant sans blasphèmes à un travail largement rétribué, et garantis par des caisses de prévoyance contre les suites de la maladie ou les inconvénients de la vieillesse : il avait vu tout cela, et il en avait été ravi.

Assurément le jeune Procureur n'avait pas la prétention de donner à son œuvre des dimensions aussi considérables ; il n'entendait faire qu'une copie réduite de ce vaste et magnifique tableau.

M. Boyer lui ayant envoyé de Mouk den deux cordonniers chrétiens, très-experts dans leur métier, il leur fit l'avance de quinze cents francs qui devaient fructifier à leur profit exclusif, à la condition de prendre tous les six mois six jeunes chrétiens en apprentissage. Les mêmes conventions furent faites avec des fabricants de fleurs artificielles.

Laissons maintenant grandir l'œuvre dont l'avenir nous dira les heureux résultats.

Depuis longtemps déjà, les Missionnaires avaient l'habitude de choisir, parmi les chrétiens les plus instruits et les plus fervents, des auxiliaires auxquels ils confiaient le soin de parcourir le pays et de baptiser les petits enfants, particulièrement ceux qui sont en danger de mort. Ces baptiseurs sont des *faiseurs d'anges* dans la vraie et bonne acception du mot. Pendant ces dernières années, le défaut de ressources avait obligé les Pères à renoncer au concours de ces modestes mais précieux collaborateurs. L'abbé Simon résolut de rétablir ce rouage. Comme rien de durable ne se fonde ici-bas en dehors de l'association, il prit le parti de constituer les Baptiseurs en une société distincte, ayant son règlement et ses chefs, et dont il se réservait la haute direction.

Profondément touché de l'abandon des malades indigents, surtout à la campagne, il triait en même temps les plus intelligents de ses auxiliaires, et leur faisait donner des leçons de médecine pratique et élémentaire par un médecin chinois récemment converti, qui était nommé chef des Baptiseurs. Dans sa pensée, la charité devait servir de passe-port à la foi.

Une maison spéciale était affectée aux Baptiseurs, qui devaient y revenir à des époques déterminées, pour parfaire leur instruction religieuse, et s'y retremper dans les exercices d'une retraite.

Après avoir ainsi élaboré tous ses plans, le jeune Procureur adressait cette touchante prière à Celui qu'il appelait « le Roi de la Mandchourie » :

« O notre Petit Jésus, venez à notre aide. Soyez no-
« tre capitaine, soyez notre général, afin que, dans
« cette grande bataille que nous allons livrer à l'enfer,
« nous ne fassions pas de fausses manœuvres et que
« nous ne comptions pas de traîtres dans nos rangs ! »

Pour faire contre-poids à la joie que lui causaient ces fondations, il avait, en ce moment, de nombreuses et vives contrariétés.

Des voleurs s'étaient introduits pendant la nuit dans le catéchuménat des petites filles, et avaient emporté tous les vêtements de ces pauvres enfants dont la garde-robe n'était pourtant pas trop bien fournie...

Le bonze converti, dont il avait utilisé les talents pour les vitraux de l'église, avait été envoyé trancher un litige entre plusieurs chrétiens d'un village éloigné. Afin d'être plus tôt de retour, il avait demandé et ob- tenu la mule du Père Simon ; mais son absence se prolongeait au-delà de toute raison. Le Procureur ne revit plus ni cavalier ni monture...

Le plafonneur qui blanchissait les murs de la chapelle, et auquel il avait fait des avances d'argent, avait disparu d'Ing-tze, laissant derrière lui son ouvrage et ses dettes...

Son ancien domestique venait de faire honnêtement banqueroute, après avoir escroqué cinq cents ligatures à la Mission...

En même temps le Père était obligé de chasser le cuisinier de la Procure et des catéchuménats pour ses infidélités...

La vue de toutes ces misères arrachait à M. Simon des doléances qui contiennent une appréciation peu flatteuse de son troupeau : « Ah ! mes pauvres Chi-
« nois ! j'ai beau les aimer : je ne peux me dissimuler
« leurs vilains défauts.

« Je ne suis pas encore sûr d'avoir trouvé un homme
« fidèle parmi eux. En général, les femmes valent
« mieux. Mais pour les hommes, quelle pitié !

« Dès que ce maudit métal leur passe entre les mains,
« ils ont à leurs trousses tous les démons qui firent
« tomber Judas. Ils feraient peut-être souvent le même
« métier que lui, s'ils voyaient trente deniers au bout
« de leur crime.

« Peuple sans probité, comment ferons-nous pour te
« mettre du sang chrétien dans les veines et une
« conscience catholique dans le cœur ?

9***

« En France on dit qu'il faut croire à l'*honnêteté*
« d'un homme tant qu'on n'a pas la preuve du con-
« traire.

« En Chine c'est le contre-pied : il faut croire à la
« malhonnêteté de tout le monde, jusqu'à ce qu'on ait
« la preuve certaine du contraire. »

Après la révolution de 1848, Lamartine disait, non
sans amertume : « Plus je vois les hommes, plus j'aime
les chiens. » S'il se fût placé au simple point de vue
humain, le Missionnaire eût pu tenir le même langage;
mais, à la lumière de la foi, il concevait d'autres sentiments : « ce qu'il savait bien ne pouvoir gagner dans
le cœur des hommes par ses discours, il se flattait de
l'obtenir du ciel par la vertu secrète de la prière. »

« En dépit de ces misères », écrivait-il à la même époque, « les affaires de notre Petit Jésus sont en bonne
« voie : dimanche dernier j'ai encore fait douze bap-
« têmes d'adultes. »

Son œuvre des apprentissages laissait concevoir
de légitimes espérances : les apprentis cordonniers
surtout faisaient honneur à saint Crépin leur Patron.

Les gros travaux de l'église du Sacré-Cœur étaient
terminés. Bien qu'on n'y eût pas encore mis la dernière
main pour les décors et l'ornementation, le Procureur
résolut de l'étrenner le jour de l'Assomption. Il mit
tout en œuvre, dans la mesure de ses ressources, pour
donner à la fête le plus d'éclat possible.

Sur l'autel improvisé trônait une statue de la Vierge-Mère, au milieu de six beaux chandeliers dorés et de jolis bouquets de fleurs artificielles offerts par les chrétiens d'Ing-tze. Les enfants, exercés à l'avance, chantaient des cantiques avec accompagnement d'harmonium.

Les mélodies étaient sans doute un peu tapageuses ; mais l'esprit de foi qui animait les cœurs, faisait monter ces chants « en odeur de suavité » vers le Ciel.

Pendant cette Messe, où il officiait revêtu de ses plus beaux ornements, l'abbé Simon rayonnait ; et la joie céleste qui illuminait son mâle visage, frappait tous les assistants.

D'ailleurs cette fête n'était qu'un prélude : cinq jours après, douze baptêmes d'adultes et douze premières communions réunissaient de nouveau les fidèles dans l'église du Sacré-Cœur. « La cérémonie fut longue, « disait le Missionnaire, mais douce et bien douce. « Mon corps était exténué, mais mon âme bien réjouie. « Un jour viendra peut-être où, comme à saint « François Xavier, les bras me feront mal à force de « baptiser ! »

Comme hommage de reconnaissance et marque de bon souvenir, les nouveaux baptisés offrirent au Père un panier de raisins *cœur de poule* et *deux gâteaux de la lune.*

« Je voudrais pouvoir vous expédier un de ces gâteaux,
« écrivait l'abbé Simon. Vous y verriez représentés la
« pagode, l'arbre, la vieille femme que les païens
« aperçoivent dans la lune, et même le lièvre qu'ils y
« adorent. Oui... qu'ils y adorent ! Le 15 de la huitième
« lune, grands et petits se prosternent dans leurs cours
« pour adorer le lièvre qu'ils voient dans l'astre de
« la nuit.

« Vraiment vous avez de bons yeux ! leur dis-je
« quelquefois en riant : nous autres Européens, nous
« ne voyons pas un lièvre à trois cents pas, tandis que
« vous en distinguez un dans la lune ! »

Un bonheur ne vient jamais seul. La vierge Cécile
arrivait apportant les meilleures nouvelles d'une chrétienté en voie de formation, où le Père l'avait envoyée
pour ouvrir une école et un catéchuménat.

La vieille institutrice lui faisait en même temps
cadeau d'une petite fille de huit mois, qui avait été
abandonnée par ses parents sur la voie publique.

Au sens humain, c'était un embarras de plus ;
mais aux yeux du Missionnaire c'était une bonne
fortune.

Les Baptiseurs, qui étaient entrés en campagne, lui
expédiaient de leur côté des recrues pour les catéchuménats.

Le pauvre Procureur était partagé entre la joie et la

crainte , à la réception de ces nouveaux hôtes qu'il fallait caser.

Les écoles regorgeaient d'enfants, et de nombreux candidats sollicitaient leur admission.

« Je suis pourtant bien las de bâtir , disait-il alors ;
« mais en résumé quelques chambres de plus , ce sont
« des brebis ajoutées au troupeau du bon Dieu. » Et aussitôt la truelle, qui n'était pas encore bien sèche, se remettait à l'œuvre ; on agrandissait l'école des filles, et on faisait une annexe au catéchuménat des adultes.

Et tout cela lui paraissait bien peu quand il embrassait tout ce qui y avait à faire. L'avarice est, dit-on, insatiable : le zèle des âmes a aussi ce caractère : n'est-ce pas, d'après saint Benard , « un aiguillon qui presse sans relâche » ?

« Quelle douleur, s'écriait-il, de se voir si impuis-
« sant en face d'un pareil désastre, d'un désastre sécu-
« laire dont on ne prévoit pas la fin !

« On s'apitoie sur de pauvres naufragés dont le
« navire s'est brisé contre les récifs. Hélas ! la Chine
« n'est qu'un immense océan où s'accomplit le plus
« effroyable naufrage : celui des âmes.

« Ne soyons pas lâches. Sauvons quelques-unes de
« ces âmes qui surnagent encore à la surface de
« l'abîme. »

Assurément lui n'était pas « lâche » : tout ce qui

intéressait la gloire de Dieu et le salut des âmes, le trouvait debout et actif, comme tout ce qui pouvait y porter atteinte, le blessait au cœur.

Un jour on vient lui annoncer qu'un de ses jeunes catéchumènes s'est noyé dans un petit étang à côté de la Procure. « Je ne crois pas, raconte-t-il, avoir « jamais éprouvé d'émotion semblable. Je ne pouvais « me résigner au départ de cette âme non baptisée, et « je souffris le martyre pendant la demi-heure qu'on « mit à repêcher le corps.

« Je me jetai à genoux avec tout mon monde, et je fis « vœu de dire trois messes d'actions de grâces, si mon « catéchumène était vivant.

« Hélas ! tout fut inutile : on ne put ranimer son « cadavre.

« Oh ! que j'aurais voulu alors avoir à mon service « la puissance de saint Paul, de saint Martin et de « saint François Xavier ! »

Cependant l'ornementation intérieure de la nouvelle église venait d'être achevée : l'autel était placé ; des vitraux de bon goût brillaient aux fenêtres ; les serruriers chinois s'étaient distingués dans la confection de deux grilles de fer et d'un appui de communion rehaussés par une jolie peinture.

L'abbé Simon préparait tout pour la consécration solennelle, où Monseigneur Ridel devait officier en grande pompe.

Plusieurs dames protestantes de la colonie avaient offert spontanément le concours de leurs voix ; et un consul anglais , doué d'un talent musical remarquable, s'était engagé à tenir l'harmonium.

Si heureux qu'il fût de voir le « Roi de la Mandchourie prendre possession de son palais », le Procureur ne pouvait s'empêcher de regretter le misérable réduit qui avait si longtemps servi de chapelle.

Telle est chez l'homme la force de l'habitude et la puissance du souvenir, que les lieux où il a vécu exercent sur son âme une attraction irrésistible : les peines mêmes et les ennuis qu'il y a trouvés, constituent autant de chaînes mystérieuses qui l'y attachent plus fortement.

La foi fournissait à notre ami une autre cause de ces regrets :

« Quoique je sois bien content de transporter l'autel « de mon Petit Jésus dans sa nouvelle demeure, je ne « peux me défendre de regretter cette humble cham- « bre où j'ai dit la messe pendant plus de trente « mois.

« Hélas ! ce réduit où Notre-Seigneur m'a donné tant « de témoignages de tendresse , il faut donc le trans- « former en une chambre vulgaire ! Il me semble que « c'est presque une profanation ! »

Assurément si , à cette époque de sa vie , il eût regardé son œuvre des yeux de la chair, le jeune Missionnaire eût pu céder à une tentation de complaisance en lui-même.

Les heures de sa journée de travail avaient été bien employées.

Cette ville d'Ing-tze, dans laquelle il n'avait pas trouvé une famille catholique, comptait aujourd'hui trois cents fidèles adultes, sans parler des enfants ; et si, dans une partie du sol, le raisin étalait ses grappes vermeilles, à côté la vigne était en fleur et répandait le suave parfum de l'espérance.

Il n'avait pas fait briller la lumière aux yeux de tous les aveugles ; mais, suivant la belle expression d'un vieil évêque, il leur en avait fait sentir la chaleur.

Pour ne parler que du chef-lieu de son vaste district, son catéchuménat abritait cent cinquante personnes ; les enfants affluaient à l'ophelinat et aux écoles qui étaient sa création.

A la place de la misérable hutte affectée au service divin, s'élevait une église dont, au rapport du journal protestant de Shang-Haï, « le bon goût architectural et l'élégance laissent bien en arrière les autres constructions de la localité ».

Son éloge était sur toutes les lèvres ; et déjà parvenait à ses oreilles alarmées ce bruit tombé de bouches autorisées, qu'il était le successeur éventuel de Mgr Vérolles, et que le petit pâtre de Messé était destiné à prendre rang parmi les pontifes.

Mais l'abbé Simon n'était point de ceux qui se repais·
sent d'une vaine fumée d'orgueil ; il avait des pensées
plus hautes , des désirs plus grands. « La moisson est
belle ici », disait-il après saint François Xavier :
« allons ensemencer d'autres champs », et il renvoyait toute la gloire au Maître.

Son désir intime et continuel, c'était de jouir de la
vue de Dieu. « O Dieu, écrivait-il , j'aspire au bonheur de vous voir et de vous posséder ! »

Le Seigneur allait bientôt exaucer ses vœux !

La charité lui avait donné forces et courage pour
porter allégrement le rude fardeau de l'apostolat ;
mais ces labeurs incessants, ces préoccupations absor-
bantes avaient miné sa robuste constitution.

Il venait de disposer par testament de tous ses biens
en faveur de la Mission de Mandchourie quand, le 19
novembre, il ressentit les premières atteintes du mal
qui devait l'emporter : c'était une fièvre chaude, assez
bénigne à son origine. A force d'énergie, il essaya de se
faire illusion, et de cacher son mal à ceux de son entourage; mais au bout de quelques jours la fièvre le terrassa.
En vain la science s'installa-t-elle jour et nuit à son
chevet, sous les traits sympathiques d'un médecin protestant, M. Watson, qui le soigna avec le dévoûment
le plus absolu : des complications survinrent, qui
déjouèrent toutes les prévisions, et bientôt le cher
malade fut dans un état désespéré.

Le missionnaire, dont le calme angélique ne s'était pas démenti un instant, salua la mort comme une amie qui venait ouvrir les portes de sa prison.

Ainsi que l'a remarqué Tertullien, pour des chrétiens de cette valeur mourir n'a rien d'effrayant ; ils en ont fait l'apprentissage dans les privations, dans les sacrifices de tous genres qui ont rempli leur vie.

Après avoir reçu, avec des transports d'amour, le Dieu qu'il allait bientôt contempler sans voiles dans l'éternité, muni de tous les secours de l'Eglise, l'abbé Simon s'endormit du sommeil des justes, le 13 décembre 1874, en présence de Mgr Ridel et de ses confrères, MM. Blanc, Bisson et Martineau. Il avait trente-deux ans.

Cette mort à peine connue à Ing-tze prit les proportions d'un deuil public, dans lequel tous confondaient leurs regrets, sans distinction de classe et de religion.

A la première nouvelle du malheur qui les frappait, les chrétiens des extrémités de son district se mettaient en marche pour contempler une dernière fois le visage du Père de leurs âmes ; et, au rapport du Provicaire, on en vit venir de quinze et vingt lieues, apportant les collectes de leurs villages pour faire célébrer le saint Sacrifice à l'intention du missionnaire.

Mandé par un courrier spécial, M. Boyer arriva en toute hâte ; et, non sans verser d'abondantes larmes, il put célébrer les obsèques de celui qu'il appelait « son soutien et son ami ».

Mgr Ridel fit l'absoute, entouré de cinq confrères de
M. Simon.

L'église ne put contenir la foule qui se pressait pour
rendre un dernier hommage au vaillant apôtre, à
l'homme de foi et de cœur si sympathique à tous. Assurément c'était un touchant spectacle que la vue de tous
ces résidents — Anglais, Américains, Allemands,
Chinois — qui suivaient émus et recueillis le convoi du
jeune prêtre catholique ; mais l'émotion était à son
comble, et l'âme était navrée quand, derrière le cercueil,
on voyait s'avancer la longue file des enfants des catéchuménats et des écoles, quand on entendait leurs
sanglots, leurs cris de douleur. Les pauvres enfants
pouvaient pleurer : c'était bien leur père qui descendait
dans la tombe !

L'Esprit-Saint déclare que « celui qui craint Dieu
« sera béni au jour de sa mort » : cette gloire fut départie
à M. Simon dans une large mesure.

Là, c'est le Provicaire de la Mandchourie qui lui rend
ce témoignage : « Ses talents, sa science et plus encore
« son zèle infatigable lui ont permis de remplir en peu
« d'années une longue carrière, et il est mort comme
« un ouvrier fidèle, le cœur et la main à l'œuvre. »

En apprenant la nouvelle de sa mort, le vénéré
Supérieur des Missions-Étrangères écrit au Supérieur
du Séminaire de Poitiers : « Sa mort a dû être celle
« d'un juste. M. Simon était sans contredit un des

« meilleurs missionnaires de la Mandchourie, et sa
« mort est pour cette Mission une perte immense. »

L'organe du protestantisme anglais à Shang-Haï
apporte sa note à ce concert d'éloges : « Le Père Simon
« était très-connu et fort aimé des résidents, à cause de
« son bon cœur, de ses qualités sociales, de ses manières
« distinguées. Comme missionnaire il était zélé , ainsi
« que le sont beaucoup de ses confrères. Sa mort est
« une grande perte, non-seulement pour sa Mission
« dont il était l'ornement , mais pour la communauté
« et pour les nombreux indigents qu'il aimait à ins-
« truire et à nourrir. »

Il était tombé sur le champ de la lutte et de la victoire,
le « bon soldat du Christ » !

Devant sa jeunesse fauchée en son printemps, les
hommes s'arrêtent émus de compassion , et ils déplo-
rent ce trépas prématuré.

Mais l'éternelle Vérité leur répond « que l'insensé
« seul ne meurt pas en son temps ».

Si « vivre au fond c'est aimer [1] », on peut dire de
l'abbé Simon qu'il a fourni une longue carrière, mais
qu'il l'a parcourue à pas de géant : comment n'eût-il
pas dévoré l'espace sous l'impulsion de cette charité
« qui met l'élan au cœur et rend les pieds rapides »?
Il a vécu longtemps, car sa vie compte beaucoup de
« ces jours qui sont comme mille ans devant Dieu ».

1. Mgr Gay.

Il est mort, ton vaillant apôtre , ô Église de Mand-chourie ; mais ne t'enveloppe pas de vêtements de deuil : si tu perds un ouvrier, tu gagnes un protecteur.

Dieu a compté les larmes de son cœur, les sueurs de son front, sans doute pour augmenter les diamants de sa couronne , mais aussi pour les faire descendre sur toi en rosée bienfaisante , en grâces de conversion et de persévérance.

Ton protecteur est puissant sur le cœur de Dieu ; sa langue , qui trouvait d'ineffables accents pour parler aux âmes, plaide éloquemment ta cause devant le Sei-gneur ; et sa charité couronnée ne sera pas moins efficace qu'aux jours de son pèlerinage.

Oui ; et, à l'actif de son zèle tu seras obligée d'ajouter : « Dans la mort même il a opéré des merveilles » : *in morte mirabilia operatus est.*

TABLE DES MATIÈRES

CHAPITRE I.

CHAPITRE II.

CHAPITRE III.

CHAPITRE XI.

(Année 1870.)

CHAPITRE XII.

(1871.)

CHAPITRE XIII.

(1872.)

ERRATA.

Page 9, ligne 6, *lisez* invocation, *au lieu de* invitation.

Page 44, ligne 8, *lisez* l'auteur sacré, *au lieu de* l'auteur.

Page 67, ligne 5, *lisez* en scène, *au lieu de* en séance.

Page 122, ligne 18, *lisez* tandis que Josué combat dans la plaine, *au lieu de* tandis que Moïse.

Page 130, ligne 1, *lisez* à la fin de 1876, *au lieu de* 1871.

Page 151, ligne 11, *lisez* s'en moquaient et disaient tout bas, *au lieu de* s'en moquaient tout bas.

Page 165, ligne 11, *lisez* ville et port, *au lieu de* ville-port.

Page 251, ligne 1, *lisez* laissez-vous manger par les âmes, *au lieu de* pour les âmes.

POITIERS. — TYP. DE H. OUDIN FRÈRES.